DUMONT
TASCHENBÜCHER

Was siehst du hier am Strom der Zeit? Manches wirst du erkennen. Nah am Horizont die große Pyramide von Ägypten, die vor fast 5000 Jahren gebaut wurde, dann den Turm zu Babel, die Akropolis von Athen, die chinesische Mauer, einen römischen Triumphbogen, eine Ritterburg, eine Kanone, Wien, von den Türken belagert, das Schloß Friedrichs des Großen in Potsdam, die erste Eisenbahn und moderne Wolkenkratzer.

Ernst H. Gombrich

Eine kurze Weltgeschichte für junge Leser

Von der Urzeit bis zur Gegenwart

Mit 71 Abbildungen und Kartenskizzen
von Franz Katzer

DUMONT

Für Ilse

Wie Du stets Dir's angehört
Also stets Dir's angehört

Wien, Oktober 1935 London, September 1985

Überarbeitete und ergänzte Neuausgabe der erstmals 1935
in der von Walter Neurath herausgegebenen Reihe
»Wissenschaft für Kinder« erschienenen
»Weltgeschichte von der Urzeit bis zur Gegenwart«
(Steyrermühl-Verlag, Wien–Leipzig)

14. Auflage 2003

Satz, Druck und buchbinderische Verarbeitung:
B.o.s.s Druck und Medien, Kleve

Printed in Germany ISBN 3-8321-1786-5

Inhalt

1 Es war einmal

Alle Geschichten fangen mit »Es war einmal« an. Unsere Geschichte will nur von dem erzählen, was einmal war. Einmal warst du klein und hast im Stehen kaum zur Hand deiner Mutter hinaufgereicht. Kannst du dich erinnern? Wenn du willst, kannst du eine Geschichte erzählen, die so anfängt: Es war einmal ein kleiner Bub – oder ein kleines Mädel –, und das war ich. Und einmal warst du auch ein Wickelkind. Daran kannst du dich nicht erinnern, aber du weißt es. Einmal waren auch der Vater und die Mutter klein. Und der Großvater und die Großmutter. Das ist schon viel länger her. Trotzdem weißt du es. Wir sagen ja: Sie sind alt. Und auch sie haben wieder Großväter und Großmütter gehabt, und auch die haben sagen können: Es war einmal. Und so immer weiter zurück und weiter zurück. Hinter jedem »Es war einmal« steht immer noch eins. Hast du schon einmal zwischen zwei Spiegeln gestanden? Das mußt du versuchen! Da siehst du immer weiter und weiter lauter Spiegel und Spiegel, immer kleiner und immer undeutlicher und noch und noch und noch, aber keiner ist der letzte. Auch wo man keinen mehr sieht, haben immer noch weiter Spiegel drin Platz. Sie sind auch dahinter, das weißt du.

Grad so ist es mit dem »Es war einmal«. Wir können uns nicht vorstellen, daß das aufhört. Der Großvater vom Großvater vom Großvater vom Großvater – da wird einem schon schwindlig. Aber sag es langsam noch einmal, mit der Zeit kannst du es dir vorstellen. Dann noch einen. So kommt man schnell in die alte Zeit und dann in die uralte. Immer weiter, wie bei den Spiegeln. Aber an den Anfang kommt man nie. Hinter jedem Anfang steht ja immer noch ein »Es war einmal«.

Das ist ja ein Loch, das keinen Boden hat! Ist dir schon ganz schwindlig vom Hinunterschauen? Mir auch! Darum wollen wir ein brennendes Papier in dieses tiefe Brunnenloch werfen. Langsam wird es hinunterfallen, immer tiefer und tiefer. Und

Wenn du zwischen zwei Spiegeln stehst und zählen wolltest, wie oft du dich siehst, würdest du nie fertigwerden.

im Fallen wird es die Brunnenwand erhellen. Siehst du es noch dort unten? Immer tiefer – und jetzt ist es schon so weit, daß es ausschaut wie ein winziger Stern in der dunklen Tiefe – kleiner und kleiner, und jetzt sehen wir es nicht mehr.

So ist es mit der Erinnerung. Mit ihr leuchten wir hinunter in die Vergangenheit. Zuerst in unsere eigene, dann fragen wir alte Leute, dann suchen wir Briefe von Leuten, die schon gestorben sind. So leuchten wir immer weiter rückwärts. Es gibt Häuser, in denen nur alte Zettel und Papiere aufgespeichert sind, die einmal geschrieben wurden, die heißen Archive. Dort findest du Briefe, die vor vielen hundert Jahren geschrieben wurden. Ich hab' in so einem Archiv einmal einen Brief in der Hand gehabt, da stand nur drin: »Liebe Mutti! Gestern haben wir herrliche Trüffeln zum Essen gekriegt, Dein Wilhelm.« Das war ein kleiner italienischer Prinz vor 400 Jahren. Trüffeln sind eine kostbare Speise.

Aber das sehen wir nur einen Augenblick. Denn unser Licht fällt immer schneller und schneller. 1000 Jahre, 2000 Jahre,

5000 Jahre, 10 000 Jahre. Auch damals hat es schon Kinder gegeben, die gerne gute Sachen gegessen haben. Aber sie haben noch keine Briefe schreiben können. 20 000, 50 000 – und auch diese Leute damals haben schon »Es war einmal« gesagt. Und unser Erinnerungslicht ist schon ganz klein. Dann hört es auf. Aber wir wissen, daß es noch weiter geht. In eine Ur-Urzeit, in der es noch keine Menschen gegeben hat. In der die Berge noch nicht so ausgesehen haben wie heute. Manche waren höher. In der langen Zeit hat der Regen sie abgewaschen, bis sie zu Hügeln wurden. Manche waren auch noch gar nicht da. Sie sind langsam aus dem Meer hervorgewachsen, in vielen Millionen Jahren.

Aber noch bevor diese Berge waren, hat es hier Tiere gegeben. Ganz andere als heute. Riesig große, fast wie Drachen. Woher wir das wissen? Tief in der Erde findet man manchmal ihre Knochen. In Wien im Naturhistorischen Museum kannst du zum Beispiel den Diplodocus sehen. Ein merkwürdiger Name, Diplodocus. Aber ein noch merkwürdigeres Tier. Das hätte nicht in einem Zimmer Platz und nicht in zweien. Es ist so hoch wie ganz hohe Bäume und hat einen Schwanz so lang wie ein halber Fußballplatz. Lärm wird es schon gemacht haben, wenn so eine Rieseneidechse – denn der Diplodocus war

Die Rieseneidechse Diplodocus, die auf Erden lebte, lange bevor es Menschen oder unsere Berge gab. Furchtbar stark, aber ein harmloser Pflanzenfresser.

eine Rieseneidechse – in der Urzeit durch den Urwald gekrochen ist.

Aber auch das war nicht der Anfang. Auch da geht es weiter zurück, viele 1000 Millionen Jahre. – Das sagt sich so leicht, aber denk einen Moment nach. Weißt du, wie lang eine Sekunde ist? So lang, bis du schnell 1, 2, 3 gezählt hast. Und wie lang sind 1000 Millionen Sekunden? 32 Jahre! Da kannst du dir denken, wie lang erst 1000 Millionen Jahre sind! Damals hat es noch keine großen Tiere gegeben, nur Schnecken und Muscheln. Und noch weiter zurück, da waren nicht einmal Pflanzen. Die ganze Erde war »wüst und leer«. Nichts war da, kein Baum, kein Strauch, kein Gras, keine Blume, kein Grün. Nur wüste, wüste Steine und das Meer, das leere Meer ohne Fische, ohne Muscheln, sogar ohne Schlamm. Und wenn du seinen Wellen zuhörst, was sagen sie? »Es war einmal.« Einmal war die Erde vielleicht nur eine sich ballende Gaswolke, wie wir andere, viel größere, durch unsere Fernrohre sehen können. Sie ist Milliarden und Billionen Jahre um die Sonne gekreist, zuerst ohne Felsen, ohne Wasser, ohne Leben. Und vorher? Vorher gab es auch die Sonne, unsere liebe Sonne noch nicht. Nur fremde, fremde Riesensterne und kleinere Himmelskörper wirbelten zwischen den Gaswolken im unendlichen, unendlichen Weltraum.

»Es war einmal« – hier wird mir auch schon schwindlig, wenn ich mich so hinunterbeuge. Komm, wir wollen schnell zurück zu der Sonne, zu der Erde, zu dem schönen Meer, zu den Pflanzen, den Muscheln, den Rieseneidechsen, zu unseren Bergen und dann zu den Menschen. Ist das nicht, wie wenn man nach Hause kommt? Und damit das »Es war einmal« uns nicht immer wieder weiter hinunterzieht in das bodenlose Loch, wollen wir jetzt immer gleich fragen: »Halt! *Wann* ist es gewesen?«

Wenn man dabei auch fragt: »*Wie* ist es eigentlich gewesen?«, dann fragt man nach der Geschichte. Nicht nach *einer* Geschichte, sondern nach *der* Geschichte, die wir Weltgeschichte nennen. Und mit der wollen wir jetzt anfangen.

2 Die größten Erfinder, die es je gegeben hat

In Heidelberg hat man einmal einen Keller gegraben. Dort fand man tief unter der Erde einen Knochen, einen Menschenknochen. Einen Unterkiefer. Aber solche Unterkiefer hat heute kein Mensch mehr. So fest und stark ist er. Und so kräftig sind die Zähne darauf. Der Mensch, dem der Kiefer gehört hat, konnte gewiß gründlich beißen. Und lang muß es her sein, sonst läge er doch nicht so tief unter der Erde!

Woanders in Deutschland, im Neandertal, hat man einmal einen Schädelknochen gefunden. Die Hirnschale eines Menschen. Du brauchst dich nicht zu gruseln, sie war schrecklich interessant. Denn auch solche Hirnschalen gibt es nicht mehr. Der Mensch hat keine richtige Stirn gehabt, aber große Wülste über den Augenbrauen. Hinter der Stirn denken wir aber, und wenn der Mensch keine Stirn gehabt hat, konnte er vielleicht auch weniger denken. Jedenfalls muß ihn das Denken mehr geplagt haben als uns. Es waren also einmal Leute, die haben weniger denken und besser beißen können als wir heute.

»Halt!« wirst du sagen. »Das ist gegen die Verabredung. *Wann* waren die Leute, *was* waren sie, und *wie* ist es eigentlich gewesen?«

Ich werde rot und muß dir antworten: Das wissen wir noch nicht genau, aber wir wollen es schon mit der Zeit herausbekommen. Wenn du groß bist, kannst du ja dabei mithelfen. Wir wissen es nicht, weil diese Menschen ja nichts aufschreiben konnten. Weil die Erinnerung nicht soweit zurückreicht. (Inzwischen brauch' ich nicht mehr ganz so rot zu werden, denn obwohl einiges, was hier steht, nicht mehr ganz stimmt, so hab' ich doch wenigstens richtig prophezeit: Wir wissen heute wirklich mehr darüber, wann die ersten Menschen gelebt haben. Das haben die Naturwissenschaftler herausbekommen, die entdeckt haben, daß manche Stoffe, zum Beispiel Holz und Pflanzenfasern und auch vulkanische Gesteine, sich langsam, aber regelmäßig verändern. Dadurch kann man ausrechnen, wann sie entstanden oder gewachsen sind. Gleichzeitig hat man natürlich auch eifrig weiter nach menschlichen Überresten gesucht und gegraben und vor allem in Afrika und auch in China weitere Knochen gefunden, die wenigstens so alt sind wie der Kiefer aus Heidelberg. Das waren unsere Vorfahren, mit ihren wulstigen Stirnen und kleinen Gehirnen, die vielleicht schon vor zwei Millionen Jahren angefangen haben, mit Steinen als Werkzeugen zu hantieren. Die Neandertaler Menschen kamen vor ungefähr 100 000 Jahren auf und haben die Erde fast 70 000 Jahre lang bevölkert. Ihnen muß ich etwas abbitten, denn obwohl sie noch wulstige Stirnen hatten, war ihr Gehirn kaum kleiner als das der meisten heutigen Menschen. Unsere nächsten Verwandten tauchen wahrscheinlich erst vor ungefähr 30 000 Jahren auf.)

»Aber all das ›Ungefähr‹ ohne Namen und ohne genaue Jahreszahlen ist doch nicht Geschichte!« wirst du sagen. Und da hast du recht. Es liegt *vor* der Geschichte. Darum nennt man es *Vor*geschichte. Weil man nur sehr ungenau weiß, wann es gewesen ist. Und doch wissen wir noch einiges über diese Menschen, die man Urmenschen nennt. So wie nämlich die wirkliche Geschichte anfängt – und das wird sie im nächsten Kapitel tun –, haben die Menschen schon alles gehabt, was wir heute haben: Kleider und Häuser und Werkzeuge; Pflüge zum Pflügen, Getreide zum Brotbacken, Kühe zum Melken, Schafe zum Scheren, Hunde zur Jagd und als ihre Freunde. Pfeil und Bogen zum Schießen, Helm und Schild zum Schutz. Alles das muß aber doch einmal das erste Mal dagewesen sein. Das muß doch jemand erfunden haben! Denk doch, ist das nicht spannend? Einmal muß ein Urmensch daraufgekommen sein, daß man das Fleisch von wilden Tieren leichter beißen kann, wenn man es zuerst über das Feuer hält und brät. Vielleicht war das eine Frau? Und einmal ist einer draufgekommen, wie man Feuer machen kann. Denk dir, was das bedeutet: Feuermachen!

Kannst du das? Aber nicht mit Zündhölzchen, nein, die hat es doch nicht gegeben! Mit zwei Hölzchen, die man so lange aneinandergerieben hat, bis sie immer wärmer und wärmer geworden sind und schließlich geglüht haben. Versuch das einmal! Da wirst du sehen, wie schwer es ist!

Auch die Werkzeuge hat jemand erfunden. Kein Tier kennt Werkzeuge. Nur der Mensch. Die ältesten Werkzeuge werden einfach Äste gewesen sein oder Steine. Aber bald hat man diese Steine zurechtgeschlagen zu spitzen Hämmern. Solche zurechtgeschlagene Steine hat man viele in der Erde gefunden. Und weil damals alle Werkzeuge noch aus Stein waren, nennt man diese Zeit die Steinzeit. Aber Häuser konnte man damals noch nicht bauen. Das war unangenehm. Denn es war in dieser Zeit oft sehr kalt. Zeitweise sogar viel kälter als heute. Die Winter waren dann länger und die Sommer kürzer, als wir es gewohnt sind. Tief hinunter bis ins Tal ist der Schnee das ganze Jahr liegengeblieben, und die großen Gletscher aus Eis sind riesig weit vorgestoßen ins flache Land. Darum kann man sagen: Die ältere Steinzeit war noch während der Eiszeiten. Die Urmenschen müssen gefroren haben und froh gewesen sein, wenn sie Höhlen gefunden haben, die sie halbwegs vor Wind und Kälte schützen konnten. Darum nennt man sie auch Höhlenmenschen, obwohl sie kaum immer in Höhlen gehaust haben.

Weißt du, was die Höhlenmenschen noch erfunden haben? Ob du darauf kommst? Das *Sprechen.* Ich meine wirklich das richtige Sprechen. Die Tiere können ja auch schreien, wenn ihnen etwas weh tut, und Warnrufe ausstoßen, wenn Gefahr droht. Aber sie können nichts mit Worten benennen. Das können nur die Menschen. Die Urmenschen waren die ersten Wesen, die es konnten.

Noch etwas Schönes haben sie erfunden. Das Bildermalen und das Schnitzen. An den Wänden der Höhlen sehen wir heute noch viele Bilder, die sie hineingeritzt und daraufgemalt haben. Auch heute könnte es kein Maler schöner machen. Da sehen

Mammuts, Büffel, Wildpferde und Rentiere – alle Träume von einer glücklichen Jagd – zeichnete der Steinzeitmensch an die Wände seiner Höhle.

wir Tiere, die es längst nicht mehr gibt – so lange ist das her. Elefanten mit langen Haarpelzen und krummen Hauern: die Mammuts. Auch andere Tiere aus der Eiszeit.

Warum, glaubst du, haben die Urmenschen an die Wände ihrer Höhlen solche Tiere gemalt? Nur zur Verzierung? Aber es war doch dort ganz dunkel! Sicher weiß man es nicht, aber man glaubt, daß sie versucht haben zu zaubern. Sie haben geglaubt,

Ein Dorf im Wasser – ein Pfahlbaudorf – aus der jüngeren Steinzeit oder der Bronzezeit, also vor ungefähr 8000 Jahren.

wenn man die Bilder der Tiere an die Wand malt, dann kommen die Tiere auch bald. So ähnlich, wie wir manchmal im Spaß sagen: »Wenn man den Esel nennt, dann kommt er gerennt.« Diese Tiere waren ja ihre Jagdbeute, ohne die sie verhungert wären. Also das Zaubern haben sie auch erfinden wollen, und schön wär' es ja, wenn man das könnte. Aber bisher ist es noch nicht gelungen.

Die Eiszeiten haben unvorstellbar lang gedauert. Viele 10 000 Jahre, und das war gut, denn die Menschen, die sich beim Denken noch sehr plagen mußten, hätten sonst kaum Zeit gehabt, all das zu erfinden. Aber mit der Zeit ist es wärmer geworden auf der Erde, und das Eis hat sich im Sommer auf die höchsten Berge zurückgezogen, und die Menschen, die schon genauso waren wie wir, haben in der Wärme gelernt, Steppengräser anzupflanzen, ihre Körner zu reiben und daraus einen Brei zu machen, den man am Feuer backen kann. Das war das Brot.

Bald haben sie gelernt, sich Zelte zu bauen und die freilebenden Tiere zu zähmen. So sind sie mit ihren Herden herumgewandert, so ähnlich wie heute zum Beispiel die Lappländer. Aber weil es damals in den Wäldern viele wilde Tiere gab, Wölfe und Bären, sind manche Menschen, wie es sich für solche Erfinder schickt, auf einen großartigen Gedanken gekommen: Sie haben sich Häuser mitten ins Wasser gebaut, auf Pfählen, die in den Grund hineingerammt waren. Man nennt sie Pfahlbauten. Ihre Steinwerkzeuge haben sie schon schön zurechtgeschlagen und geschliffen. Sie haben in ihre Steinäxte mit einem zweiten härteren Stein Löcher für den Stiel gebohrt. Was das für eine Arbeit war! Sicher einen ganzen Winter lang. Und oft ist zum Schluß die Axt mitten entzweigesprungen, dann mußte man von vorne anfangen.

Dann haben sie erfunden, Lehm in Öfen zu Ton zu brennen, und bald haben sie schöne Gefäße gemacht, mit Mustern darauf. Aber Tierbilder hat man damals, in der *jüngeren* Steinzeit, nicht mehr gemacht. Und am Ende, vielleicht vor 6000 Jahren, 4000 Jahre vor Christi Geburt, ist man auf eine neue, bessere und bequemere Art gekommen, Werkzeuge zu machen: Man hat das Metall entdeckt. Natürlich nicht alle Metalle auf einmal. Zuerst die grünen Steine, die zu Kupfer werden, wenn man sie im Feuer schmilzt. Das Kupfer glänzt schön, und man kann daraus Pfeilspitzen oder Äxte schmieden, aber es ist sehr weich und stumpft schneller ab als ein harter Stein.

Die Menschen haben sich auch da zu helfen gewußt. Sie sind draufgekommen, daß man nur ein zweites, sehr seltenes Metall dazumischen muß, um das Kupfer härter zu machen. Dieses Metall ist das Zinn, und das Gemenge aus Kupfer und Zinn heißt Bronze. Die Zeit, in der die Menschen ihre Helme und Schwerter, ihre Äxte und Kessel, aber auch ihre Armringe und Halsketten aus Bronze gemacht haben, nennt man natürlich *Bronzezeit.*

Jetzt schau dir die Leute noch an, wie sie in ihren Einbaumschiffen zu den Pfahldörfern rudern, in Felle gekleidet. Sie bringen Getreide oder auch Salz aus den Bergwerken. Sie trinken aus schönen Tonkrügen, und ihre Frauen und Mädchen schmücken sich mit bunten Steinen und auch schon mit Gold. Glaubst du, daß sich seither viel verändert hat? Es waren schon Menschen wie wir. Oft schlecht zueinander, oft grausam und hinterlistig. Das sind wir leider auch. Und auch damals wird es vorgekommen sein, daß eine Mutter sich für ihr Kind aufgeopfert hat. Auch damals werden Freunde füreinander gestorben sein. Nicht häufiger, aber auch nicht seltener als heute. Warum auch? Es ist ja auch erst ungefähr 10 000 bis 3000 Jahre her! Wir haben seitdem noch nicht Zeit gehabt, uns sehr zu verändern.

Aber manchmal, wenn wir sprechen oder Brot essen oder ein Werkzeug verwenden oder uns am Feuer wärmen, sollten wir uns dankbar der Urmenschen erinnern, der größten Erfinder, die es je gegeben hat.

3 Das Land am Nil

Hier – hab' ich dir versprochen – wird die Geschichte anfangen. Mit einem *Damals.* Also: Vor 5100 Jahren, im Jahre 3100 vor Christus, so glauben wir heute, hat in Ägypten ein König regiert, der *Menes* hieß. Wenn du Genaueres über den Weg nach Ägypten wissen willst, müßtest du eigentlich eine Schwalbe fragen. Die fliegt ja jeden Herbst, wenn es kalt wird, nach dem Süden. Über die Berge nach Italien, dann ein kleines Stück über das Meer, und dann ist sie in Afrika, in jenem Teil Afrikas, der Europa am nächsten liegt. Dort in der Nähe ist Ägypten.

In Afrika ist es heiß, und es regnet viele Monate lang nicht. Darum kann dort in vielen Gegenden nur wenig wachsen. Das Land ist Wüste. Und so ist es auch rechts und links von Ägypten. In Ägypten selbst regnet es auch nicht oft. Aber dort brauchte man keinen Regen, dort fließt der Nil mitten durch. Zweimal im Jahr, wenn es an seinen Quellen sehr regnete, überschwemmte er das ganze Land. Dann mußte man mit Schiffen zwischen den Häusern und Palmen herumfahren. Und wenn sich das Wasser verlief, war die Erde wunderbar getränkt und gedüngt mit saftigem Schlamm. Dort wuchs dann das Getreide in der heißen Sonne so herrlich wie kaum sonstwo. Darum haben die Ägypter auch seit der ältesten Zeit ihren Nil angebetet, als wäre er selbst der liebe Gott. Willst du ein Lied hören, das sie vor 4000 Jahren für ihn gesungen haben?

»Preis dir, o Nil, der du herauskommst aus der Erde und herbeikommst, um Ägypten Nahrung zu spenden. Der die Fluren bewässert und geschaffen ist, um alles Vieh zu ernähren. Der die Wüste tränkt, die fern vom Wasser ist. Der Gerste macht und Weizen schafft. Der die Speicher füllt und die Scheunen weit macht, der den Armen etwas gibt. Für dich spielen wir auf der Harfe, und für dich singen wir.«

So haben die alten Ägypter gesungen. Und sie haben recht gehabt. Denn durch den Nil ist das Land so reich geworden, daß es auch sehr mächtig war. Und über alle Ägypter hat ein König geherrscht. Der erste König, der über das ganze Land geherrscht hat, war eben König Menes. Weißt du noch, wann das war? 3100 Jahre vor Christi Geburt. Erinnerst du dich vielleicht auch aus der biblischen Geschichte, wie dort die Könige von Ägypten heißen? *Pharaonen.* So ein Pharao war ungeheuer mächtig. Er hat in einem gewaltigen steinernen Palast gewohnt mit großen dicken Säulen und vielen Höfen, und was er gesagt hat, das mußte geschehen. Alle Leute im Land haben für ihn arbeiten müssen, wenn er es wollte. Und manchmal wollte er.

Ein Pharao, der nicht allzulang nach dem König Menes gelebt hat, König Cheops, 2500 Jahre vor Christus, hat zum Beispiel befohlen, daß alle seine Untertanen an seinem Grab mitbauen sollten. Das sollte ein Bau werden wie ein Berg. Das wurde er auch wirklich. Er steht noch heute. Es ist die berühmte Cheops-Pyramide. Vielleicht hast du sie schon öfters abgebildet gesehen. Aber wie groß sie ist, kannst du dir nicht vorstellen. Jede große Kirche hätte darin Platz. Man kann hinaufklettern über die riesigen Blöcke, es ist wie eine Bergbesteigung. Und doch haben Menschen diese ungeheuren Steinblöcke übereinandergewälzt und aufeinandergetürmt. Damals hat es noch keine Maschinen gegeben. Höchstens Rollen und Hebel. Man mußte alles mit der Hand ziehen und schieben. Stell dir das vor, in der Hitze von Afrika! So haben vielleicht 100 000 Menschen durch 30 Jahre in den Monaten zwischen der Feldarbeit für den Pharao geschuftet. Und wenn sie müde wurden, dann hat sie der Aufseher des Königs wohl mit der Nilpferdpeitsche vorwärtsgetrieben. So haben sie die riesigen Lasten geschleppt und gehoben, alles für des Königs Grab.

Du wirst vielleicht fragen, was denn dem König eingefallen ist, sich so ein Riesengrab bauen zu lassen. Das hängt mit der altägyptischen Religion zusammen. Die Ägypter haben an viele Götter geglaubt, und Leute, die das tun, nennt man Heiden. Manche von ihren Göttern, so haben sie geglaubt, haben früher

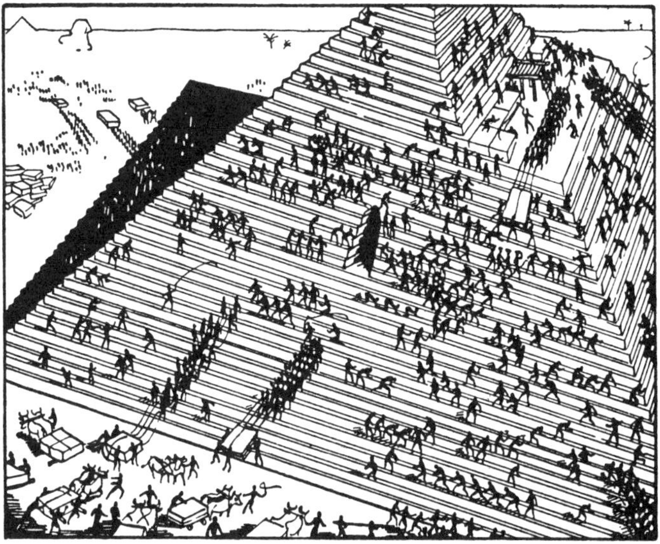

Zehntausende bauten jahrelang an dem Königsgrab. Ochsengespanne führten die Blöcke heran, aber mit Menschenkraft mußten sie hinaufgeschleppt werden.

einmal auf der Erde als Könige geherrscht, zum Beispiel der Gott Osiris und seine Gemahlin Isis. Auch die Sonne, so haben sie geglaubt, ist ein eigener Gott: Amon. In der Unterwelt herrscht einer, der hat einen Schakalkopf und heißt Anubis. Von jedem Pharao haben sie gemeint, daß er der Sohn des Sonnengottes sei. Sonst hätten sie sich ja nicht so vor ihm gefürchtet und sich so viel befehlen lassen. Sie haben riesige, majestätische Bilder aus Stein für ihre Götter gemeißelt, so hoch wie fünfstöckige Häuser, und Tempel gebaut, so groß wie ganze Städte. Vor den Tempeln standen hohe, spitze Steine, ganz aus einem Stück Granit, man nennt sie Obelisken. Das ist griechisch und heißt soviel wie »Spießchen«. In manchen Städten kannst du noch heute solche Obelisken sehen, die man aus Ägypten hergebracht hat.

Für die ägyptische Religion waren auch manche Tiere heilig, wie zum Beispiel die Katzen. Manche Götter hat man sich auch in Tiergestalt vorgestellt und sie auch so abgebildet. Das Wesen mit einem Löwenkörper und einem Menschenkopf, das wir »die Sphinx« nennen, war für die alten Ägypter ein mächtiger Gott. Sein riesiges Bildwerk liegt bei den Pyramiden und ist so groß, daß ein ganzer Tempel im Inneren Platz fände. So bewacht das Götterbild nun schon seit mehr als 5000 Jahren die Gräber der Pharaonen, und der Wüstensand deckt es von Zeit zu Zeit zu. Wer weiß, wie lange es da noch auf Wache liegen wird?

Das Wichtigste an der merkwürdigen Religion der Ägypter war aber der Glaube, daß die Seele des Menschen den Körper zwar verläßt, wenn der Mensch stirbt, daß sie aber den Körper doch auch irgendwie weiter braucht. Die Ägypter haben gemeint, es kann der Seele doch unmöglich recht sein, wenn nach dem Tod ihr früherer Leib zu Erde wird.

Darum haben sie die Leiber der Verstorbenen auf eine sehr sinnreiche Art bewahrt. Sie rieben sie mit Salben und Pflanzensäften ein und wickelten lange Tuchstreifen rundherum. Eine solche konservierte Leiche, die nicht verwesen kann, nennt man Mumie. Auch heute, nach den vielen tausend Jahren, sind die Mumien noch nicht zerfallen. Diese Mumien hat man erst in einen Holzsarg gelegt, den Holzsarg in einen Steinsarg und den Steinsarg noch immer nicht in die Erde, sondern in ein Felsgrab. Wenn man es sich leisten konnte, wie der »Sohn der Sonne«, der Pharao Cheops, dann hat man sich eben einen ganzen steinernen Berg aufschichten lassen. Dort ganz tief drinnen wird doch die Mumie sicher sein! So hoffte man. Aber alle Plage und alle Macht des Königs Cheops waren vergebens: Die Pyramide ist leer.

Die Mumien von anderen Königen und von vielen alten Ägyptern hat man aber noch in den Gräbern gefunden. Diese Gräber sind als Wohnungen für die Seelen eingerichtet, wenn sie kommen, ihren Leib zu besuchen. Darum gab es dort Eß-

Ein toter Ägypter wird in seine letzte Wohnung gebracht. Die Wände zeigen Bilder von Kämpfen, Gesandtschaften, Handwerkern und der Fahrt der Seele auf dem Totenschiff.

sachen, Möbel und Kleider und viele Bilder aus dem Leben des Verstorbenen. Auch ein Bildnis von ihm selbst, damit die Seele gleich zum richtigen Grab findet, wenn sie es besuchen will.

An den großen Statuen aus Stein und an den Bildern, die in schönen, bunten Farben gemalt sind, sehen wir heute noch alles, was die Ägypter getrieben haben und wie es damals gewesen ist. Zwar haben sie nicht eigentlich richtig oder natürlich gezeichnet. Was in Wirklichkeit hintereinander ist, ist dort gewöhnlich übereinander gezeichnet. Oft sind auch die Figuren steif: Man sieht ihren Körper von vorn und die Hände und Füße von der Seite, so daß sie wie glattgebügelt aussehen. Aber das, worauf es den alten Ägyptern ankam, haben sie erreicht. Man sieht jede Einzelheit ganz genau: wie sie am Nil mit großen Netzen Enten fangen, wie sie rudern und mit langen Speeren fischen, wie sie das Wasser für die Felder in Kanäle pumpen, wie sie die Kühe und Ziegen auf die Weide treiben, wie sie Getreide dreschen und Brot backen, Schuhe und Kleider machen, Glas blasen – das hat man damals schon können! –, Ziegel formen und Häuser bauen. Aber man sieht auch, wie die Mädchen Ball spielen oder Flöte blasen, wie die Männer in den Krieg ziehen und fremde Völker, zum Beispiel Neger, mit aller Beute gefangen nach Hause bringen.

In den Gräbern der Vornehmen sieht man, wie fremde Gesandtschaften kommen und ihnen Schätze bringen, wie der König seine treuen Minister mit Orden belohnt. Man sieht die Verstorbenen vor den Götterbildern mit erhobenen Händen beten, und man sieht sie zu Hause bei Festgelagen, wo Sänger zur Harfe singen und Spaßmacher ihre Sprünge machen.

Neben diesen Reihen bunter Bilder erkennt man meistens noch kleine Bildchen von Eulen und Männern, Fähnchen, Blumen, Zelten, Käfern, Gefäßen, aber auch von Zackenlinien und Spiralen dicht neben- und untereinander. Was kann das sein? Das sind keine Bilder, das ist ihre Schrift. Man nennt sie Hieroglyphen. Das heißt: heilige Zeichen. Denn die Ägypter waren so stolz auf ihre neue Kunst, das Schreiben, daß man den Schreiber von allen Berufen am höchsten ehrte und das Schreiben beinahe für heilig hielt.

Willst du auch wissen, wie man mit solchen heiligen Zeichen oder Hieroglyphen schreibt? Es war wirklich nicht leicht zu erlernen, denn es geht ganz ähnlich zu wie bei Bilderrätseln im Rebus. Wenn man den Namen des Gottes Osiris schreiben wollte, die die alten Ägypter Wosiri genannt haben, so zeichnete man einen Thron 𓊨, das heißt auf ägyptisch »wos«, und ein Auge 𓁹, das heißt »iri«. Das gab dann »Wos-iri«. Und damit niemand glaubte, daß das Thronauge heißt, hat man meistens noch ein Fähnchen 𓊹 daneben gemacht. Das ist das Abzeichen der Götter. So wie wir ein Kreuz neben einen Namen schreiben, wenn wir zeigen wollen, daß dieser Mensch schon gestorben ist.

Jetzt kannst du also »Osiris« in Hieroglyphen schreiben! Denk dir aber, was das für eine Mühe war, das alles zu entziffern, als man vor ungefähr 180 Jahren angefangen hat, sich wieder mit den Hieroglyphen zu beschäftigen. Das Entziffern war nur dadurch möglich, daß man einen Stein fand, auf dem dasselbe in griechischer Sprache und in Hieroglyphen stand. Und doch war es ein Rätselspiel, um das sich große Gelehrte ihr Leben lang bemüht haben!

Heute kann man schon fast alles lesen. Nicht nur, was an den Wänden steht, sondern auch, was in den Büchern steht. Dabei sind die Zeichen in den Büchern lange nicht so deutlich. Die alten Ägypter haben wirklich schon Bücher gehabt. Zwar nicht aus Papier, aber aus einer Art Nilschilf, das auf griechisch Papyros heißt. Daher kommt unser Wort Papier.

Man hat auf lange Streifen geschrieben und diese Streifen dann gerollt. Eine Menge solcher Bücherrollen sind erhalten, und in ihnen liest man jetzt vieles und sieht immer mehr, was für weise und kluge Leute die alten Ägypter waren. Willst du einen Spruch hören, den einer vor 5000 Jahren aufgeschrieben hat? Aber du mußt ein bißchen aufpassen und gut darüber nachdenken: »Weise Worte sind seltener als der grüne Edelstein, und doch hört man sie von den armen Mägden, die die Mühlsteine drehen.«

Weil die Ägypter so weise und so mächtig waren, hat ihr Reich lange bestanden. Länger als bisher irgendein anderes Reich. Fast 3000 Jahre lang. Und wie sie die Leichen sorgfältig aufbewahrt haben, damit sie nicht zerfallen, so haben sie auch die alten Sitten und Bräuche streng bewahrt durch die Jahrtausende. Ihre Priester achteten genau darauf, daß die Söhne nichts taten, was nicht die Väter schon getan hatten. Alles Alte war ihnen heilig.

Nur zweimal im Lauf der ganzen langen Zeit haben sich Leute gegen dieses strenge Einerlei gewendet. Einmal, kurz nach König Cheops, um 2100 vor Christus, haben die Untertanen selbst versucht, alles zu ändern. Sie haben sich gegen den Pharao erhoben, seine Aufseher umgebracht und die Mumien aus den Gräbern gezerrt. »Die früher nicht einmal Sandalen hatten, besitzen jetzt Schätze, und die früher schöne Gewänder besaßen, gehen jetzt in Lumpen«, erzählt eine alte Papyrusrolle. »Das Land dreht sich um wie eine Töpferscheibe.« Aber das dauerte nicht sehr lange, bald war wieder alles beim alten. Vielleicht ging es noch strenger zu als vorher.

Ein zweites Mal hat ein Pharao selbst versucht, alles zu ändern. Er war ein merkwürdiger Mann, dieser Pharao Echnaton, der um 1370 vor Christi Geburt gelebt hat. Der ägyptische Glaube mit seinen vielen Göttern und geheimnisvollen Bräuchen kam ihm unwahrscheinlich vor. »Es gibt nur einen Gott«, hat er sein Volk gelehrt, »das ist die Sonne, deren Strahlen alles schaffen und alles erhalten. Zu ihr nur dürft ihr beten.«

Die alten Tempel wurden geschlossen, und König Echnaton zog mit seiner Frau in einen neuen Palast. Weil er überhaupt gegen das Alte war und für neue schöne Ideen, hat er auch die Bilder in seinem Palast in ganz neuer Art malen lassen. Nicht mehr so streng und steif und feierlich wie früher, sondern ganz natürlich und ungezwungen. Das alles war den Leuten aber gar nicht recht. Sie wollten es so sehen, wie sie es Jahrtausende lang gesehen hatten. Und so kehrten sie auch sehr bald nach dem Tod des Echnaton wieder zu den alten Sitten und zu der alten Kunst zurück, und so blieb alles beim alten, solange das ägyptische Reich überhaupt bestanden hat. Wie zur Zeit des Königs Menes begrub man noch fast dreieinhalb Jahrtausende lang die Menschen als Mumien, schrieb in Hieroglyphen, betete zu den gleichen Göttern. Auch die Katzen verehrte man weiter als heilige Tiere. Und wenn du *mich* fragst, finde ich, daß die alten Ägypter *darin* wenigstens recht gehabt haben.

4 Sonntag, Montag …

Die Woche hat sieben Tage. Die heißen …, das weißt du ja! Aber wahrscheinlich weißt du nicht, seit wann die Tage nicht mehr wie für die Urmenschen einer hinter dem anderen herlaufen, ohne Namen und ohne Reihenfolge. Wer sie in Wochen zusammenfaßte und jedem einen Namen gab. Das geschah nicht in Ägypten. Das geschah in einem anderen Land. Heiß war es dort auch. Und statt eines Stromes, des Nil, gab es dort sogar zwei: Euphrat und Tigris. Man nennt das Land darum Zweistromland. Und weil das wichtige Land *zwischen* den zwei Strömen liegt, sagt man auch Zwischenstromland, oder mit dem griechischen Wort: Mesopotamien. Dieses Mesopotamien liegt nicht in Afrika, sondern in Asien, aber nicht allzuweit von unseren Gegenden. Es liegt in Vorderasien. Die beiden Flüsse Euphrat und Tigris münden in den Persischen Golf.

Du mußt dir eine weite, weite Ebene vorstellen, durch die diese Flüsse strömen. Es ist heiß und sumpfig, und manchmal überschwemmen die Wasser auch das Land. In dieser Ebene sieht man heute hie und da große Hügel, aber es sind keine richtigen Hügel: Wenn man dort anfängt zu graben, findet man zuerst eine Menge Ziegel und Schutt. Allmählich stößt man auf hohe, feste Mauern. Denn diese Hügel sind eigentlich verfallene Städte, große Städte mit langen, schnurgeraden Straßen, mit hohen Häusern, Palästen und Tempeln. Weil sie nicht, wie in Ägypten, aus Stein gebaut waren, sondern aus Ziegeln, sind sie mit der Zeit in der Sonne zerbröckelt und schließlich zu großen Schutthaufen zusammengesunken.

Ein solcher Schutthaufen in einer wüsten Gegend ist heute Babylon, das einmal die größte Stadt der Welt war, mit einem unvorstellbaren Gewimmel von Menschen aus aller Herren Länder, die hier ihre Waren hingebracht und eingetauscht haben. Und ein solcher Schutthaufen am Rand des Gebirges stromaufwärts ist auch die zweite große Stadt des Landes:

Ninive. Babylon war die Hauptstadt der Babylonier. Das ist leicht zu merken. Ninive aber ist die Hauptstadt der Assyrer gewesen.

Über dieses ganze Land hat meistens nicht nur ein einziger König geherrscht wie über Ägypten. Es war auch kein so lang dauerndes, in festen Grenzen bestehendes Reich. Mehrere Völkerschaften und mehrere Könige haben dort gehaust und abwechselnd geherrscht: Die wichtigsten Völker sind die Sumerer, Babylonier, Assyrer. Noch bis vor kurzer Zeit hat man geglaubt, daß die Ägypter das älteste Volk sind, das alles besaß, was man eine Kultur nennt: Städte mit Handwerkern, Fürsten und Königen, Tempeln und Priestern, Beamten und Künstlern, eine Schrift und eine Technik.

Seit einigen Jahren wissen wir, daß die Sumerer in manchen dieser Dinge den Ägyptern schon voraus waren. Ausgrabungen von den Schutthaufen, die in der Nähe des Persischen Golfs aus der flachen Ebene aufragen, haben uns gezeigt, daß die dortigen Bewohner schon vor 3100 vor Christus auf den Gedanken gekommen waren, aus Lehm Ziegel zu formen und damit Häuser und Tempel zu bauen. Unter einem der größten Schutthaufen fand man die Ruinen der Stadt Ur, von der es in der Bibel heißt, daß die Vorfahren Abrahams dort zu Hause waren. Man fand hier eine ganze Anzahl von Gräbern, die ungefähr aus der gleichen Zeit stammen müssen wie die Cheops-Pyramide in Ägypten. Aber während die Pyramide ja leer ist, ist man dort auf ganz herrliche und erstaunliche Dinge gestoßen. Auf wunderbaren Goldschmuck für Frauen und auf goldene Gefäße für Opfergaben. Auf goldene Helme und Dolche mit Gold und Edelsteinen. Auch auf ganz prachtvolle Harfen, die mit Stierköpfen verziert sind, und – denk dir – auf ein Spielbrett mit schachbrettartigen Feldern in wunderbarer Einlegearbeit.

Auch runde Siegelsteine und Tontafeln mit Inschriften hat man in diesen Schutthaufen gefunden. Aber nicht in Hieroglyphen-, sondern in einer anderen Schrift, die fast noch schwerer zu entziffern war. Gerade weil sie keine Bilder mehr verwendet, sondern einzelne spitze Striche, die wie Dreiecke oder Keile aussehen. Man nennt sie Keilschrift. Bücher aus Papyrus hat man in Mesopotamien nicht gekannt. Man schrieb alle Zeichen in weichen Ton, der dann in Öfen gebrannt wurde, so daß harte Ziegeltafeln entstanden. Solche Tafeln aus früher Zeit hat man in großen Mengen gefunden. Mit langen wunderschönen Sagen und Märchenerzählungen, die von dem Helden Gilgamesch und seinem Kampf mit Ungeheuern und Drachen erzählen. Und auch viele Inschriften, in denen Könige ihre Taten berichten und sich rühmen, welche Tempel sie für die Ewigkeit errichtet und wie viele Völker sie unterworfen haben.

Schon aus ganz alter Zeit findet man Tafeln mit Berichten von Kaufleuten, mit Verträgen, Bestätigungen, Warenlisten und so weiter. Daher wissen wir, daß schon die alten Sumerer, so wie später die Babylonier und die Assyrer, ein großes Handelsvolk waren, das sehr gut zu rechnen verstand und Recht von Unrecht klar zu scheiden wußte.

Von einem der ersten babylonischen Könige, die das ganze Land beherrschten, kennen wir eine solche große Inschrift, die in einen Stein gehauen ist. Das ist das älteste Gesetzbuch der Welt, die Gesetze des Königs Hammurabi. Der Name klingt wie aus einem Märchenbuch, aber die Gesetze sind sehr nüchtern, streng und gerecht. Darum kannst du dir auch merken, wann Hammurabi ungefähr gelebt hat, etwa 1700 vor Christi Geburt, also vor 3700 Jahren.

Streng und fleißig waren die Babylonier und später auch die Assyrer. Aber so bunte Bilder wie die Ägypter haben sie nicht gemalt. Auf ihren Statuen und Darstellungen sieht man meist nur den König auf der Jagd und den König, vor dem gefesselte Gefangene knien, dann Streitwagen, die fremde Völker vor sich hertreiben, und Krieger, die gegen Burgen kämpfen. Die Könige schauen finster drein, haben lange schwarze Lockenbärte und lange geringelte Haare. So sieht man sie manchmal

Ein assyrischer König fährt auf die Löwenjagd. Im Torbogen das Bild eines geflügelten Stieres mit Menschenkopf, das heilige Tier der Assyrer.

auch den Göttern opfern, dem Sonnengott Baal und der Mondgöttin Ischtar oder Astarte.

Denn die Babylonier und die Assyrer haben zu Sonne, Mond und Sternen als zu ihren Göttern gebetet. In den klaren, warmen Nächten haben sie jahrelang und jahrhundertelang den Lauf der Sterne beobachtet. Und weil es klare und kluge Menschen waren, haben sie bemerkt, wie regelmäßig die Sterne kreisen. Die, die am Himmelsgewölbe scheinbar feststehen und jede

Nacht wieder an der gleichen Stelle sind, haben sie bald erkannt. Sie haben den Figuren am Sternenhimmel Namen gegeben, so wie wir heute vom »Großen Bären« sprechen. Mehr noch aber haben sie sich mit den Sternen beschäftigt, die sich am Himmelsgewölbe bewegen und einmal in der Nähe des »Großen Bären« sind und einmal zum Beispiel bei der »Waage«. Damals hat man geglaubt, daß die Erde eine feste Scheibe sei und der Sternenhimmel eine Art Hohlkugel, die sich wie eine Schale über der Erde wölbt und sich täglich einmal herumdreht. Da mußte man sich besonders wundern, daß nicht alle Sterne auf dieser Himmelsschale feststehen, daß manche sozusagen nur locker daraufsitzen und herumlaufen können.

Heute wissen wir, daß es die Sterne sind, die sich gemeinsam mit der Erde um die Sonne bewegen. Man nennt sie Planeten. Das konnten aber die alten Babylonier und Assyrer unmöglich wissen, darum haben sie geglaubt, daß irgendeine geheimnisvolle Zauberei dahinterstecke. Sie gaben diesen Sternen eigene Namen und hielten immer genau nach ihnen Ausschau. Sie haben nämlich gemeint, daß die Sterne mächtige Wesen seien und daß ihre Stellung etwas für das Schicksal der Menschen bedeute. Darum wollten sie aus der Stellung dieser Sterne die Zukunft voraussagen. Dieser Glaube heißt Sterndeuterei oder mit einem griechischen Wort Astrologie.

Von manchen Planeten glaubte man, daß sie Glück, von manchen, daß sie Unglück brächten. Der Mars bedeutete Krieg, die Venus Liebe. Jedem Planetengott hat man einen Tag geweiht. Und weil es mit der Sonne und dem Mond gerade sieben waren, ist daraus unsere Woche entstanden. Sonn-Tag und Mond-Tag sagen wir auch heute noch. Die fünf damals bekannten Planeten heißen Mars, Merkur, Jupiter, Venus, Saturn. In unseren deutschen Wochentagen erkennst du diese Planetennamen nicht mehr, aber in vielen anderen Sprachen, die man heute noch spricht. Schau dir die französischen Wochentage an. Die heißen: *mar-di* (von Mars), *merc-redi* (von Merkur), *jeu-di* (von Jupiter),

Von hohen Stufentürmen betrachtete man in Babylon den Sternenwandel.

ven-dredi (von Venus). Bei Samstag schau dir das Englische an. Dort heißt der Saturntag *Satur-day.* Im Deutschen ist es darum etwas verwickelter, weil man die griechisch-römischen Götternamen durch möglichst entsprechende altdeutsche ersetzt hat. So kommt Dienstag *(mar[s]-di)* vielleicht von Zius-Tag, denn Ziu war der altdeutsche Kriegsgott; ebenso Donnerstag *(jeu-di)* von Donar, dem altdeutschen Gott, der ähnlich verehrt wurde wie Jupiter. Hättest du geglaubt, daß unsere Wochentage eine so ehrwürdige und merkwürdige, viele jahrtausendealte Geschichte haben?

Um ihren Sternen näher zu sein und auch um sie in dem dunstigen Land besser sehen zu können, haben die Babylonier, und schon früher die Sumerer, merkwürdige Bauten aufgerichtet. Große, breite Türme, die in einigen Terrassen übereinander mächtig aufgeschichtet waren. Mit gewaltigen Stützmauern und hohen Stiegen. Erst ganz hoch oben war der Tempel für den Mond oder die Planeten. Von weither kamen die Leute, um sich von dem Priester aus den Sternen ihr Schicksal weissagen zu lassen, und brachten kostbare Opfergaben. Noch heute ragen diese Stufentürme verfallen aus den Schutthaufen heraus, und man findet die Inschriften, in denen die Könige erzählen, wie sie sie errichtet oder ausgebessert haben. Du mußt bedenken, daß die ersten Könige in dieser Gegend vielleicht 3000 vor Christus gelebt haben und die letzten ungefähr 550 vor Christus.

Der letzte ganz mächtige babylonische König war Nebukadnezar. Er lebte um 600 vor Christus. Seine Kriegszüge haben ihn berühmt gemacht. Er hat mit Ägypten gekämpft und viele Völker als Sklaven nach Babylon geführt. Aber seine größten Taten waren in Wirklichkeit nicht seine Kriegszüge, sondern die gewaltigen Kanäle und Wasserbehälter, die er anlegen ließ, um das Land fruchtbar zu machen. Erst seitdem diese Kanäle verschüttet und die Wasserbehälter verschlammt sind, ist das Land zu der wüsten, sumpfigen Ebene geworden, aus der man manchmal Hügel von Schutt aufragen sieht.

Und wenn wir uns freuen, daß die Woche zu Ende geht und daß wieder der Sonn-Tag kommt, dann denken wir manchmal an diese Schutthaufen in dem heißen Sumpfland und an die strengen Könige mit den langen schwarzen Bärten. Denn wir wissen jetzt, wie das alles zusammenhängt.

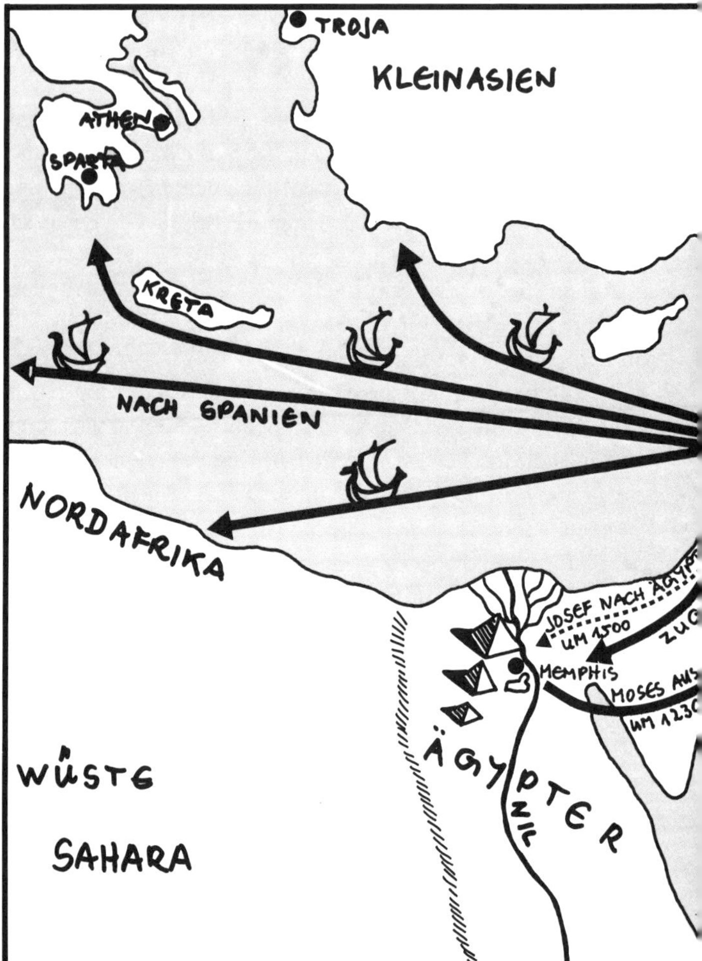

Hier im Raum zwischen Mesopotamien und Ägypten, in diesem Teil der Welt beginnt die Weltgeschichte mit blutigen Kämpfen und mit kühnen Fahrten phönizischer Handelsschiffe. Du kannst diese Karte auch bei den nächsten Kapiteln nochmals anschauen.

TIGRIS
ASSYRER
MESOPOTAMIEN
EUPHRAT
NINIVE
PERSER 538
IN DIE BABYL. GEFANGENSCHAFT
NEBUKADNEZARS 586
BABYLONIER
BABYLON
SUMERER
ABRAHAM VERLÄSST UR (VOR 1900)
UR
NAAN
ARABISCHE WÜSTE

5 Vom einzigen Gott

Zwischen Ägypten und Mesopotamien liegt ein Land mit tiefen Tälern und großen Weideplätzen. Dort haben viele Jahrtausende lang Hirtenvölker ihre Herden gehütet, haben Wein gepflanzt und Getreide und des Abends Lieder gesungen – wie die Leute auf dem Land es eben tun. Gerade weil das Land zwischen Ägypten und Babylonien lag, ist es einmal von den Ägyptern erobert und beherrscht worden, dann wieder von den Babyloniern, und die Völker, die dort gewohnt haben, wurden dorthin und dahin geschleppt. Sie bauten sich auch Städte und Burgen, aber sie waren nicht mächtig genug, den gewaltigen Heeren ihrer Nachbarn zu widerstehen.

»Das ist traurig«, wirst du sagen, »aber das ist doch noch nicht Geschichte. Solche kleine Völkerschaften muß es doch unzählig viele gegeben haben.« Da hast du recht. Aber etwas Besonderes hatte dieses Volk doch; dadurch ist es nicht nur Geschichte geworden, sondern hat auch, so klein und machtlos es war, selbst Geschichte gemacht, das heißt, es hat die Geschicke und Schicksale aller künftigen Geschichte mitbestimmt. Dieses Besondere war seine Religion.

Alle anderen Völker haben zu vielen Göttern gebetet. Du erinnerst dich an Isis und Osiris, an Baal und Astarte. Diese Hirten aber haben nur zu einem Gott gebetet. Zu *ihrem* Gott, von dem sie glaubten, daß er sie besonders schütze und leite. Und wenn sie am Abend am Lagerfeuer von ihren Taten und Kämpfen gesungen haben, so haben sie damit von *seinen* Taten und *seinen* Kämpfen gesungen. *Ihr* Gott, so haben sie gesungen, ist stärker und besser und erhabener als alle die vielen Götter der Heiden. Ja – so hat es im Laufe der Zeiten in den Liedern geheißen –, er ist überhaupt der einzige. Der einzige Gott, er, der Himmel und Erde erschaffen hat und Sonne und Mond, Wasser und Land, Pflanzen und Tiere wie auch den Menschen. Er, der furchtbar zürnen kann im Gewitter, aber der schließlich sein

Volk nicht verlassen wird, wenn die Ägypter es bedrängen und die Babylonier es verschleppen. Denn das war ihr Glaube und ihr Stolz, daß sie *sein* Volk sind und er *ihr* Gott.

Vielleicht hast du schon erraten, wer dieses merkwürdige, machtlose Hirtenvolk gewesen ist. Es waren die Juden. Die Lieder, die sie von ihren Taten sangen, die die Taten ihres Gottes sind – das ist das alte Testament in der Bibel.

Wenn du die Bibel einmal richtig lesen wirst – aber damit kannst du noch ein bißchen warten –, wirst du darin aus der alten Zeit so viel und so lebendig erzählt finden wie fast nirgends sonst. Manches aus der biblischen Geschichte wirst du dir vielleicht jetzt schon besser vorstellen können als vorher. Du kennst die Geschichte von Abraham. Erinnerst du dich noch, von wo er gekommen ist? Das steht im 1. Buch Mosis, im 11. Kapitel: aus Ur in Chaldäa. Ur – das war doch der Schutthaufen beim Persischen Golf, wo man in den letzten Jahren so viele ganz alte Sachen ausgegraben hat, Harfen und Spielbretter, Waffen und Schmuck. Abraham hat aber nicht in der ganz frühen Zeit dort gelebt, sondern wahrscheinlich in der Zeit von Hammurabi, dem großen Gesetzgeber. Das war – aber das weißt du noch! – um 1700 vor Christi Geburt. Manche von den strengen und gerechten Gesetzen des Hammurabi findet man auch in der Bibel wieder.

Aber das ist nicht das einzige, was die Bibel vom alten Babylonien erzählt. Du erinnerst dich bestimmt an die Geschichte vom Turm zu Babel. Babel ist Babylon. Und die Geschichte kannst du dir jetzt auch besser vorstellen. Du weißt ja, daß die Babylonier wirklich ungeheure Türme gebaut haben, »deß' Spitze bis an den Himmel reiche«, das heißt, um der Sonne und dem Mond und den Sternen näher zu sein.

Auch die Geschichte von Noah und der Sintflut spielt in Mesopotamien. Man hat dort auch mehrmals Tontafeln mit Keilschrift ausgegraben, die die Geschichte sehr ähnlich erzählen, wie sie in der Bibel steht.

Ein Nachkomme von Abraham aus Ur (so lesen wir in der Bibel) war Josef, der Sohn Jakobs, derselbe, den seine Brüder nach Ägypten verkauft haben, wo er dann Ratgeber und Minister des Pharao wurde. Du weißt, wie die Geschichte dann weitergeht, wie eine Hungersnot kommt im ganzen Land und wie die Brüder Josefs ins reiche Ägypterland ziehen, um dort Getreide einzukaufen. Damals standen die Pyramiden schon mehr als 1000 Jahre lang, und Josef und seine Brüder werden genauso über sie gestaunt haben, wie wir heute staunen.

Die Söhne des Jakob und ihre Kinder verlegten dann ihre Wohnsitze nach Ägypten, und bald haben sie für den Pharao so schuften müssen, wie die Ägypter in der Pyramiden-Zeit: Im 2. Buch Mosis, im 1. Kapitel steht: »Und die Ägypter zwangen die Kinder Israel zum Dienst mit Unbarmherzigkeit und machten ihnen ihr Leben sauer mit schwerer Arbeit in Ton und Ziegeln . . .« Endlich hat sie Moses aus Ägypten in die Wüste fortgeführt. Das war wahrscheinlich um 1250 vor Christi Geburt. Von dort aus haben sie dann versucht, das gelobte Land wieder zu erobern, das heißt, das Land, in dem einmal ihre Vorväter seit Abraham gewohnt hatten. Und schließlich ist es auch nach langen blutigen und grausamen Kämpfen gelungen. So hatten sie ein eigenes kleines Reich mit einer Hauptstadt: Jerusalem. Der erste König über dieses Reich war Saul, der gegen das Nachbarvolk der Philister kämpfte und in diesem Kampf auch gefallen ist.

Von den nächsten Königen, von David und Salomo, erzählt die Bibel noch viele schöne Geschichten, die du dort lesen wirst. Der weise und gerechte König Salomo hat kurz nach dem Jahr 1000 vor Christi Geburt regiert, also ungefähr 700 Jahre nach König Hammurabi und 2100 Jahre nach König Menes. Er errichtete den ersten Tempel, der prunkvoll und groß war wie die ägyptischen und babylonischen. Nicht jüdische Baumeister haben ihn ja errichtet, sondern fremde, aus den Nachbarländern. Aber ein Unterschied war doch da: Im Innern der heidnischen Tempel standen die Götterbilder des Anubis mit seinem Schakalkopf oder des Baal, dem man sogar Menschen opferte. Im Innersten, Allerheiligsten des jüdischen Tempels aber war gar kein Bild. Von Gott, wie er den Juden als erstem Volk in der Geschichte erschienen ist, von dem großen einzigen Gott konnte und durfte man kein Bild machen. Darum waren da nur die Gesetzestafeln mit den Zehn Geboten. In ihnen hat Gott sich abgebildet.

Nach Salomos Herrschaft ging es den Juden nicht mehr sehr gut. Ihr Reich spaltete sich in ein Reich Israel und ein Reich Juda. Es gab viele Kämpfe, und schließlich wurde die eine Hälfte, das Reich Israel, im Jahre 722 von den Assyrern erobert und vernichtet.

Das Merkwürdige ist aber, daß diese vielen Unglücksfälle das kleine jüdische Volk, das noch übriggeblieben war, erst richtig fromm gemacht haben. Männer standen im Volk auf, nicht Priester, sondern einfache Leute, die gefühlt haben, daß sie zum Volk sprechen müssen, weil Gott in ihnen spricht. Ihre Predigt war immer wieder: »An allem Unglück seid ihr selbst schuld. Gott straft euch für eure Sünden.« In den Worten dieser Propheten hörte das jüdische Volk immer wieder, daß alles Leid nur Strafe und Prüfung sei und daß einmal die große Erlösung kommen werde, der Messias, der Erretter, der dem Volk die alte Macht wiedergeben werde und unendliches Glück dazu.

Aber mit dem Leid und Unglück war es noch lange nicht zu Ende. Du erinnerst dich an den mächtigen babylonischen Kriegshelden und Herrscher Nebukadnezar. Auf seinem Kriegszug gegen Ägypten zog er durchs gelobte Land, zerstörte im Jahre 586 vor Christus Jerusalem, stach dessen König Zedekia die Augen aus und führte die Juden in die Gefangenschaft nach Babylon.

Dort blieben sie fast 50 Jahre lang, bis das Babylonische Reich im Jahre 538 von seinen persischen Nachbarn zerstört wurde. Als sie in ihre alte Heimat zurückkamen, waren sie anders geworden. Anders als alle Völker ringsherum. Sie schlossen sich

Jerusalem brennt, und, bewacht von den Soldaten Nebukadnezars, ziehen die Juden in die babylonische Gefangenschaft.

selbst von ihnen ab, denn die anderen Völker erschienen ihnen als Götzendiener, die den wahren Gott nicht erkannt hatten. Damals erst wurde die Bibel so aufgeschrieben, wie wir sie heute noch nach 2400 Jahren kennen. Den anderen Völkern aber kamen die Juden allmählich unheimlich und lächerlich vor, weil sie immer von einem einzigen Gott sprachen, den niemand sehen konnte, und weil sie die strengsten und schwierigsten Gesetze und Gebräuche sorgfältig einhielten, nur weil der unsichtbare Gott es so befohlen haben sollte. Und wenn sich vielleicht zuerst die Juden von den anderen abgeschlossen hatten, so haben sich dann die anderen immer mehr vor den Juden abgeschlossen, vor diesem winzig kleinen Restchen Volk, das sich das »auserwählte« nannte und das Tag und Nacht über seinen heiligen Schriften und Liedern saß und nachsann, warum der einzige Gott sein Volk so leiden ließ.

6 D.U. K.A.N.N.S.T. L.E.S.E.N.

Wie machst du das? »Das weiß doch jedes Kind in der ersten Klasse«, wirst du sagen! »Man buchstabiert!« Was heißt das? »Also, man sieht, daß da ein D ist und dann ein U, das heißt Du! – Und mit 26 Zeichen kann man alles aufschreiben.« – Alles? Ja, alles! In allen Sprachen? Eigentlich ja!

Ist das nicht wunderbar? Mit 26 ganz einfachen Zeichen, die aus ein paar Strichen bestehen, kann man alles aufschreiben. Gescheites und Dummes. Heiliges und Schlimmes. In allen Sprachen und mit jedem Sinn. So einfach war das bei den alten Ägyptern mit den Hieroglyphen nicht. Und auch mit der Keilschrift nicht. Da gab es immer viel mehr Zeichen, die haben nicht Buchstaben bedeutet, sondern wenigstens ganze Silben. Aber daß jedes Zeichen nur einen Laut bedeutet und daß man aus 26 Lauten alle denkbaren Wörter zusammensetzen kann, war etwas unerhört Neues. Das haben Menschen erfunden, die viel schreiben mußten. Nicht nur heilige Texte und Lieder, sondern viele Briefe, Verträge, Bestätigungen.

Es waren Kaufleute, die das erfanden. Kaufleute, die weit übers Meer gerudert sind und Waren aus aller Herren Länder nach aller Herren Länder getauscht, geschickt und gehandelt haben. Sie wohnten ganz nah bei den Juden. In Städten, viel größer und viel mächtiger als Jerusalem, in den Hafenstädten Tyrus und Sidon, deren Gewimmel und Getriebe dem in Babylon ziemlich ähnlich waren. Auch ihre Sprache und Religion waren denen der mesopotamischen Völker nah verwandt. Nur waren die Phönizier (so hieß das Volk von Tyrus und Sidon) weniger kriegerisch. Sie machten ihre Eroberungen lieber auf andere Art. Sie segelten weit übers Meer zu fremden Küsten und gründeten dort Handelshäuser. Von den wilden Völkern, die dort wohnten, konnten sie Pelze und Edelsteine gegen Werkzeug, Gefäße und bunte Stoffe eintauschen. Denn sie waren weltberühmte Handwerker und haben ja auch beim Bau des

Phönizier beladen ein Handelsschiff für eine friedliche Eroberungsfahrt.

salomonischen Tempels in Jerusalem mitgeholfen. Die berühmteste und begehrteste Ware aber, die sie in die weite Welt hinausführten, waren ihre gefärbten Stoffe, besonders die purpurfarbigen. Manche Phönizier blieben in den Handelsniederlassungen an den fremden Küsten und errichteten dort Städte. Man hat Phönizier überall gern aufgenommen, in Afrika, in Spanien und Süditalien, denn sie brachten schöne Sachen.

Sie selbst waren der Heimat auch nicht mehr so fern. Sie konnten ja ihren Freunden in Tyrus oder Sidon Briefe schreiben. Briefe in der wunderbar einfachen Schrift, die sie erfunden hatten und – mit der wir heute noch schreiben. Ja, wirklich! Wenn du hier ein B siehst, so ist das nur ganz wenig verschieden von dem, mit dem die alten Phönizier vor 3000 Jahren von den fremden Küsten nach Hause geschrieben haben, nach den wimmelnden, fleißigen Hafenstädten ihrer Heimat. Seitdem du das weißt, wirst du die Phönizier sicher nicht mehr vergessen.

7 Helden und ihre Waffen

Horch auf die Worte: Sie klappern im Takt, eins hinter dem andern,
Wenn du es laut für dich liest, dann merkst du bestimmt, wie es rumpelt.
So wie im Tunnel ein Eisenbahnzug, das vergißt man nie wieder.
Also: Hexameter nennt man, Hexameter, diese Art Verse!
Das ist der Takt, in dem die frühen griechischen Sänger
Einst die Leiden und Kämpfe der alten Helden besungen,
Was sie für Taten getan in längst vergangener Vorzeit,
Wie sie zur See und zu Land ihr Heldentum immer bewährten,
Wie sie mit eigener Kraft und mit Hilfe der listigen Götter
Städte erobert und Riesen besiegt. Du kennst die Geschichte
Vom Trojanischen Krieg, der entstand, als Paris, der Hirte,
Einst den goldenen Apfel der Göttin Venus verliehen,
Weil die Schönste sie sei von der Göttinnenschar im Olympos.
Wie er mit Hilfe der Venus die schöne Helena raubte,
Gattin des griechischen Königs, des Rufers im Streit, Menelaos.
Wie ein gewaltiges, griechisches Heer gegen Troja gesegelt,
Um die Geraubte zu holen, ein Heer von erlesenen Helden.
Kennst du die Namen Achill, Agamemnon, Odysseus und Ajax,
Die auf der Seite der Griechen gekämpft gegen Priamos' Söhne,
Hektor und Paris, und ganze zehn Jahre lang Troja belagert,
Bis die Festung gefallen, verbrannt und schließlich zerstört ward?
Weißt du auch noch, wie Odysseus, der schlaue und herrliche Redner,
Lang auf dem Meer sich verirrt und Abenteuer die Menge
Mußte bestehen mit zaubernden Nymphen und gräßlichen Riesen,
Bis er doch endlich allein, auf fremden verzauberten Schiffen,
Heim zu der Gattin gefunden, die ihm die Treue gehalten?
– All das haben die griechischen Sänger zur Leier gesungen

Bei den Gelagen und Festen der Vornehmen, und zur Belohnung
Gab man ihnen wohl auch ein fettes, gebratenes Fleischstück.
Später schrieb die Gesänge man auf und glaubte und lehrte,
Daß ein einziger Dichter, Homer, diese Lieder geschrieben,
Die man heute noch liest – auch du wirst dich noch daran freuen;
So lebendig und bunt, so reich an Kraft und an Weisheit
Sind sie noch jetzt und werden so sein, solange die Welt steht.

Aber – wirst du sagen – das sind Geschichten und nicht Geschichte. Ich will wissen, wann und wie das gewesen ist. Genau so ging es einem deutschen Kaufmann vor mehr als hundert Jahren. Der las immer wieder Homer und wünschte sich nichts, als all die schönen Gegenden zu sehen, die dort geschildert werden, und auch einmal die herrlichen Waffen in der Hand zu halten, mit denen diese Helden kämpften. Und es ist ihm gelungen. Es hat sich herausgestellt, daß es das alles wirklich gegeben hat. Natürlich nicht die einzelnen in den Gesängen genannten Helden. Genausowenig wie die Märchenfiguren der Riesen und Hexen. Aber die Zustände, die Homer schildert, die Trinkgeschirre und Waffen, die Bauten und Schiffe, die Prinzen, die gleichzeitig Hirten waren, und die Helden, die auch Seeräuber waren – all das ist keine Erfindung. Als Schliemann – so hieß der deutsche Kaufmann – das sagte, haben ihn alle Leute ausgelacht. Aber er ließ sich nicht einschüchtern. Er hat sein Leben lang gespart, um endlich nach Griechenland reisen zu können. Und als er genug Geld beisammen hatte, mietete er sich Erdarbeiter und grub in allen Städten, die bei Homer erwähnt werden, nach. Da fand er in der Stadt Mykenä Paläste und Gräber von Königen, Rüstungen und Schilde, alles wie in den homerischen Liedern. Auch Troja fand er und grub es aus. Es stellt sich heraus, daß es wirklich einmal durch Brand zerstört worden war. Aber in den Gräbern und Palästen gab es keine Inschriften, und

Eines der frühgriechischen Vasenbilder; es schildert einen Kampf homerischer Helden.

so wußte man lange nicht, wann das eigentlich gewesen war – bis man in Mykenä zufällig einen Ring fand, der nicht aus Mykenä stammte. Es standen Hieroglyphen darauf, und zwar der Name eines ägyptischen Königs, der um 1400 vor Christus gelebt hatte. Es war der Vorgänger des großen Erneuerers Echnaton.

In dieser Zeit also wohnte in Griechenland und auf den vielen benachbarten Inseln und an den nahen Küsten ein kriegerisches Volk mit großen Reichtümern. Es gab dort kein einheitliches Reich, sondern kleine Festungsstädte, in deren Palästen Könige herrschten. Sie waren wohl hauptsächlich Seefahrer, wie die Phönizier, nur trieben sie weniger Handel und führten mehr Krieg. Sie lagen oft miteinander im Streit, aber manchmal verbündeten sie sich auch, um gemeinsam andere Küsten zu plündern. So wurden sie reich an Gold und Schätzen und auch mutig. Denn zum Seeräubern gehört viel Mut und Schlauheit.

Darum war es wohl die Arbeit der Vornehmen in den Burgen; die anderen waren einfache Bauern und Hirten.

Die Vornehmen aber haben nicht viel Wert darauf gelegt, wie die Ägypter oder die Babylonier und Assyrer, daß alles beim alten bleibe. Auf ihren vielen Raubfahrten und Kämpfen gegen fremde Völker bekamen sie einen offenen Blick und Freude an Abwechslung. Darum geht seit damals in diesen Gegenden die Weltgeschichte viel schneller vorwärts. Denn seit diesen Zeiten waren die Menschen hier nie mehr überzeugt gewesen, daß es so am besten ist, wie es gerade ist. Alles hat sich immer wieder verändert, und wenn man in der Gegend von Griechenland oder sonstwo in Europa auch nur eine Topfscherbe findet, so kann man sagen: »Die muß ungefähr aus dieser oder aus jener Zeit sein, denn hundert Jahre später wäre so ein Topf schon ganz unmodern gewesen, und niemand hätte ihn haben wollen.«

Man glaubt heute, daß die Könige der griechischen Städte, die Schliemann ausgegraben hat, all ihre schönen Sachen nicht selbst erfunden haben. Die schönen Gefäße und Dolche mit Jagdbildern, die goldenen Schilde und Helme, die Schmuckstücke und auch die bunten Bilder an den Wänden ihrer Hallen, all das war nicht zuerst in Griechenland zu Hause und nicht in Troja, sondern auf einer Insel, nicht allzu weit davon. Diese Insel heißt Kreta. In Kreta gab es schon zur Zeit des Königs Hammurabi – wann war das? – große prunkvolle Königspaläste mit unendlich vielen Räumen, treppauf, treppab, mit Sälen und Kammern, mit Säulen, Höfen, Gängen und Kellern. Ein ganzes Labyrinth.

Erinnerst du dich vielleicht an die Sage vom bösen Minotaurus, der halb Mensch und halb Stier war und der in seinem Labyrinth saß, wohin ihm die Griechen Menschenopfer schicken mußten? Weißt du, wo das spielte? Eben in Kreta. Also auch in dieser Sage steckt vielleicht ein wahrer Kern. Vielleicht haben wirklich die Könige von Kreta einmal über die griechischen Städte geherrscht, und die Griechen mußten ihnen Tribut sen-

Holzsäulen, die sich nach unten verjüngten, trugen die Decken im Königspalast zu Knossos auf Kreta. Die Wandmalereien waren wirklich so lebendig und die Männer so geschnürt, wie es das Bild zeigt.

den. Diese Leute aus Kreta müssen ein merkwürdiges Volk gewesen sein, von dem man noch sehr wenig weiß. Auch die Bilder, die sie in die großen Paläste malten, schauen ganz anders aus als die Sachen, die zu dieser Zeit in Ägypten oder Babylonien gemacht wurden. Du erinnerst dich, daß die ägyptischen Bilder wunderschön sind, aber eher streng und steif, wie es ihre Priester waren. Das war in Kreta ganz anders. Nichts hat man dort lieber abgebildet als Tiere oder Menschen in schneller Bewegung. Da war ihnen nichts zu schwer zu malen: Jagdhunde, die hinter Wildschweinen herjagen, Menschen, die über Stiere springen. Von den Kretern also haben die Könige in den griechischen Städten gelernt.

Aber die ganze Pracht dauerte nicht viel länger als bis 1200 vor Christus. Damals – also noch vor der Zeit König Salomos –

kamen von Norden her neue Völkerschaften. Ob sie verwandt waren mit denen, die vorher in Griechenland gewohnt und Mykenä erbaut haben, weiß man nicht sicher. Es ist aber wahrscheinlich. Jedenfalls haben sie die Könige vertrieben und sich an ihre Stelle gesetzt. Kreta war schon vorher zerstört worden. Aber die Erinnerung an all die Pracht hat sich bei den Einwanderern erhalten, auch wenn sie sich in neuen Städten ansiedelten und ihre eigenen Heiligtümer gründeten. Im Laufe der Jahrhunderte haben sie die Geschichte ihrer eigenen Eroberungen und Kämpfe mit den alten Geschichten der mykenischen Könige verschmolzen.

Dieses neue Volk waren die Griechen, und die Sagen und Lieder, die an den Höfen ihrer Vornehmen gesungen wurden, waren eben die homerischen Gesänge, mit denen wir angefangen haben. Wir können uns merken, daß sie um 800 vor Christus schon gedichtet waren.

Als die Griechen in Griechenland einwanderten, waren sie noch keine Griechen. Klingt das nicht merkwürdig? Es ist aber wahr. Ich meine nämlich: Als die Völkerschaften aus dem Norden in ihre späteren Wohnsitze zogen, waren sie noch kein einheitliches Volk. Sie sprachen verschiedene Dialekte und gehorchten verschiedenen Häuptlingen. Es waren einzelne »Stämme« – nicht viel anders als die Sioux oder Mohikaner in den Indianer-Büchern. Ihre Stämme waren fast ebenso tapfer und kriegerisch wie die Indianer und hießen Dorier, Jonier, Äolier und so ähnlich. Aber in manchem unterschieden sie sich sehr von den Indianern. Sie haben das Eisen schon gekannt, während die Leute in Mykenä und Kreta, ganz wie in den Liedern des Homer, nur Bronzewaffen verwendeten. Diese Völker nun sind mit Frauen und Kindern eingewandert. Voran die Dorier; die sind auch am weitesten hinuntergegangen, bis in den südlichsten Zipfel von Griechenland, der ausschaut wie ein Ahornblatt: in den Peloponnes. Dort unterwarfen sie die früheren Einwohner und ließen sie als Knechte auf dem Feld arbeiten. Sie selbst wohnten in einer Stadt, die Sparta hieß.

Die Jonier, die nach ihnen kamen, haben gar nicht mehr alle in Griechenland Platz gehabt. Manche haben sich oberhalb des Ahornblattes, nördlich von seinem Stengel, festgesetzt. Dort ist die Halbinsel Attika. Hier siedelten sie sich nah am Meer an und pflanzten Wein und Getreide und Ölbäume. Sie gründeten auch eine Stadt, die sie der Göttin Athene weihten, derselben Göttin, die dem Seefahrer Odysseus im Lied immer so geholfen hatte. Es ist die Stadt Athen.

Die Athener waren große Seefahrer, wie alle Jonier, und so haben sie mit der Zeit auch die benachbarten kleinen Inseln besetzt; die heißen seitdem die Jonischen Inseln. Dann sind sie weiter vorgedrungen und haben auch gegenüber von Griechenland an der buchtenreichen, fruchtbaren Küste von Kleinasien Städte gegründet. Kaum erfuhren die Phönizier von diesen Städten, segelten sie rasch hin, um Handel zu treiben. Die Griechen werden ihnen Öl und Getreide verkauft haben, auch Silber und andere Metalle, die man dort findet. Sie lernten aber von den Phöniziern schnell soviel, daß sie nun selbst weiter segelten und an fernen Küsten auch Städte gründeten, die man Pflanzstädte oder Kolonien nannte. Und von den Phöniziern übernahmen sie damals auch die wunderbare Kunst, mit Buchstaben zu schreiben. Du wirst sehen, daß die Griechen diese Kunst auch anzuwenden verstanden.

8 Ein ungleicher Kampf

Zwischen 550 und 500 vor Christus hat sich auf der Welt etwas Merkwürdiges zugetragen. Eigentlich verstehe ich auch nicht, wie es zugegangen ist, aber das ist gerade das Spannende daran: In den asiatischen Hochgebirgen, die nördlich von Mesopotamien aufragen, hatte lange ein wildes Bergvolk gelebt. Seine Religion war schön: Sie haben das Licht verehrt und die Sonne und haben gemeint, daß es in ständigem Kampf gegen die Finsternis stehe, also gegen die dunklen Mächte des Bösen.

Dieses Bergvolk waren die Perser. Sie standen jahrhundertelang unter der Herrschaft der Assyrer und dann der Babylonier. Eines Tages hatten sie genug. Ein bedeutender, tapferer und kluger Herrscher mit Namen Kyros wollte sich diese Abhängigkeit seines Volkes nicht gefallen lassen. So zogen seine Reiterscharen in die Ebene von Babylon. Die Babylonier lachten, als sie von ihren riesigen Mauern aus auf das Häufchen Kämpfer schauten, das ihre Stadt einnehmen wollte. Und doch glückte es den Persern unter des Kyros Führung durch List und Tapferkeit. So wurde Kyros Herr über das große Reich, und das erste, was er tat, war, all die Völkerschaften, die von den Babyloniern in Gefangenschaft gehalten wurden, freizulassen. Damals kehrten auch die Juden heim nach Jerusalem. Du weißt, das war 538 vor Christi Geburt. Kyros aber hatte an seinem großen Reich noch nicht genug, er zog weiter, auf Ägypten zu. Unterwegs starb er, aber sein Sohn Kambyses eroberte wirklich auch noch Ägypten und setzte den Pharao ab. Das war das Ende des ägyptischen Reiches, das fast 3000 Jahre lang bestanden hatte. So war das kleine Volk der Perser beinahe Herr der ganzen damals bekannten Welt geworden. Aber nur beinahe. Denn Griechenland hatten sie noch nicht verschluckt; das sollte jetzt an die Reihe kommen.

Es war nach dem Tod des Kambyses, zur Zeit des persischen Königs Dareios, eines großen Herrschers: Der hatte das ganze riesige persische Reich, das nun von Ägypten bis zu den Grenzen Indiens reichte, so verwalten lassen, daß überall nur das geschehen konnte, was er wollte. Er ließ Straßen bauen, damit seine Befehle gleich in alle Teile des Reiches gebracht werden konnten, und ließ auch seine höchsten Beamten, die man Satrapen nannte, durch eigene Detektive überwachen, die man die »Ohren und die Augen des Königs« nannte. Dieser Dareios nun hatte das Reich auch nach Kleinasien ausgedehnt, an dessen Küsten die jonisch-griechischen Städte lagen.

Die Griechen waren nun aber gar nicht gewohnt, einem großen Reiche anzugehören und einem Herrscher zu gehorchen, der weiß Gott wo im Innern Asiens seine strengen Befehle gab. Die Bewohner der griechischen Kolonien waren meist reiche Kaufleute, die gewohnt waren, ihre Stadtangelegenheiten gemeinsam und selbständig zu ordnen und anzuordnen. Sie wollten weder regiert werden noch dem Perserkönig Abgaben zahlen. Darum rebellierten sie und warfen die persischen Beamten hinaus.

Die Griechen im Mutterland, die seinerzeit diese Kolonien gegründet hatten, vor allem Athen, unterstützten sie und schickten ihnen Schiffe. So etwas war dem Großkönig von Persien, dem König der Könige – das war sein Titel –, noch nicht vorgekommen, daß ein kleinwinziges Volk sich *ihm,* dem Beherrscher der Welt, zu widersetzen wagte. Mit den jonischen Städten in Kleinasien wurde er auch schnell fertig. Aber das war ihm noch nicht genug, denn am wütendsten war er ja auf die Athener, die sich in seine Angelegenheiten eingemischt hatten. Er rüstete eine große Flotte aus, die Athen zerstören und Griechenland erobern sollte. Aber diese Flotte geriet in einen Sturm, wurde an die Klippen geschleudert und ging unter. Natürlich stieg seine Wut noch mehr. Man erzählt, daß er einen Sklaven beauftragte, ihm während jeder Mahlzeit dreimal zuzurufen: »Herr, gedenke der Athener.« So groß war sein Zorn.

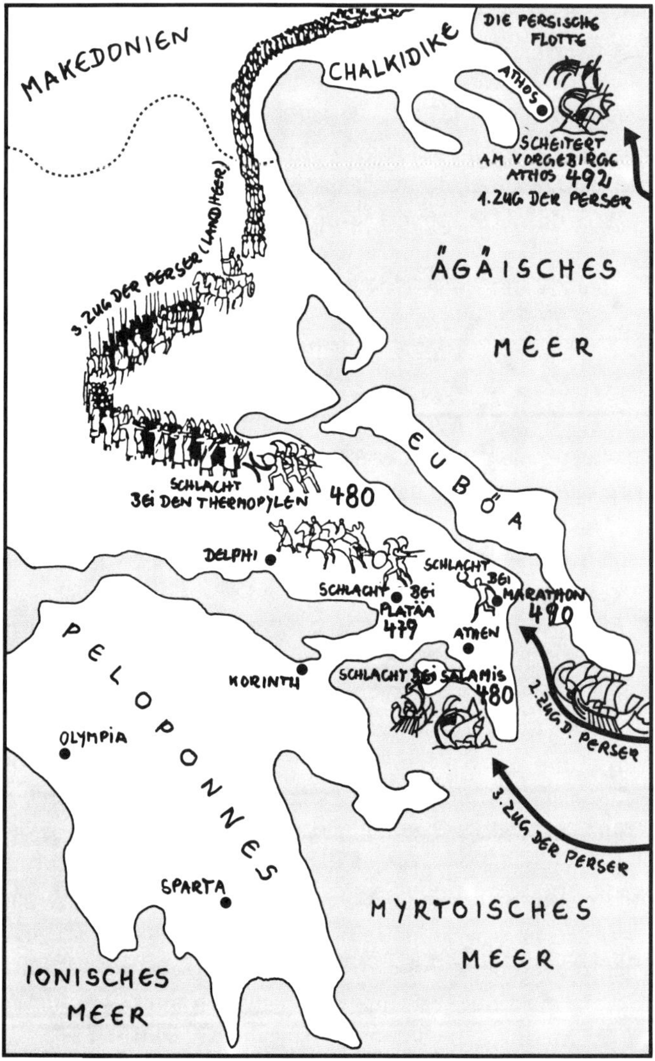

Die Kämpfe der Perser in Griechenland.

Dann schickte er seinen Schwiegersohn mit einer neuen mächtigen Flotte nach Athen. Die eroberte auch viele Inseln, die ihr am Weg lagen, und zerstörte viele Städte. Endlich landete sie ganz nahe von Athen, bei einem Ort, der Marathon heißt. Dort ging das ganze große Heer der Perser an Land, um gegen Athen zu marschieren. Es sollen 100 000 Mann gewesen sein, mehr als Athen überhaupt Einwohner hatte. Das athenische Heer war nur ein Zehntel so stark, also ungefähr 10 000 Mann. Sein Schicksal war eigentlich besiegelt. Aber doch nicht ganz. Die Athener hatten einen Feldherrn mit Namen Miltiades, einen mutigen, gescheiten Mann, der lange unter den Persern gelebt hatte und ihre Art zu kämpfen genau kannte. Und alle Athener wußten, worum es ging: um ihre Freiheit, um ihr Leben, um das ihrer Frauen und Kinder. So stellten sie sich bei Marathon in Reih' und Glied und griffen die Perser an, die so etwas gar nicht erwartet hatten. Und sie haben gesiegt. Von den Persern sind viele gefallen. Die übriggebliebenen stiegen wieder in ihre Schiffe und ruderten fort.

Andere Leute hätten sich jetzt – nach einem *solchen* Sieg über eine derartige Übermacht – wahrscheinlich so gefreut, daß sie an nichts anderes gedacht hätten. Aber Miltiades war nicht nur mutig, er war auch gescheit. Er hatte gesehen, daß die persischen Schiffe gar nicht wirklich davongerudert waren, sondern in der Richtung auf Athen, in dem es ja jetzt gar keine Soldaten gab und das leicht zu überrumpeln gewesen wäre. Glücklicherweise war der Seeweg weiter als der Landweg von Marathon aus. Man mußte um eine lange Landzunge herumfahren, die man auch zu Fuß durchqueren konnte. Das tat Miltiades. Er schickte einen Boten, der laufen sollte, so schnell er konnte, um die Athener zu warnen. Es war der berühmte Marathonlauf. Denn der Bote lief so, daß er nur noch seinen Auftrag ausrichten konnte und dann tot umsank.

Aber auch Miltiades mit dem ganzen Heer ist denselben Weg in riesiger Eile marschiert. Und richtig, als sie alle am Hafen von

Athen standen, erschien gerade die persische Flotte am Horizont. Die Perser hatten das nicht erwartet. Mit diesem tapferen Heer wollten sie nicht wieder zu tun bekommen. So ruderten sie nach Hause, und nicht nur Athen, sondern ganz Griechenland war gerettet. Das war im Jahre 490 vor Christus.

Man kann sich vorstellen, daß der Großkönig Dareios nur so geschnaubt hat vor Wut, als er die Niederlage von Marathon erfuhr. Er konnte aber in dem Augenblick nicht viel Neues gegen Griechenland unternehmen, da in Ägypten ein Aufstand ausgebrochen war, gegen den er seine Truppen führen mußte. Kurz darauf ist er gestorben und hat seinem Nachfolger Xerxes die Aufgabe hinterlassen, an Griechenland gründlich Rache zu nehmen.

Xerxes, der ein harter, herrschsüchtiger Mann war, ließ sich das auch nicht zweimal sagen. Er sammelte ein Heer aus allen Völkerschaften, die den Persern untertan waren, aus Ägyptern und Babyloniern, aus Persern und Kleinasiaten. Alle waren sie in ihren Landestrachten gekommen und mit ihren Waffen, mit Pfeil und Bogen, Schild und Schwert, mit Speeren, Streitwagen oder Schleudern. Es war ein ungeheures, buntes Gewimmel, man sagt, es waren mehr als eine Million Menschen, und es war nicht abzusehen, was die Griechen anfangen würden, wenn sie herankämen. Diesmal ist Xerxes persönlich mitgezogen. Als das Heer an der Meerenge, wo heute Istanbul steht, über die Schiffsbrücke zog, herrschte hoher Wellengang, so daß die Brücke nicht standhielt. Daraufhin ließ Xerxes in seiner Wut das Meer mit Ketten peitschen. Das Meer aber wird sich wohl nicht viel daraus gemacht haben.

Ein Teil des Riesenheeres fuhr wieder zu Schiff gegen Griechenland, ein Teil marschierte zu Land. Im Norden Griechenlands versuchte ein spartanisches Heer sie in einem Engpaß, den Thermopylen, aufzuhalten. Die Perser forderten die Spartaner auf, ihre Waffen abzuliefern. »Holt sie euch«, war die Antwort. »Unsere Pfeile sind so viele«, drohten die Perser, »daß sie die

Sonne verdunkeln werden.« – »Um so besser«, sagten die Spartaner, »so werden wir im Schatten kämpfen.« Aber ein verräterischer Grieche zeigte den Persern einen Pfad über das Gebirge, so daß das Heer der Spartaner umgangen und eingeschlossen wurde. Alle 300 Spartaner und 700 Bundesgenossen fielen in der Schlacht, aber keiner lief davon; so war ihr Gesetz. Später hat man ihnen dort die berühmte Grabschrift gesetzt, die auf deutsch heißt:

Wand'rer, erstatte du den Spartanern die Meldung: Wir alle
Liegen hier, denn ihr Gesetz haben wir treulich befolgt.

In Athen war man in der Zwischenzeit seit dem großen Sieg von Marathon nicht müßig geblieben. Besonders ein neuer Führer namens Themistokles, ein besonders schlauer und weitblickender Mensch, hatte seinen Mitbürgern immer und immer wieder gesagt, daß ein Wunder wie Marathon nur einmal geschehe und daß Athen eine Flotte haben müsse, wenn es den Persern auf die Dauer Widerstand leisten wolle. Diese Flotte war erbaut worden.

Themistokles ließ ganz Athen von der Bevölkerung räumen – es können also damals nicht sehr viele Menschen gewesen sein – und schickte sie auf die kleine Insel Salamis in der Nähe von Athen. Bei dieser Insel nahm die athenische Flotte Aufstellung. Als nun das persische Landheer herangerückt ist, hat es Athen verlassen gefunden und die Stadt niedergebrannt und zerstört. Aber den Athenern auf der Insel, die von ferne ihre Stadt in Flammen aufgehen sahen, konnten sie nichts tun. Dafür kam aber jetzt die persische Flotte heran und drohte, Salamis einzuschließen.

Die Bundesgenossen der Athener fingen an sich zu fürchten. Sie wollten mit ihren Schiffen davon und die Athener ihrem Schicksal überlassen. Da bewies Themistokles seine überlegene Schlauheit und Kühnheit. Als alles Zureden nichts half und die Bundesgenossen entschlossen waren, am nächsten Morgen davonzurudern, schickte er nämlich heimlich nachts einen Boten zu Xerxes, der ihm das melden sollte. »Greif schnell an«, meldete der Bote, »sonst entkommen dir die Bundesgenossen der Athener.« Xerxes fiel darauf wirklich herein. Am nächsten Morgen gleich griff er mit seinen gewaltigen, vielrudrigen Schlachtschiffen an. Und verlor. Die Schiffe der Griechen waren zwar kleiner, aber darum beweglicher. In dem inselreichen Gewässer war das günstiger. Auch fochten sie ja wieder verzweifelt für ihre Freiheit und mit der ganzen Zuversicht, die ihnen der vor zehn Jahren erfochtene Sieg von Marathon geben konnte. Von einer Anhöhe aus mußte Xerxes zusehen, wie seine schwerfälligen Galeeren von den schnellen, kleinen Ruderschiffen der Griechen gerammt und in den Grund gebohrt wurden. Niedergeschmettert gab er den Befehl zur Rückfahrt. So hatten die Athener ein zweites Mal gesiegt und über ein noch größeres Heer des persischen Weltreiches. Das war im Jahre 480 vor Christus.

Auch das Landheer wurde bald darauf von den vereinigten griechischen Truppen bei Platää geschlagen. Seitdem haben sich die Perser nicht mehr nach Griechenland gewagt. Und das bedeutete viel. Nicht als ob die Perser schlechtere oder dümmere Menschen gewesen wären als die Griechen. Das waren sie bestimmt nicht. Aber ich habe schon erzählt, daß es mit den Griechen eine eigene Sache war. Wenn die orientalischen Riesenreiche immer an hergebrachten Sitten und Lehren festhielten, bis sie oft darin erstarrten, so war es in Griechenland und besonders in Athen gerade umgekehrt. Beinahe jedes Jahr ist ihnen etwas Neues eingefallen. Keine Einrichtung hat sich lange gehalten. Auch kein Führer. Das mußten die großen Helden der Perserkriege, Miltiades und Themistokles, merken. Zuerst hat man sie gepriesen und geehrt und ihnen Denkmäler gesetzt – dann hat man sie angeklagt, verleumdet und verbannt. Das war nun sicher keine gute Eigenschaft der Athener, aber sie hat zu ihrem Charakter gehört. Immer was Neues, immer versuchen, nie zufrieden, nie satt und beruhigt! So ist in den hundert Jahren nach den Perserkriegen in den Geistern der Menschen der kleinen Stadt Athen mehr vorgegangen als in tausend Jahren in den großen Königreichen des Ostens. Was damals erdacht, gemalt, gedichtet, erprobt wurde, worüber damals die jungen Leute am Markt und die alten Leute in den Rathäusern gestritten und gesprochen haben, davon zehren wir eigentlich heute noch. Es ist sehr merkwürdig, daß es so ist, aber es ist wirklich so. Und wovon wir zehren sollten, wenn die Perser 490 bei Marathon oder 480 bei Salamis gesiegt hätten, das weiß ich nicht.

9 Zwei kleine Städte in einem kleinen Land

Ich habe schon davon gesprochen, daß Griechenland, gegen das persische Weltreich gehalten, eine kleine Halbinsel war, mit wenigen kleinen Städten, die fleißig Handel trieben, mit großen wüsten Bergen und steinigen Feldern, die nur wenige Menschen ernähren konnten. Dazu kam aber noch, daß die Bevölkerung, wie du dich erinnerst, verschiedenen Stämmen angehörte, vor allem den Doriern im Süden, Joniern und Äoliern im Norden. Diese Stämme waren nicht sehr verschieden voneinander in Sprache und Aussehen, sie sprachen nur mehrere Dialekte, die sie schon verstehen konnten, wenn sie wollten. Aber sie wollten oft nicht. Wie das oft so geht, konnten sich gerade diese so nah verwandten Nachbarstämme miteinander nicht vertragen. Sie spöttelten übereinander und waren in Wirklichkeit einer auf den anderen eifersüchtig. Griechenland hatte ja auch keinen gemeinsamen König und keine gemeinsame Verwaltung, sondern jede Stadt war ein Reich für sich.

Nur etwas hat die Griechen doch verbunden: der gemeinsame Glaube und der gemeinsame Sport. Merkwürdigerweise

Siegerstatuen umsäumten den Sportplatz zu Olympia. Der Mann im Vordergrund trägt die Reisetracht der Griechen: hochgeschlossenen Chiton, runden Hut und Wanderstab.

war das eigentlich nicht zweierlei, sondern Sport und Religion hingen eng zusammen. Zu Ehren des Göttervaters Zeus, zum Beispiel, hielt man alle vier Jahre große Wettspiele in seinem Heiligtum ab. Dieses Heiligtum hieß Olympia, es gab dort große Tempel und auch einen Sportplatz, und dorthin kamen alle Griechen, Dorier und Jonier, Spartaner und Athener, um ihre Kräfte im Laufen und Diskuswerfen, im Speerschleudern, Ringen und Wagenrennen zu beweisen. Dort zu siegen, galt als die größte Ehre, die einem Menschen im Leben widerfahren konnte. Der Preis war ein einfacher Zweig eines Ölbaumes, aber die Sieger wurden wunderbar gefeiert: Die größten Dichter besangen ihre Kämpfe in herrlichen Liedern, die größten Bildhauer formten ihre Statuen für Olympia; Statuen, in denen man sie als Wagenlenker sah oder beim Diskuswerfen oder auch, wie sie den Körper vor dem Kampf mit Öl einsalbten. Solche Siegerstatuen findet man noch heute, und vielleicht habt ihr auch eine im Museum der Stadt, in der du zu Hause bist.

Weil die olympischen Spiele, die alle vier Jahre stattfanden, von allen Griechen besucht wurden, waren sie ein bequemes Mittel der gemeinsamen Zeitrechnung für das ganze Land. Das hat sich auch allmählich eingebürgert: Wie wir heute sagen »nach Christi Geburt«, sagten die Griechen »in der so-und-sovielten Olympiade«. Die erste Olympiade war 776 vor Christus. Wann war da die zehnte? Aber vergiß nicht, daß nur alle vier Jahre eine stattgefunden hat!

Die olympischen Spiele waren aber nicht das einzige, das alle Griechen gemeinsam hatten. Das zweite war ein anderes Heiligtum, und zwar das des Sonnengottes Apollo in Delphi. Das war etwas äußerst Eigenartiges. Es gab dort in Delphi eine Erdspalte, aus der Dampf herauskam, wie das in vulkanischen Gegenden öfters vorkommt. Wenn man diesen Dampf einatmete, wurde man im wahren Sinne des Wortes benebelt, das heißt, man war davon so verwirrt, daß man nur noch unzusammenhängende Wörter sprach wie ein Betrunkener oder ein Fieberkranker.

Gerade diese scheinbar sinnlosen Reden erschienen den Griechen äußerst geheimnisvoll. Man meinte: Jetzt spricht der Gott selbst durch den Mund eines Menschen. So hat man eine Priesterin – man nannte sie Pythia – auf einen dreifüßigen Sitz über die Erdspalte gesetzt, und die anderen Priester deuteten die Worte aus, die sie im Rausch lallte. So wurde die Zukunft geweissagt. Dies war das Orakel von Delphi, und in allen schweren Lebenslagen sind die Griechen aller Gegenden hierhingepilgert, um den Gott Apollo zu befragen. Freilich war die Antwort oft nicht sehr leicht zu verstehen. Man konnte sie verschieden ausdeuten. Darum nennt man noch heute undeutliche, geheimnisvolle Antworten orakelhaft.

Von den griechischen Städten wollen wir uns jetzt zwei ansehen, die zwei wichtigsten: Sparta und Athen. Von den Spartanern haben wir schon gehört. Wir wissen, daß sie Dorier waren, die bei ihrer Einwanderung um das Jahr 1100 vor Christus die Einwohner des Landes unterworfen hatten und auf den Feldern arbeiten ließen. Aber diese Knechte waren zahlreicher als ihre Herren, die Spartaner. Darum mußten die Spartaner ständig achtgeben, daß sie nicht wieder hinausgeworfen wurden. Sie durften an nichts denken als daran, stark zu sein und kampfestüchtig, um die Knechte und die umliegenden Völker, die noch frei waren, im Zaum zu halten.

Sie dachten auch wirklich an nichts anderes. Dafür hatte schon ihr Gesetzgeber Lykurg gesorgt. Wenn ein Spartanerkind zur Welt kam, das anscheinend schwach und für den Kriegsdienst nicht zu brauchen war, brachte man es schleunigst um. War es aber stark, so mußte es noch stärker werden, mußte von früh bis abends turnen, mußte lernen, Schmerzen, Hunger und Kälte zu ertragen, bekam schlecht zu essen und durfte sich kein Vergnügen gönnen. Manchmal schlug man die Burschen ohne Grund, nur damit sie sich gewöhnten, den Schmerz zu verbeißen. Eine solch harte Erziehung nennt man heute noch »spartanisch«. Du weißt, daß sie Erfolg hatte. Bei den Thermopylen im Jahre 480 vor Christus haben sich wirklich alle Spartaner von den Persern niedermetzeln lassen, wie ihr Gesetz es befahl. So sterben können, ist keine Kleinigkeit. Aber leben können, ist vielleicht noch schwerer. Und darum haben sich die Athener bemüht. Nicht um ein gutes und angenehmes Leben, sondern um eines, das einen Sinn hat. Um eines, von dem etwas übrigbleibt, wenn man stirbt. Von dem auch Spätere etwas haben. Du wirst sehen, wie ihnen das gelungen ist.

Die Spartaner waren eigentlich so kriegerisch und tapfer geworden aus Furcht. Aus Furcht vor ihren eigenen Knechten. In Athen gab es viel weniger Grund zur Furcht. Dort war alles anders. Es gab keinen solchen Zwang. Auch in Athen hatte einmal der Adel geherrscht wie in Sparta. Auch dort hatte es strenge Gesetze gegeben, die ein Athener mit Namen Drakon verfaßt hatte. Sie waren so streng und hart, daß man heute noch von drakonischer Strenge spricht. Aber die athenische Bevölkerung, die ja auf ihren Schiffen weit herumkam und allerhand gesehen und gehört hatte, ließ sich das nicht lange gefallen.

Ein Adeliger war selbst so weise gewesen, eine neue Ordnung des ganzen kleinen Staates zu versuchen. Dieser Adelige hieß Solon und die Verfassung, die er Athen im Jahre 594 vor Christus, also zur Zeit Nebukadnezars, gab, hieß die solonische. Danach sollte das Volk, die Bürger der Stadt, immer selbst entscheiden, was zu geschehen habe. Sie sollten sich auf dem Marktplatz von Athen versammeln und dort abstimmen. Die Mehrheit sollte entscheiden und auch einen Rat von erfahrenen Männern wählen, der die Entscheidungen durchführen konnte. Eine solche Art der Verfassung heißt Volksherrschaft, auf griechisch: Demokratie. Freilich gehörte nicht jeder, der in Athen wohnte, zu den Bürgern, die in der Versammlung abstimmen durften. Es gab da Unterschiede, je nach dem Vermögen des einzelnen. Viele Einwohner Athens nahmen also nicht an der Herrschaft teil. Aber jeder konnte es doch dazu bringen. Und so hat sich auch jeder für die Angelegenheiten der Stadt interessiert. Stadt heißt griechisch Polis, und die Sache der Stadt war die Politik.

Eine Zeitlang haben allerdings einzelne Adelige, die sich beim Volk beliebt gemacht hatten, die Herrschaft an sich gerissen. Solche Einzelherrscher nannte man Tyrannen. Aber bald wurden sie vom Volk wieder vertrieben, und nun hat man noch mehr darauf geachtet, daß wirklich das Volk selbst herrsche. Ich habe dir schon erzählt, was für unruhige Geister die Athener waren. Darum haben sie aus lauter Angst, sie könnten ein zweites Mal ihre Freiheit verlieren, alle Politiker hinausgeworfen und aus der Stadt verbannt, von denen sie fürchteten, sie könnten einen zu großen Anhang bekommen und sich so zu Alleinherrschern machen. Es war das freie athenische Volk, das die Perser besiegt hat, dasselbe, das dann Miltiades und Themistokles so undankbar behandelte.

Einen aber hat es nicht so behandelt. Das war ein Politiker mit Namen Perikles. Er verstand es, in den Volksversammlungen so zu sprechen, daß die Athener immer weiter glaubten, sie bestimmten und beschlössen, was geschehen solle, während es in Wirklichkeit Perikles schon längst beschlossen hatte. Nicht weil er irgendein neuartiges Amt oder eine besondere Macht gehabt hätte, sondern einzig, weil er der Gescheiteste war. So arbeitete er sich in die Höhe und hat seit dem Jahre 444 vor Christi Geburt – diese Zahl ist so schön wie die Zeit, die sie bezeichnet – den Staat eigentlich allein gelenkt. Das Wichtigste war ihm, daß Athen zur See mächtig blieb, und das gelang ihm durch Bündnisse mit anderen jonischen Städten, die an Athen auch Abgaben zahlten für den Schutz, der ihnen durch diese mächtige Stadt gewährt wurde. So sind die Athener reich geworden und konnten beginnen, mit ihren Begabungen auch ganz Großes zu leisten.

Jetzt wirst du aber ungeduldig und sagst: Also, was haben die Athener so Großartiges gekonnt? Und ich muß sagen: Eigentlich alles, aber für zwei Dinge haben sie sich besonders interessiert: für Wahrheit und für Schönheit.

In ihren Volksversammlungen hatten die Athener gelernt, über alle Dinge öffentlich zu sprechen, mit Gründen und Gegengründen Stellung zu nehmen. Das war gut zum Denkenlernen. Bald haben sie solche Gründe und Gegengründe nicht nur für so naheliegende Dinge gesucht, wie etwa ob eine Steuererhöhung notwendig sei, sie haben sich mit der ganzen Natur beschäftigt. Da waren ihnen zum Teil die Jonier in den Kolonien oder Pflanzstädten schon vorausgegangen. Die hatten nachgedacht, woraus denn die Welt eigentlich bestehe, was denn die Ursache aller Ereignisse und Geschehnisse sei.

Dieses Nachdenken heißt Philosophie. In Athen aber hat man nicht nur darüber nachgedacht oder philosophiert. Man wollte dort auch wissen, was die Menschen tun sollen, was gut ist und was böse, was recht und was unrecht. Sie haben darüber nachgedacht, wozu der Mensch eigentlich auf der Welt ist und was das Wesentliche an allen Dingen sei. Natürlich war nicht jeder über alle diese verwickelten Dinge der gleichen Ansicht, es hat verschiedene Meinungen und Richtungen gegeben, die wieder untereinander mit Gründen gestritten haben wie in der Volksversammlung. Und seit der Zeit hat dieses Nachdenken und auch dieses mit Gründen Streiten, das man Philosophie nennt, nicht mehr aufgehört.

Aber die Athener sind nicht nur in ihren Säulenhallen und auf den Sportplätzen auf und ab gegangen, um über die Frage zu reden, was das Wesentliche auf der Welt sei, wie man das erkennen könne und worauf es im Leben ankomme. Sie haben die Welt nicht nur mit den Gedanken, sondern auch mit den Augen neu angeschaut. Es war, als hätte niemand vorher die Dinge in der Welt gesehen, so neuartig, so einfach und schön haben die griechischen Künstler sie nachgebildet. Von den Statuen für olympische Sieger haben wir schon gesprochen. Da sieht man schöne Menschen ohne jede Pose so abgebildet, als ob es das Selbstverständlichste von der Welt wäre. Und gerade das Selbstverständlichste ist das Schönste.

Mit derselben Schönheit und Menschlichkeit formten sie damals die Götterbilder. Der berühmteste Götterbildner hieß Phidias. Er schuf keine geheimnisvollen und übernatürlichen Bilder wie die ungeheuren Tempelstatuen in Ägypten. Groß waren zwar manche von seinen Tempelbildern auch, und prunkvoll und kostbar, aus Elfenbein und Gold, aber trotzdem von einer so einfachen Schönheit, von einer so edlen und natürlichen Anmut, die nie fad oder zierlich wurde, so daß man zu solchen Götterbildern Vertrauen haben mußte. So wie ihre Statuen waren auch die Gemälde und Bauten der Athener. Aber von den Gemälden, mit denen sie ihre Hallen und Versammlungsräume geschmückt haben, hat sich keines erhalten. Wir kennen nur kleine Bilder auf Tongefäßen, auf Vasen und Urnen, und schon die sind so schön, daß wir uns vorstellen können, was wir verloren haben.

Die Tempel stehen noch. Sie stehen auch in Athen selbst. Es ist vor allem die Burg von Athen noch da, die Akropolis, auf der zur Zeit des Perikles neue Heiligtümer aus Marmor erbaut wurden, da die älteren von den Persern niedergebrannt worden waren, während die Athener auf Salamis saßen. Diese Akropolis ist heute noch das Schönste, was wir an Gebäuden kennen. Es ist dort gar nichts so besonders groß oder so besonders prunkvoll. Es ist einfach schön. Jede Einzelheit ist so klar und einfach geformt, daß man denkt, es könne gar nicht anders sein. Alle die Formen, die die Griechen dort angewendet haben, werden seit-

Von dem 4 km entfernten Athen leuchteten die Bauten der Akropolis bis in den Hafen von Piräus.

dem in der Baukunst immer wieder verwendet: die griechischen Säulen, von denen es verschiedene Arten gibt und die du an fast allen Häusern in der Stadt wirst wiederfinden können, wenn du einmal darauf aufmerksam geworden bist. Freilich sind sie nirgends so schön wie in Athen auf der Akropolis, wo sie nicht als Aufputz und Verzierung verwendet sind, sondern dazu, wofür sie gedacht und erfunden sind: um als schön geformte Stützen das Dach zu tragen.

Beides: die Weisheit des Denkens und die Schönheit der Formen haben die Athener in einer dritten Kunst vereinigt, in der Dichtkunst. Und zwar haben sie auch da eine Erfindung gemacht: das Theater. Ihr Theater war auch ursprünglich mit der Religion verbunden, wie der Sport. Mit Festspielen für den Gott Dionysos, der auch Bacchus heißt. An seinen Festtagen wurden diese Spiele aufgeführt und dauerten meist einen ganzen Tag. Man spielte im Freien, und die Schauspieler hatten riesige Masken vor dem Gesicht und hohe Absätze, damit man sie von weitem deutlicher sehen konnte. Die Stücke, die man damals spielte, sind zum Teil noch erhalten. Es sind ernste darunter, von einem großartigen, feierlichen Ernst. Die heißen Tragödien. Aber auch lustige Stücke wurden gespielt, Stücke, die einzelne athenische Bürger verspotteten. Sehr bissig, witzig und geistvoll. Die heißen Komödien. Ich könnte dir noch lange vorschwärmen von den athenischen Geschichtsschreibern und Ärzten, Sängern, Denkern und Künstlern. Aber es ist besser, du schaust dir ihre Werke mit der Zeit selbst an. Da wirst du sehen, daß ich nicht übertrieben habe.

10 Der Erleuchtete und sein Land

Wir gehen ans andere Ende der Welt. Nach Indien und dann nach China. Wir wollen sehen, was in diesen Riesenländern ungefähr zur Zeit der Perserkriege vorgefallen ist. Auch in Indien gab es schon lange so eine Kultur wie in Mesopotamien. In derselben Zeit ungefähr, in der die Sumerer in der Stadt Ur mächtig waren, also um 2500 vor Christus, gab es im Tal des Indus (das ist ein großer Fluß in Indien) eine gewaltige Stadt mit Wasserleitungen und Kanälen, mit Tempeln, Häusern und Kaufläden. Sie hieß Mohendjodaro, und bis vor nicht langer Zeit wußte noch niemand, daß dort so etwas möglich sei. Aber vor einigen Jahren hat man sie ausgegraben und ebenso merkwürdige Dinge gefunden wie in dem Schutthaufen, der die einstige Stadt Ur bedeckte. Was für Leute dort gewohnt haben, weiß man noch nicht. Man weiß nur, daß später erst Völker eingewandert sind, die heute noch in Indien wohnen. Die sprachen eine Sprache, die der Sprache der Perser und Griechen und auch der Sprache der Römer und Germanen verwandt ist. Vater heißt auf altindisch Pitar, auf griechisch Patèr, auf lateinisch Páter.

Weil die Inder und Germanen die voneinander am weitesten entfernten Völker sind, die diese Art Sprache sprechen, nennt man die ganze Völkergruppe die Indo-Germanen. Ob aber nur die Sprachen einander ähnlich sind oder ob auch manche dieser Völker entfernte Blutsverwandte sind, darüber weiß man nichts Bestimmtes. Jedenfalls sind diese Inder, die eine indogermanische Sprache sprachen, so ähnlich in Indien eingefallen wie die Dorier in Griechenland. Sie mußten auch die einheimische Bevölkerung geradeso unterjochen. Nur waren sie etwas zahlreicher und haben sich darum die Arbeit geteilt. Bloß ein Teil von ihnen waren Krieger, sie mußten aber auch immer Krieger sein. Auch deren Söhne durften nur Krieger werden. Das war die Kriegerkaste. Außer dieser gab es noch andere Kasten, die beinahe ebenso streng abgeschlossen waren. Zum Beispiel die Handwerker und die Bauern. Wer einer solchen Kaste angehörte, durfte nie aus ihr heraus. Ein Bauer konnte nie Handwerker werden oder umgekehrt; auch sein Sohn nicht. Ja, er durfte auch kein Mädchen aus einer anderen Kaste heiraten, nicht einmal mit jemandem aus einer anderen Kaste an einem Tisch essen oder in einem Wagen fahren. In manchen Gegenden Indiens ist das heute noch so.

Die höchste Kaste aber waren die Priester, die Brahmanen. Sie standen noch über den Kriegern, mußten für die Opfer sorgen und für die Tempel und (ganz ähnlich wie in Ägypten) auch für die Gelehrsamkeit. Sie mußten die heiligen Gebete und Gesänge auswendig lernen und haben sie so durch mehrere tausend Jahre ganz unverändert erhalten; bis sie aufgeschrieben wurden. Das waren also die vier Kasten, die selbst wieder in viele Unterkasten zerfielen, die sich auch voneinander absonderten.

Es gab aber auch einen kleinen Teil der Bevölkerung, der überhaupt keiner Kaste angehören durfte. Das waren die Parias. Man verwendete sie nur zu den schmutzigsten und unangenehmsten Arbeiten. Niemand, auch kein Mitglied einer unteren Kaste, durfte mit ihnen zusammensein. Schon ihre Berührung, so hieß es, beschmutzte. So hießen sie die Unberührbaren. Sie durften nicht vom selben Brunnen wie die Inder Wasser holen und mußten achtgeben, daß nicht einmal der Schatten ihres Körpers auf einen Inder fiel. Denn schon ihr Schatten galt als besudelnd: So grausam können die Menschen sein.

Dabei waren die Inder sonst kein grausames Volk. Im Gegenteil. Ihre Priester waren sehr ernste, tiefe Menschen, die sich oft in die einsamen Wälder zurückzogen, um dort in aller Ruhe über die schwersten Fragen nachdenken zu können. Über ihre vielen wilden Götter haben sie nachgedacht und über Brahma, den Erhabenen, den höchsten Gott. Sie haben gefühlt, wie das ganze Leben in der Natur, die Götter wie die Menschen, die

Bienenkörbe? Nein, indische Tempel, riesengroß und fremdartig in ihren Formen.

Tiere wie die Pflanzen, vom Atemhauch dieses einen höchsten Wesens leben, wie dieses eine höchste Wesen in allem gleichmäßig wirkt: im Licht der Sonne und im Sprießen des Feldes, im Wachsen und im Sterben. Gott ist überall in der Welt, so wie ein Stück Salz, das du ins Wasser wirfst, überall im Wasser ist und jeden Tropfen salzig macht. All die Verschiedenheiten, die wir in der Natur sehen, alles Kreisen und Wechseln ist eigentlich nur oberflächlich. Dieselbe Seele kann einmal zu einem Menschen werden und nach dessen Tod vielleicht zu einem Tiger oder einer Brillenschlange, außer wenn sie so geläutert ist, daß sie endlich mit dem göttlichen Wesen einswerden kann. Denn das bleibt immer das Wesentliche, was in alledem wirkt: der Atemhauch des höchsten Gottes Brahma. Um ihren Schülern das richtig einzuprägen, haben die indischen Priester eine schöne Formel gehabt, über die du nachdenken kannst, sie heißt einfach: »Das bist du« und bedeutete eben: Alles, was du siehst, die Tiere und die Pflanzen sowie deine Mitmenschen, sie sind dasselbe, was du auch bist: ein Hauch vom Atemzug Gottes.

Um diese große Einheit recht zu fühlen, hatten sich die indischen Priester einen merkwürdigen Weg ausgedacht. Sie setzten sich irgendwohin in den dichten indischen Urwald und dachten nur darüber nach: stundenlang, tagelang, wochenlang, monatelang, jahrelang. Sie saßen immer steif und still auf der Erde, mit gekreuzten Beinen und gesenktem Blick. Sie atmeten möglichst wenig und aßen möglichst wenig. Ja, manche von ihnen quälten sich noch auf besondere Weise, um Buße zu tun und um reif zu werden, Gottes Hauch in sich zu spüren.

Solche heilige Männer, Büßer und Einsiedler gab es in Indien vor 3000 Jahren sehr viele und gibt es auch heute noch. Aber einer von ihnen war anders als die vielen anderen. Das war der Königssohn Gautama, der ungefähr um 500 vor Christi Geburt lebte.

Man erzählt, daß dieser Gautama, den man später den »Erleuchteten«, den Buddha, nannte, in aller Pracht und allem Reichtum des Ostens aufgewachsen war. Er soll drei Paläste gehabt haben, einen für den Sommer, einen für den Winter, und einen für die Monate der Regenzeit, wo immer die lieblichste Musik ertönte und den er nie verließ. Seine Eltern wollten nicht, daß er je vom Söller herabstieg, denn sie wollten ihm alles Traurige fernhalten. Darum durfte sich kein Leidender in seiner Nähe zeigen. Und doch, als Gautama aus seinem Palaste ausfuhr, sah er einmal einen alten, gebeugten Mann. Er fragte den Wagenlenker, der ihn begleitete, was das sei. Der mußte es ihm erklären. Nachdenklich kehrte er heim in seinen Palast. Ein andermal sah er einen Kranken. Auch von Krankheit hatte man ihm nie erzählt. Noch nachdenklicher geworden, kehrte er heim zu seiner Gattin und zu seinem kleinen Sohn. Ein drittes Mal sah er einen Toten. Da wollte er nicht mehr in den Palast zurück, und als er schießlich einen Einsiedler sah, beschloß er, selbst in die Einöde zu gehen und über das Leid dieser Erde nachzudenken, das sich ihm in Alter, Krankheit und Tod offenbart hatte.

»Und ich zog«, so erzählte er in einer seiner Predigten, »noch in frischer Blüte, glänzend, dunkelhaarig, im Genusse glücklicher Jugend, im ersten Mannesalter, gegen den Wunsch meiner weinenden und klagenden Eltern, mit geschorenem Haar und Bart, mit fahlem Gewande bekleidet, vom Hause fort in die Hauslosigkeit hinaus.«

Sechs Jahre lebte er als Einsiedler und Büßer. Er dachte tiefer nach als alle anderen. Er quälte sich härter als je einer zuvor. Er atmete fast gar nicht mehr, wenn er so dasaß, und ertrug dabei die schrecklichsten Schmerzen. Er aß so wenig, daß er vor Schwäche umfiel. Aber in all diesen Jahren konnte er die innere Ruhe nicht finden. Denn er dachte ja nicht nur darüber nach, was die Welt sei und ob alles im Grunde dasselbe sei. Er dachte ja über all das Unglück in der Welt nach. Über all die Schmerzen und Leiden der Menschen. Über Alter, Krankheit und Tod. Und da konnte eben keine Buße helfen.

So begann er wieder, langsam Nahrung zu sich zu nehmen, Kräfte zu sammeln und zu atmen, wie alle Menschen. Deswegen verachteten ihn die übrigen Einsiedler sehr, die ihn bisher bewundert hatten. Aber er ließ sich nicht beirren. Und eines Tages, als er in einer lieblichen Waldlichtung unter einem Feigenbaum saß, kam ihm die Erkenntnis. Er verstand plötzlich, was er durch all die Jahre gesucht hatte. Es war wie ein inneres Licht, das er plötzlich sah. Darum war er jetzt der Erleuchtete, der Buddha. Und er ging, seine große innere Entdeckung allen Menschen zu verkünden.

Nun wirst du gerne wissen wollen, was denn das gewesen ist, das Gautama unter dem Bo-Baum, das heißt, unter dem Erleuchtungsbaum, als Erlösung von allen Zweifeln erfuhr. Wenn ich dir das ein bißchen erklären soll, so mußt du schon

Unter dem Feigenbaum sitzend, empfing Gautama seine Erleuchtung; in dieser Stellung zeigen viele Statuen den zum Buddha gewordenen.

darüber nachdenken. Schließlich hat ja Gautama ganze sechs Jahre nur darüber nachgedacht. Die große Erleuchtung, die große Erlösung vom Leiden war der Gedanke: Bei uns müssen wir anfangen, wenn wir uns retten wollen vor dem Leid. Alles Leiden kommt vom Wünschen her. Also ungefähr so: Wenn du traurig bist, weil du ein schönes Buch oder das Spielzeug nicht bekommst, die du dir wünschst, kannst du zweierlei tun: Du kannst versuchen sie doch zu bekommen, oder du kannst aufhören, sie dir zu wünschen. Wenn dir eines von beiden gelingt, wirst du nicht mehr traurig sein. So hat Buddha gelehrt: Wenn wir aufhörten, uns alle schönen und angenehmen Dinge zu wünschen, wenn wir nicht, sozusagen, immer durstig wären nach Glück, nach Wohlbehagen, nach Anerkennung, nach Zärtlichkeit, dann wären wir auch nicht so oft traurig, wenn uns all das abgeht. Und wer nichts mehr wünschte, wäre auch nie mehr traurig. Man muß nur den Durst kleinkriegen, dann wird man auch das Leid kleinkriegen.

»Aber für seine Wünsche kann man doch nichts«, wirst du sagen. Buddha war anderer Ansicht. Er lehrte, daß man es in jahrelanger Arbeit an sich selbst so weit bringen kann, nicht mehr zu wünschen, als was man wünschen will. So Herr seiner Wünsche zu sein, wie der Elefantentreiber Herr über den Elefanten ist. Und daß das das Höchste ist, was man auf Erden erreichen kann: nichts mehr zu wünschen. Das ist die »innere Meeresstille«, von der er spricht, die große, ruhige Seligkeit eines Menschen, der auf Erden nichts begehrt. Der zu allen Menschen gleich gütig ist und von niemandem etwas verlangt. Wer so über alle Wünsche Herr geworden ist – so lehrte Buddha weiterhin –, wird auch nicht wieder auf die Welt kommen, wenn er gestorben ist. Denn eigentlich werden die Seelen nur wiedergeboren – so glaubten es ja die Inder –, weil sie am Leben hängen. Wer nicht mehr am Leben hängt, der wird sich nach dem Tod nicht mehr in den »Kreislauf der Geburten« drängen. Er wird eingehen in das Nichts. In das wunschlose und leidlose Nichts, das auf indisch Nirwana heißt.

Das also war die Erleuchtung des Buddha unter dem Feigenbaum – die Lehre, wie man sich von den Wünschen befreit, ohne sie zu erfüllen, wie man seinen Durst abschafft, ohne ihn gelöscht zu haben. Der Weg, der dazu führt, ist nicht einfach; das kannst du dir denken. Der Buddha nannte ihn den »mittleren Weg«, weil er zwischen der nutzlosen Selbstquälerei und dem gedankenlosen Wohlleben zur wahren Erlösung führt. Worauf es dabei ankommt, ist: rechter Glaube, rechte Entscheidung, rechtes Wort, rechte Tat, rechtes Leben, rechtes Streben, rechtes Bewußtsein, rechtes Sichversenken.

Das war das Allerwichtigste aus der Predigt Gautamas, und diese Predigt machte auf die Menschen einen so tiefen Eindruck, daß ihm viele gefolgt sind und ihn wie einen Gott verehrt haben. Heute gibt es fast so viele Buddhisten auf der Welt wie Christen. Vor allem in Hinterindien, in Ceylon (das jetzt Sri Lanka heißt), in Tibet, China und Japan. Aber nur wenige sind imstande, den Lehren des Buddha nachzuleben und die innere Meeresstille zu erreichen.

11 Ein großer Lehrer eines großen Volkes

Als ich in die Volksschule ging, lag China für uns sozusagen »am Ende der Welt«. Wir hatten höchstens einige Bilder von dort auf Teetassen oder Vasen gesehen und stellten uns vor, es gäbe dort steife Männlein mit Zöpfen und kunstvolle Gärten mit geschwungenen Brücken und Türmchen mit lauter Glöckchen daran.

Ein solches Märchenland hat es natürlich nie gegeben, obwohl es richtig ist, daß die Chinesen fast 300 Jahre lang, bis 1912, Zöpfe tragen mußten und daß sie in unseren Ländern zuerst durch die zierlichen Dinge aus Porzellan und Elfenbein bekannt wurden, die dort von kunstfertigen Meistern erzeugt wurden. In der Zeit, von der ich erzählen will, vor 2400 Jahren, gab es das alles noch nicht, aber China war schon damals ein uraltes riesiges Reich, so alt und riesig, daß es bereits im Auseinanderfallen begriffen war. Es bestand schon damals aus vielen Millionen fleißiger Bauern, die Reis und Getreide pflanzten, und aus großen Städten, in denen die Leute in bunten seidenen Gewändern feierlich einherschritten. Aus dem Palast der Hauptstadt war China schon mehr als tausend Jahre lang von Kaisern beherrscht worden, von dem berühmten »Kaiser von China«, der sich »Sohn des Himmels« nannte, ganz ähnlich wie der ägyptische Pharao »Sohn der Sonne« hieß.

Aber unter dem Kaiser gab es noch Fürsten, denen die einzelnen Provinzen des ungeheuren Landes zur Herrschaft verliehen waren, das größer war als Ägypten und größer als Assyrien und Babylonien zusammen. Diese Fürsten waren bald so mächtig, daß der Kaiser ihnen nicht befehlen durfte, obwohl er doch der Kaiser von China war. Sie lagen untereinander im Streit und kümmerten sich nicht viel um den Sohn des Himmels. Und weil das Reich so groß war, daß auch die Chinesen an den verschiedenen Enden des Landes ganz verschiedene Sprachen gesprochen haben, wäre es sicher ganz auseinandergefallen, wenn sie nicht eines gemeinsam gehabt hätten: Das war ihre Schrift.

Du wirst sagen, was nützt eine gemeinsame Schrift, wenn die Sprachen verschieden sind, so daß niemand verstehen kann, was da geschrieben steht? Aber bei der chinesischen Schrift ist das nicht so. Die kann man lesen, auch wenn man kein Wort von der Sprache versteht. Ist das Zauberei? Nein, gar nicht, es ist nicht einmal sehr verwickelt. Man schreibt dort eben nicht Worte, sondern Dinge. Wenn du »Sonne« schreiben willst, machst du so ein Bild: 日. Das kannst du jetzt »Sonne« aussprechen oder »soleil« oder, wie die Chinesen, »dschö«, es bleibt immer für jeden verständlich, der das Zeichen kennt. Jetzt willst du »Baum« schreiben. Da zeichnest du wieder einfach mit ein paar Strichen einen Baum, nämlich 木, das heißt auf chinesisch »mu«, aber man muß es gar nicht wissen, um zu sehen, daß es ein Baum ist.

Ja, wirst du sagen, bei Dingen kann ich mir das vorstellen, die bildet man einfach ab. Aber was tut man, wenn man »weiß« schreiben will, pinselt man da weiße Farbe hin? Oder gar, wenn

Das Gleichnis des Konfuzius.

man Osten schreiben will! Osten kann man doch nicht abbilden. Siehst du, das geht ganz folgerichtig weiter. »Weiß« schreibt man einfach, indem man etwas Weißes zeichnet. Also den Sonnenstrahl. Ein Strich, der aus der Sonne herauskommt, 白, das heißt »bei«, »weiß«, »blanc« usw. Und Osten? Osten ist dort, wo die Sonne hinter den Bäumen aufgeht. Also zeichne ich das Bild der Sonne hinter dem des Baumes: 東.

Das ist praktisch, nicht wahr? Nun ja. Alles hat seine zwei Seiten! Denk nach, wie viele Wörter und Sachen es auf der Welt gibt! Für jede Sache muß man dort ein eigenes Zeichen lernen. Es gibt jetzt schon 40 000, und bei manchen wird es doch recht schwierig und verwickelt. Da loben wir uns schließlich doch unsere Phönizier und unsere 26 Zeichen, nicht wahr? Die Chinesen aber schreiben schon viele tausend Jahre so, und in einem großen Teil von Asien kann diese Zeichen lesen, auch wer kein Wort chinesisch kann. So konnten sich die Gedanken und Grundsätze der großen Männer in China schnell verbreiten und den Leuten einprägen.

Denn zur selben Zeit, als in Indien Buddha die Menschen vom Leid erlösen wollte (du weißt noch, das war um 500 vor Christus), gab es auch in China einen großen Mann, der versuchte, durch seine Lehre die Menschen glücklich zu machen. Und doch war er so verschieden von Buddha wie nur irgend möglich. Er war kein Königssohn, sondern das Kind eines Offiziers. Er wurde kein Einsiedler, sondern ein Beamter und Lehrer. Es war ihm auch weniger darum zu tun, daß der einzelne Mensch nichts mehr wünschen und leiden solle, es kam ihm hauptsächlich darauf an, daß die Menschen in Frieden zusammenleben. Das war sein Ziel: die Lehre vom guten Zusammenleben. Und dieses Ziel hat er auch erreicht. Durch seine Lehre lebte das große Volk der Chinesen durch Jahrtausende friedlicher und ruhiger miteinander als andere Menschen auf der Welt. Da wird dich sicher die Lehre des Konfuzius, der auf chinesisch Kong Fuzi heißt, interessieren. Sie ist nicht schwer zu verstehen. Nicht einmal sehr schwer einzuhalten. Darum hatte er ja auch so viel Erfolg damit.

Der Weg, den Konfuzius zu seinem Ziel vorgeschlagen hat, ist einfach. Vielleicht wird er dir nicht gleich gefallen, aber es steckt mehr Weisheit darin, als man im ersten Augenblick bemerkt. Er hat nämlich gelehrt, daß die Äußerlichkeiten im Leben wichtiger sind, als man denkt: das Verbeugen vor Älteren, das Zuerst-durch-die-Tür-gehen-lassen, das Aufstehen, wenn man mit einem Vorgesetzten spricht, und viele andere ähnliche Dinge, für die es in China mehr Regeln gab als bei uns. Alle diese Dinge – so fand er – sind ja nicht zufällig so. Sie bedeuten ja etwas oder haben einmal etwas bedeutet. Gewöhnlich etwas Schönes. Darum hat Konfuzius gesagt: »Ich glaube ans Altertum und liebe es.« Das heißt, er glaubte an den guten tiefen Sinn aller jahrtausendealten Sitten und Gebräuche und prägte seinen Landsleuten immer wieder ein, sie gut einzuhalten. Es geht alles leichter, wenn man das tut, war seine Meinung. Es läuft sozusagen von selbst, ohne viel Nachdenken. Man *wird* sicher nicht gut durch diese Formen, aber man *bleibt* es leichter.

Denn Konfuzius hatte eine sehr gute Meinung von den Menschen. Er sagte, daß alle Menschen als gute, anständige Menschen geboren werden. Daß sie alle eigentlich im Innern auch gut und anständig sind: Jeder Mensch, der ein Kind an einem Wasser spielen sieht, wird Angst haben, es könne hineinfallen, sagt er. Diese Sorge für den Nebenmenschen, das Mitleid, wenn es ihm schlecht geht, all das ist uns angeboren. Man braucht also nichts zu tun, als zu schauen, daß es nicht verlorengeht. Und dazu, hat er gemeint, ist die Familie da. Wer immer lieb zu seinen Eltern ist, ihnen folgt und für sie sorgt – und das ist uns doch angeboren –, der wird es dann auch zu anderen Menschen sein, der wird dann auch den Gesetzen des Staates immer gehorchen, wie er gewohnt war, seinem Vater zu gehorchen. Darum war für ihn die Familie, die Liebe zwischen den Geschwistern, die Ehrfurcht vor den Eltern das Wichtigste im ganzen Leben. Er nennt sie »die Wurzel der Menschlichkeit«.

Es war aber nicht so gemeint, daß nur der Untertan dem Herrscher ergeben sein sollte und nicht auch umgekehrt. Im Gegenteil, Konfuzius und seine Jünger waren viel bei den widerspenstigen Fürsten und haben ihnen gewöhnlich tüchtig die Meinung gesagt. Denn der Fürst muß der erste sein im Einhalten aller Formen, im Ausüben der väterlichen Liebe, Vorsorge und Gerechtigkeit. Ist er das nicht und läßt er seine Untertanen achtlos leiden, dann geschieht es ihm ganz recht, wenn das Volk ihn absetzt, so lehrten Konfuzius und seine Jünger. Denn des Fürsten erste Pflicht ist es, ein Vorbild zu sein für alle Bewohner seines Reiches.

Vielleicht findest du, daß Konfuzius nur Selbstverständlichkeiten gelehrt hat. Aber gerade das wollte er. Er wollte ja etwas, das alle fast von selbst verstehen und für richtig halten. Dann würde das Zusammenleben viel leichter sein. Ich habe schon gesagt, daß es ihm gelungen ist. Nur durch seine Lehre ist das große Reich mit den vielen Provinzen nicht schließlich doch auseinandergefallen.

Du darfst aber nicht glauben, daß es in China nicht auch andere Leute gegeben hat, Leute mehr in der Art von Buddha, welchen es nicht auf das Zusammenleben und nicht auf die Verbeugungen angekommen ist, sondern auf die großen Geheimnisse der Welt. Einige Zeit nach Konfuzius hatte China auch einen solchen Weisen. Er hieß Lao Zi. Man kennt ihn bei uns als Laotse. Man erzählt, daß er Beamter gewesen sei, daß ihm aber das ganze Getriebe unter den Menschen nicht gefallen habe. So legte er sein Amt nieder und wanderte in die einsamen Berge an den Grenzen Chinas, um Einsiedler zu werden.

Ein einfacher Zollwächter auf der Landstraße an der Grenze soll ihn gebeten haben, ihm doch seine Gedanken aufzuschreiben, ehe er die Menschen verlasse. Und Laotse tat es. Ob sie aber der Zollwächter verstanden hat, weiß ich nicht, denn sie sind sehr geheimnisvoll und schwierig. Ihr Sinn ist ungefähr der: In der ganzen Welt, in Wind und Wetter, in Pflanzen und Tieren, im Wechsel von Tag und Nacht, im Kreisen der Sterne waltet ein großes Gesetz. Er nennt es: Tao. Nur der Mensch mit seiner Unruhe, mit seiner Betriebsamkeit, mit seinen vielen Plänen und Gedanken, ja auch mit seinen Opfern und Gebeten, läßt dieses Gesetz sozusagen nicht an sich heran, er läßt es nicht zur Wirkung kommen, er stört seinen Gang.

Das Einzige, was man also tun muß, so meint Laotse, ist: nichts tun. Ganz still sein innerlich. Nicht herumschauen und nicht herumhorchen, nichts wollen und nichts meinen. Wer es so weit bringt, daß er wird wie ein Baum oder wie eine Blume, so absichtslos und willenlos, in dem wird das große allgemeine Gesetz, das Tao, auch zu wirken beginnen, das den Himmel kreisen läßt und den Frühling heraufführt. Diese Lehre, das wirst du einsehen, ist schwer zu verstehen und noch schwerer zu befolgen. Vielleicht hat es Laotse in der Einsamkeit des fernen Gebirges so weit gebracht, durch Nichtstun zu wirken, wie er sagt. Aber im ganzen ist es schon gut, daß nicht Laotse, sondern Konfuzius der große Lehrer seines Volkes geworden ist. Oder was meinst du?

12 Das größte Abenteuer

Die schöne Zeit in Griechenland hat nur ganz kurz gedauert. Dann war Schluß damit. Die Griechen konnten alles, aber Ruhe halten konnten sie nicht. Vor allem vertrugen sich Athen und Sparta auf die Dauer nicht. Es kam schon seit 420 vor Christus zu einem langen, erbitterten Krieg zwischen den beiden Städten. Er heißt der Peloponnesische Krieg. Die Spartaner zogen vor Athen und verwüsteten das Land fürchterlich. Sie hackten alle Ölbäume um. Das war ein entsetzliches Unglück, denn ein neu gepflanzter Ölbaum braucht sehr lang, bis er Früchte tragen kann. Die Athener wieder zogen gegen die spartanischen Pflanzstädte oder Kolonien, südlich von Italien, in Sizilien, gegen Syrakus. Es war ein langes Hin und Her, es gab eine schwere Seuche in Athen, an der Perikles starb, und schließlich hat Athen den Krieg verloren; seine Mauern wurden eingerissen. Aber wie das schon bei Kriegen zugeht, war schließlich das ganze Land vom Kampf erschöpft. Auch die Sieger. Noch ärger ging es zu, als ein kleiner Stamm in der Nähe von Delphi, den die dortigen Priester gereizt hatten, das Orakelheiligtum des Apollo besetzte und plünderte. Es entstand ein wildes Durcheinander.

In dieses Durcheinander mischte sich ein fremdes Volk. Kein sehr fremdes. Es war das Volk, das in den Gebirgen nördlich von Griechenland wohnte und Makedonier hieß. Die Makedonier waren den Griechen verwandt, aber sie waren wild und kampfgeübt und hatten einen sehr gescheiten König: Philipp. Dieser Philipp von Makedonien sprach ausgezeichnet Griechisch und kannte die griechischen Sitten und die griechische Kultur sehr gut. Sein Ehrgeiz war, König über ganz Griechenland zu werden. Beim Kampf um das griechische Heiligtum Delphi, der doch alle Völker mit griechischer Religion anging, hatte er eine gute Gelegenheit einzugreifen. Zwar gab es in Athen einen Politiker und berühmten Redner in der Volksversammlung, der immer wieder gegen diese Pläne König Philipps von Makedonien wetterte; es war der Redner Demosthenes, und seine Reden gegen Philipp heißen Philippiken. Aber Griechenland war zu uneinig, um sich richtig zu wehren.

Bei dem Ort Chäronea siegte König Philipp und das kleine Makedonien über dieselben Griechen, die sich kaum mehr als hundert Jahre früher gegen das riesige Perserheer hatten verteidigen können. Mit der griechischen Freiheit war es vorbei. Dieses Ende der Freiheit, von der die Griechen am Schluß so schlecht Gebrauch gemacht hatten, fiel in das Jahr 338 vor Christus. König Philipp wollte allerdings Griechenland gar nicht unterjochen oder ausplündern. Er hatte etwas ganz anderes vor: Er wollte aus Griechen und Makedoniern ein großes Heer bilden und damit nach Persien ziehen, um es zu erobern.

Das war damals nicht mehr so unmöglich, wie es zur Zeit der Perserkriege gewesen wäre. Denn die persischen Großkönige waren längst nicht mehr so tüchtig wie Dareios I. oder so mächtig wie Xerxes. Sie überwachten längst nicht mehr selbst ihr ganzes Land, sondern sie waren schon zufrieden, wenn ihre Satrapen ihnen möglichst viel Geld aus den Provinzen schickten. Damit bauten sie sich herrliche Paläste und hielten einen prunkvollen Hofstaat mit goldenem Tafelgeschirr und vielen prächtig gekleideten Sklaven und Sklavinnen. Sie aßen gern gut und tranken gern noch besser. Und die Satrapen trieben es ähnlich. Ein solches Reich, so dachte König Philipp, kann nicht sehr schwer zu erobern sein. Aber er wurde ermordet, ehe er mit den Vorbereitungen für den Kriegszug fertig war.

Sein Sohn, der also ganz Griechenland von ihm erbte und die Heimat Makedonien dazu, war damals kaum 20 Jahre alt. Er hieß Alexander. Alle Griechen dachten, sie könnten sich jetzt leicht befreien, denn mit so einem jungen Burschen, meinten sie, würden sie schon fertig werden. Aber Alexander war kein gewöhnlicher junger Bursche. Er wäre sogar lieber noch früher auf den Thron gekommen. Man erzählt, daß er als Kind jedesmal geweint habe, wenn sein Vater, König Philipp, eine neue Stadt in Griechenland eingenommen hatte. »Der Vater wird mir nichts mehr zum Erobern lassen, wenn ich einmal König bin.« Nun hatte er ihm zu erobern gelassen. Eine griechische Stadt, die sich befreien wollte, wurde, als warnendes Beispiel für alle, zerstört und die Einwohner als Sklaven verkauft. Dann hielt Alexander in der griechischen Stadt Korinth eine Versammlung aller griechischen Führer ab, um den Zug nach Persien mit ihnen zu besprechen.

Nun mußt du wissen, daß der junge König Alexander nicht nur ein mutiger, ehrgeiziger Krieger war, sondern auch ein sehr schöner Mann mit langen, lockigen Haaren, der noch dazu alles wußte, was man damals überhaupt wissen konnte. Er hatte nämlich den berühmtesten Lehrer gehabt, der damals auf der Welt aufzutreiben war: den griechischen Philosophen Aristoteles. Was das bedeutet, kannst du dir ungefähr vorstellen, wenn ich dir sage, daß Aristoteles nicht nur der Lehrer Alexanders, sondern eigentlich der Lehrer der Menschen durch zwei Jahrtausende gewesen ist. Wenn in den folgenden zwei Jahrtausenden Menschen über irgendeinen Punkt uneinig waren, haben sie in den Schriften des Aristoteles nachgeschaut. Er war der Schiedsrichter. Was dort stand, mußte wahr sein. Er hatte auch wirklich alles gesammelt, was man in seiner Zeit wissen konnte. Er hat über Naturgeschichte geschrieben, über die Sterne, Tiere und Pflanzen, er hat über Geschichte geschrieben und über das Zusammenleben der Menschen im Staat (die Politik), über das richtige Denken, das griechisch Logik heißt, sowie über das richtige Handeln, das griechisch Ethik heißt; er hat über Dichtkunst geschrieben und was an ihr schön ist und schließlich auch seine Gedanken über Gott, der unbeweglich und unsichtbar über dem Sternenhimmel schwebt.

All das lernte also Alexander, und er war sicher ein guter Schüler. Am liebsten las er in den alten Heldenliedern des Homer, man erzählt, daß er sie sogar nachts unter sein Kopfkissen legte. Dabei war er durchaus kein Büchermensch, sondern ein großartiger Sportsmann. Besonders im Reiten war ihm niemand über. Sein Vater hatte einmal ein besonders schönes, wildes Pferd gekauft, das niemand bändigen konnte. Es hieß Bukephalus. Jeden warf es ab. Aber Alexander merkte, woher das kam: Dieses Pferd fürchtete sich vor seinem eigenen Schatten. Darum drehte Alexander es gegen die Sonne, so daß es seinen Schatten am Boden nicht sah, streichelte es, schwang sich hinauf und ritt darauf herum unter dem Beifall des ganzen Hofes. Bukephalus blieb dann sein Lieblingspferd.

Wie nun Alexander vor den griechischen Führern in Korinth erschien, waren alle von ihm begeistert, und alle sagten ihm die freundlichsten Sachen. Nur einer nicht. Das war ein komischer Sonderling, ein Philosoph namens Diogenes. Der hatte Ansichten, die denen des Buddha nicht ganz unähnlich waren. Was man besitzt und was man braucht, war seine Meinung, stört einen nur im Nachdenken und im einfachen Wohlbehagen. So hatte er alles weggegeben und sich fast nackt in eine Tonne auf den Marktplatz von Korinth gesetzt. Dort hauste er, so frei und unabhängig wie ein herrenloser Hund. Auch Alexander wollte diesen merkwürdigen Kauz kennenlernen, und so besuchte er ihn. Er trat in prachtvoller Rüstung und mit wehendem Helmbusch vor die Tonne und sagte: »Du gefällst mir, du kannst dir irgend etwas von mir wünschen, ich will es dir gewähren.« Diogenes, der gerade behaglich in der Sonne lag, sagte: »Ja, König, ich hätte schon einen Wunsch.« – »Nun?« – »Du machst mir da Schatten, bitte, geh mir aus der Sonne.« Auf Alexander machte dies so einen Eindruck, daß er gesagt haben soll: »Wenn ich nicht Alexander wäre, so wollte ich Diogenes sein.«

Von einem solchen König waren die Griechen im Heer bald ebenso begeistert wie die Makedonier. Sie wollten gern für ihn kämpfen. Darum war Alexander voll Zuversicht, als er nach Persien zog. Er verschenkte alles, was er besaß, an seine Freunde. Die fragten ihn ganz erschrocken: »Was bleibt denn dann dir?« – »Die Hoffnung«, soll er geantwortet haben. Diese Hoffnung hat ihn nicht getäuscht. Er kam zuerst mit seinem Heer nach Kleinasien. Dort stellte sich ihm das erste persische Heer entgegen. Es war zwar größer als sein eigenes, aber eigentlich nur ein ungeordneter Soldatenhaufen ohne einen richtigen Feldherrn. Die Perser wurden sofort in die Flucht geschlagen, denn das Heer Alexanders kämpfte sehr mutig, und Alexander selbst kämpfte am mutigsten und war dort, wo es am wildesten zuging.

In dem eroberten Kleinasien spielt die berühmte Geschichte vom gordischen Knoten. Die war so: In der Stadt Gordium gab es in einem Tempel einen alten Wagen, an dem die Deichsel mit einem Riemen befestigt und riesig fest verschlungen und verknotet war. Nun war geweissagt worden, daß der, der diesen verflochtenen Knoten lösen könne, die Weltherrschaft erlangen werde. Alexander versuchte es nicht lange, an dem Knoten herumzunesteln, der anscheinend noch ärger war als ein Knoten im Schnürsenkel, wenn man gerade Eile hat. Er tat, was mir

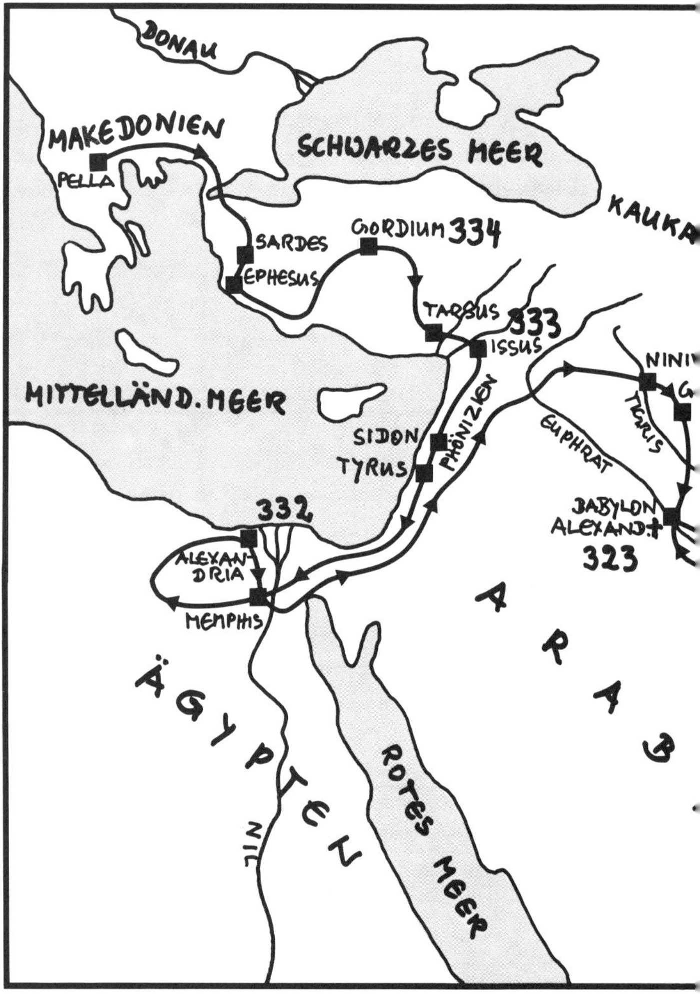

Nur immer der Pfeilrichtung nach! Dann begleitest du Alexander auf seinem Siegeszug um die halbe Welt.

REICH DER SKYTHEN
...ISCHER SEE
ZUG NACH INDIEN 327
EKBATANA
BUKEPHALA
...DIEN
INDUS
PERSEPOLIS
PERSIEN
INDIEN
...ERS. MEERBUSEN
HEIMKEHR D. FLOTTE
INDISCHER OZEAN

meine Mutter nie erlaubt hat: Er nahm sein Schwert und hieb ihn einfach mitten durch. Das bedeutete gleichzeitig: »Mit dem Schwert in der Hand erobere ich die Welt und erfülle so die alte Weissagung.« Und so tat er es ja auch.

Die weitere Geschichte dieser Eroberung siehst du eigentlich besser auf der Landkarte. Denn Alexander zog nicht gleich nach Persien hinein. Er wollte nicht die persischen Provinzen Phönizien und Ägypten im Rücken haben, ehe er sie unterworfen hatte. Auf seinem Weg dorthin versuchten ihn die Perser bei einer Stadt namens Issus aufzuhalten. Er schlug sie nieder und erbeutete die prachtvollen Zelte und Schätze des persischen Königs. Auch die Frau und die Schwester des Königs nahm er gefangen und behandelte sie sehr höflich und anständig. Das war im Jahre 333, das merkst du dir leicht mit dem alten Schulvers: »Drei, drei, drei: bei Issus Keilerei«.

Phönizien war nicht so leicht zu erobern. Sieben Monate lang mußte er die Stadt Tyrus belagern. Dafür hat er sie dann auch besonders grausam zerstört. In Ägypten erging es ihm besser. Die Ägypter waren ja froh, die Perser loszuwerden, und unterwarfen sich ihm freiwillig, weil er der Feind der Perser war. Er wollte aber auch ein richtiger Herrscher über die Ägypter sein, so wie sie es gewohnt waren. So zog er durch die Wüste nach einem Tempel des Sonnengottes und ließ die Priester sagen, daß er der Sohn der Sonne sei, also der rechte Pharao. Ehe er aus Ägypten wieder fortzog, gründete er noch eine Stadt am Meer. Er nannte sie nach sich selbst: Alexandria. Sie steht heute noch und war lange eine der mächtigsten und reichsten Städte der Welt.

Jetzt erst zog er gegen Persien. Der Perserkönig hatte inzwischen einen riesigen Heerhaufen gesammelt und erwartete Alexander in der Nähe des alten Ninive, bei dem Ort Gaugamela. Vorher schickte er Boten an Alexander, um ihm sein halbes Königreich als Geschenk und seine Tochter zur Frau anzubieten, wenn er sich zufriedengäbe. Alexanders Freund, Parmenios, sagte damals: »Wenn ich Alexander wäre, würde ich das annehmen.« Alexander antwortete: »Ich auch, wenn ich Parmenios wäre.« Er wollte lieber über die ganze Welt herrschen als über die halbe. Und hat auch das letzte und größte persische Heer geschlagen. Der Perserkönig floh in die Berge und wurde dort ermordet.

Alexander bestrafte die Mörder. Er war jetzt König von ganz Persien. Zu seinem Reich gehörten nun Griechenland, Ägypten, Phönizien mit Palästina, Babylonien, Assyrien, Kleinasien und Persien. Er suchte das Ganze neu zu ordnen. Seine Befehle reichten jetzt wirklich vom Nil bis weit ins heutige Sibirien hinein.

Dir und mir wäre das wahrscheinlich genug gewesen. Alexander aber noch lange nicht. Er wollte über neue, unentdeckte Länder herrschen. Er wollte die rätselhaften, fernen Völker sehen, von denen manchmal Kaufleute erzählten, die mit seltenen Waren vom Osten nach Persien kamen. Er wollte, wie der Gott Bacchus in einer griechischen Sage, im Triumphzug bis zu den sonnenverbrannten Indern vordringen und sich von ihnen huldigen lassen. So blieb er wirklich nicht lange in der persischen Hauptstadt, sondern zog im Jahre 327 mit seinem Heer unter den abenteuerlichsten Gefahren über die Pässe des fremden, unerforschten Hochgebirges hinunter in das Tal des Indus, nach Indien. Die Inder aber haben sich ihm nicht freiwillig unterworfen. Besonders die Büßer und Einsiedler in den Wäldern predigten gegen den Eroberer aus dem fernen Westen. So mußte Alexander jede Stadt, die von den indischen Kriegern der Kriegerkaste tapfer verteidigt wurde, gesondert belagern und erobern.

Er selbst zeigte dabei seine ganze Kühnheit. An einem Nebenfluß des Indus erwartete ihn der indische König Porus mit einem gewaltigen Heer von Kriegselefanten und Fußvolk. Er stand jenseits des Flusses, und Alexander mußte angesichts des feindlichen Heeres mit seinen Soldaten über den Fluß set-

Der gefesselte Inderkönig Porus vor Alexander dem Großen.

zen. Daß ihm dies gelang, gehört zu seinen größten Taten. Noch merkwürdiger aber ist, daß er dieses Heer in der brütenden, feuchten Hitze von Indien wirklich geschlagen hat. Man führte Porus gefesselt vor ihn. »Was willst du von mir?« hat Alexander gefragt. »Daß du mich königlich behandeln sollst.« – »Sonst nichts?« – »Nein«, war die Antwort, »damit ist schon alles gesagt.« Das machte auf Alexander einen solchen Eindruck, daß er Porus sein Königreich zurückgab.

Er selbst aber wollte noch weiter nach Osten, zu fremderen, geheimnisvolleren Völkern im Tal des Flusses Ganges. Da aber wollten seine Soldaten nicht mehr. Sie wollten nicht immer weiter und weiter bis ans Ende der Welt, sie wollten auch einmal nach Hause. Alexander bat sie, er drohte ihnen, er würde allein gehen, er trotzte drei Tage lang und verließ sein Zelt nicht. Schließlich waren die Soldaten doch stärker, er mußte umkehren.

Aber eines hat er doch bei ihnen durchgesetzt. Daß sie nicht auf demselben Weg zurückkehrten, auf dem sie gekommen waren. Zwar wäre das weitaus das Einfachste gewesen, da doch diese Gegenden schon erobert waren. Aber Alexander wollte Neues sehen, Neues erobern. So zog er am Indusfluß bis zum Meer hinunter. Einen Teil des Heeres schickte er auf Schiffen den Seeweg nach Hause. Er selbst aber zog unter neuen, entsetzlichen Beschwerden durch die trostlose, steinige Wüste. Er litt alle Entbehrungen mit, die sein Heer zu leiden hatte, und gönnte sich nicht mehr Wasser oder Ruhe als den anderen. Er kämpfte in der vordersten Reihe und entging damals wirklich nur durch ein Wunder dem Tod.

Einmal wurde eine Festung belagert. Man legte Leitern an und stieg die Mauern hinauf. Alexander als allererster. Als er oben stand, brach die Leiter unter seinen nachstürmenden Soldaten, und er stand allein auf dem Wall. Man schrie ihm zu, er solle schleunigst zurückspringen, aber er sprang von der Mauer direkt in die Stadt, stellte sich gegen die Wand und deckte sich mit dem Schild gegen die Übermacht der Feinde. Schon war er durch einen Pfeilschuß verwundet, als endlich die anderen über die Mauer nachkamen, um ihn zu retten. Es muß sehr aufregend gewesen sein.

Endlich kamen sie doch wieder zur persischen Hauptstadt. Die aber hatte Alexander verbrannt, als er sie erobert hatte. So hielt er dann in Babylon Hof. Er konnte es sich ja aussuchen. Er, der jetzt für die Ägypter der Sohn der Sonne war und für die

Perser der König der Könige, der in Indien seine Truppen hatte und in Athen, wollte nun auch so auftreten, wie man es von einem richtigen Herrscher der Welt erwartet.

Vielleicht tat er das nicht aus Stolz, sondern weil er als Schüler des Aristoteles die Menschen sehr gut kannte und wußte, daß Macht nur in Verbindung mit Pracht und Würde den richtigen Eindruck macht. So führte er die ganzen feierlichen Zeremonien ein, die seit Jahrtausenden an den Höfen der Herrscher von Babylon und von Persien üblich waren. Man mußte vor ihm auf die Knie fallen und mit ihm sprechen, als wäre er wirklich ein Gott. Er heiratete auch, wie die orientalischen Könige, mehrere Frauen, darunter die Tochter des Perserkönigs Dareios, um dessen richtiger Nachfolger zu werden. Denn er wollte ja nicht ein fremder Eroberer bleiben, er wollte die Weisheit und die Reichtümer des Ostens mit der Klarheit und Beweglichkeit seiner Griechen verschmelzen zu etwas ganz Neuem und Wunderbarem.

Das gefiel aber den Griechen nicht. Erstens wollten sie, die Eroberer, auch die einzigen Herren bleiben. Zweitens wollten sie als freie, freiheitsgewohnte Menschen sich vor niemandem zur Erde werfen. Sie nannten das »anhündeln«. So wurden seine griechischen Freunde und Soldaten immer aufsässiger, und er mußte sie nach Hause schicken. Sein großes Werk der Verschmelzung beider Völker wollte nicht gelingen, obwohl er 10 000 makedonischen und griechischen Soldaten, die Perserinnen heirateten, eine reiche Mitgift schenkte und für sie ein großes Fest gab.

Er hatte große Pläne. Solche Städte wie Alexandria in Ägypten wollte er noch viele gründen. Er wollte Straßen bauen lassen und gegen den Willen der Griechen durch seine Kriegszüge die Welt für die Dauer umwandeln. Denn denk dir, wenn damals schon ständige Post von Indien bis Athen gegangen wäre! Aber mitten in solchen Plänen starb er, im Sommerpalast des Nebukadnezar. In einem Alter, in dem die meisten Leute erst anfangen, Leute zu werden. Mit 32 Jahren, im Jahre 323 vor Christi Geburt.

Auf die Frage, wer denn sein Nachfolger werden solle, hat er im Fieber geantwortet: »der Würdigste«. Den gab es aber nicht. Alle die Feldherren und Fürsten seiner Umgebung waren ehrgeizige, verschwenderische, gewissenlose Leute. Sie stritten um das Weltreich, bis es zerfiel. So herrschte dann eine Feldherrnfamilie in Ägypten, es waren die Ptolemäer, eine in Mesopotamien, die Seleuziden, und eine in Kleinasien, die Ataliden. Indien ging ganz verloren.

Aber wenn auch das Weltreich in Scherben gegangen ist, Alexanders Plan hat sich doch langsam erfüllt. Griechische Kunst und griechischer Geist sind nach Persien gedrungen und weiter bis nach Indien und sogar bis nach China. Und die Griechen haben gelernt, daß Athen und Sparta noch nicht die Welt sind. Daß es für sie wichtigere Aufgaben gab als den ewigen Streit zwischen Doriern und Joniern. Und gerade seit sie ihr bißchen politische Macht ganz verloren hatten, wurden die Griechen Träger der größten geistigen Macht, die es gegeben hat, der Macht, die man griechische Bildung nennt. Weißt du, was die Festungen dieser Macht waren? Die Bibliotheken. In Alexandria zum Beispiel gab es so eine griechische Bibliothek, die bald 700 000 Bücherrollen besaß. Diese 700 000 Bücherrollen waren die griechischen Soldaten, die nun die Welt eroberten. Und dieses Weltreich steht noch heute.

13 Von neuen Kämpfern und Kämpfen

Alexander ist nur nach Osten gezogen. – »Nur« ist da allerdings nicht ganz das richtige Wort! Aber was westlich von Griechenland lag, das hat ihn nicht gelockt. Das waren ein paar phönizische und griechische Kolonien und einige dicht bewaldete Halbinseln mit harten, armen, kriegerischen Bauernvölkern. Die eine dieser Halbinseln war Italien und eines der Bauernvölker die Römer. Zur Zeit Alexanders des Großen war das Römische Reich noch ein kleiner Landfleck in der Mitte Italiens. Rom war eine kleine, winkelige Stadt mit festen Mauern, Roms Bewohner aber ein stolzes Volk. Sie erzählten viel und gern von ihrer großen Geschichte und glaubten an ihre große Zukunft. Ihre Geschichte ließen sie womöglich bei den alten Trojanern anfangen. Ein geflohener Trojaner, Aeneas, so erzählten sie gerne, ist nach Italien gekommen. Seine Nachkommen waren das Zwillingspaar Romulus und Remus, das den Kriegsgott Mars zum Vater hatte und das von einer richtigen wilden Wölfin im Wald gesäugt und aufgezogen wurde. Romulus, so geht die Sage dann weiter, hat Rom gegründet. Man nennt sogar das Jahr: 753 vor Christus. Von diesem Jahr an zählten die Römer später, so wie die Griechen nach Olympiaden. Sie sagten: im so-und-sovielten Jahr nach der Gründung der Stadt; danach entsprach zum Beispiel das römische Jahr 100 nach unserer Zeitrechnung dem Jahr 653 vor Christus.

Aus der Vorzeit ihrer kleinen Stadt wußten die Römer noch viele schöne Geschichten von gütigen und von bösen Königen, die dort geherrscht hatten, und von Kämpfen mit den Nachbarstädten, fast hätte ich Nachbardörfern gesagt. Der siebente und letzte König, Tarquinius der Stolze, soll von einem Adeligen, Brutus, ermordet worden sein. Hierauf herrschten die Adeligen, die Patrizier hießen, was ungefähr Stadtväter bedeutet. Du darfst dir aber für diese Zeit keine richtigen Städter vorstellen, sondern eher Großbauern, die weite Weideländer und Äcker besaßen. Nur diese hatten das Recht, die Beamten der Stadt zu wählen, seitdem es keine Könige mehr gab.

Die Oberbeamten in Rom hießen Konsuln. Es gab immer zwei gleichzeitig, und sie übten ihr Amt nur ein Jahr lang aus. Dann mußten sie abdanken. Außer den Patriziern gab es natürlich noch andere Einwohner. Die hatten aber keine berühmten Vorfahren, besaßen weniger Äcker und waren darum nicht vornehm. Man nannte sie Plebejer. Sie bildeten fast eine eigene Kaste, so ähnlich wie im indischen Staat. Ein Plebejer durfte keine Patrizierin heiraten. Noch weniger natürlich konnte er Konsul werden. Ja, er durfte nicht einmal in der Volksversammlung am Marsfeld draußen vor der Stadt seine Stimme abgeben. Da die Plebejer aber viele waren und ebenso harte, eiserne Willensmenschen wie die Patrizier, haben sie sich das alles nicht so leicht gefallen lassen wie die sanften Inder. Sie haben mehrmals gedroht auszuwandern, wenn man sie nicht besser behandeln und ihnen nicht auch einen Anteil an den eroberten Äckern und Weiden geben würde, die die Patrizier bisher für sich behalten hatten. In einem jahrhundertelangen, unerbittlichen Kampf haben es die Plebejer schließlich durchgesetzt, daß sie im römischen Staat genau dieselben Rechte hatten wie die Patrizier. Einer der zwei Konsuln mußte Patrizier sein und einer Plebejer. So war es gerecht. Das Ende dieses langen und verwickelten Kampfes fiel ungefähr in die Zeit Alexanders des Großen.

Aus diesem Kampf kannst du schon ungefähr sehen, was die Römer für Menschen waren. Sie waren nicht so schnell im Denken und Erfinden wie die Athener. Sie hatten auch keine solche Freude an schönen Dingen, an Bauten, Statuen und Liedern; auch das Nachdenken über die Welt und das Leben war ihnen nicht so wichtig. Aber wenn sie sich etwas vorgenommen hatten, dann setzten sie es durch. Und wenn es auch 200 Jahre dauerte. Es waren eben richtige, altansässige Bauern und nicht bewegliche Seefahrer wie die Athener. Ihr Besitz, ihre Herden und ihre Länder – darum kümmerten sie sich. In der Welt kamen sie nicht so viel herum, sie gründeten auch keine Kolonien. Sie liebten ihre heimatliche Erde und ihre Stadt. *Die* wollten sie mächtig machen, für *die* taten sie alles. Kämpfen und sterben. Außer ihrer Heimaterde war ihnen nur noch *eines* wichtig: ihr Recht. Nicht das Recht der Gerechtigkeit, vor dem alle Menschen gleich sind, sondern das Recht, das Gesetz ist. Das aufgeschrieben ist. Ihre Gesetze waren auf zwölf erzenen Tafeln auf dem Marktplatz aufgeschrieben. Was dort in knappen und ernsten Worten gestanden hat, das hat auch gegolten. Ohne Ausnahme. Auch ohne Mitleid oder Gnade. Denn es waren ja die Gesetze ihrer alten Heimat. Und schon darum waren es richtige Gesetze.

Es gibt viele schöne, alte Geschichten, die von dieser Heimatliebe der Römer erzählen und von ihrer Gesetzestreue. Geschichten von Vätern, die als Richter ihre eigenen Söhne zum Tode verurteilt haben, ohne mit der Wimper zu zucken, weil das Gesetz es so befahl, Geschichten von Helden, die sich in Schlachten oder in Gefangenschaft, ohne zu zögern, für ihre Landsleute aufgeopfert haben. Diese Geschichten müssen nicht alle wörtlich wahr sein, aber sie beweisen, worauf es den Römern bei Beurteilung eines Menschen vor allem ankam: auf die Härte und Strenge gegen sich und gegen andere, wenn es um das Recht oder um das Vaterland ging. Kein Unglück konnte diese Römer einschüchtern. Nicht einmal als ihre Stadt von einer Völkerschar aus dem Norden, von den Galliern, im Jahre 390 vor Christus eingenommen und niedergebrannt wurde, gaben sie auf. Sie bauten sie wieder auf, befestigten sie neu und zwangen die kleinen Nachbarstädte nach und nach zum Gehorsam.

In der Zeit nach Alexander dem Großen also hatten sie an den Kleinkriegen gegen Kleinstädte nicht mehr genug. Sie begannen ernsthaft die ganze Halbinsel zu erobern. Aber nicht in einem einzigen großen Siegeszug wie Alexander. Sondern schön langsam. Stück für Stück, Stadt für Stadt, Land für Land. Mit der ganzen Zähigkeit und Unbeirrbarkeit, die ihre Haupteigenschaft war. Gewöhnlich hat es sich so abgespielt: Da Rom eine mächtige Stadt geworden war, haben andere italienische Städte sich mit ihr verbündet. Die Römer haben solche Bündnisse gern angenommen. Wenn aber die Bundesgenossen einmal anderer Meinung waren als sie und ihnen nicht folgten, kam es zu einem Krieg. Die römischen Kompanien, die man Legionen nannte, haben meistens gesiegt. Einmal hat eine Stadt in Unteritalien einen griechischen Fürsten und Heerführer, Pyrrhus, gegen die Römer zu Hilfe gerufen. Der ist mit Kriegselefanten angerückt, wie es die Griechen von den Indern gelernt hatten. Mit denen hat er die römischen Legionen auch besiegt. Aber von seinen Leuten waren so viele gefallen, daß er gesagt haben soll: »Einen zweiten solchen Sieg halte ich nicht mehr aus.« Darum spricht man heute noch von einem Pyrrhus-Sieg, wenn ein Sieg zu viele Opfer fordert.

Pyrrhus ist auch wirklich bald aus Italien abgezogen, und damit waren die Römer Herren über ganz Unteritalien. Das war ihnen aber noch nicht genug. Sie wollten sich auch die Insel Sizilien unterwerfen, die besonders fruchtbar war. Dort wuchs herrliches Getreide, und dort gab es reiche griechische Kolonien. Aber Sizilien gehörte damals nicht mehr den Griechen, sondern den Phöniziern.

Du erinnerst dich, daß die Phönizier noch vor den Griechen überall Handelsniederlassungen und Städte gegründet hatten, vor allem in Spanien und Nordafrika. Eine solche nordafrikanische, phönizische Stadt war Karthago, das gerade gegenüber von Sizilien lag. Sie war die reichste und mächtigste Stadt in weitem Umkreis. Ihre Einwohner waren Phönizier, man nannte sie in Rom Punier. Ihre Schiffe fuhren weit übers Meer und brachten Waren aus allen Ländern nach allen Ländern. Und da sie so nah bei Sizilien wohnten, holten sie sich von dort das Getreide.

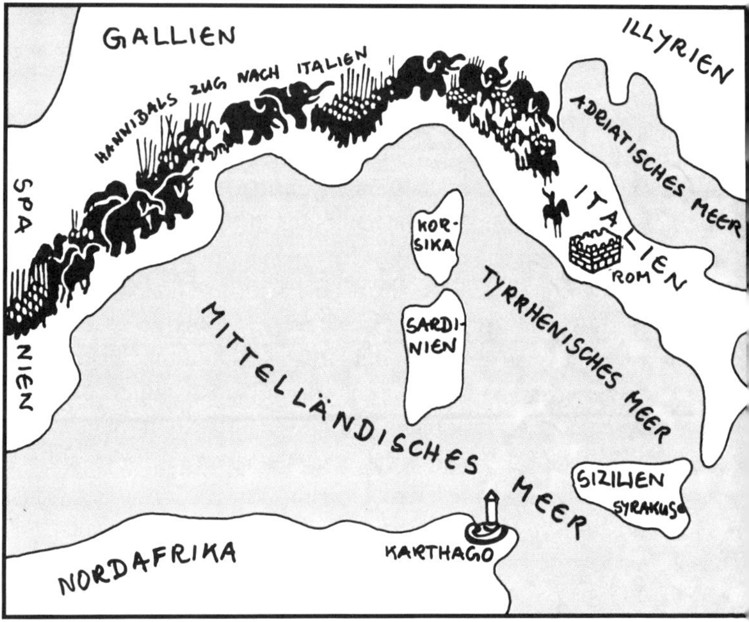

Zwischen Karthago und Rom entbrannte der Kampf um den Besitz Siziliens, der Hannibal antrieb, die Alpen zu überqueren.

So waren die Karthager die ersten großen Gegner der Römer. Und sehr gefährliche Gegner. Meist kämpften sie zwar nicht selbst, wie die Römer, aber sie hatten genug Geld, um fremde Soldaten für sich kämpfen zu lassen. In dem Krieg, der nun in Sizilien ausbrach, haben sie anfangs gesiegt, besonders da die Römer ja keine Schiffe hatten und auch gar nicht gewohnt waren, das Meer zu befahren und dort zu kämpfen. Sie verstanden sich auch gar nicht auf den Schiffbau. Einmal aber ist ein karthagisches Schiff in Italien gestrandet. Das verwendeten sie als Muster und bauten eiligst in zwei Monaten viele solche Schiffe. All ihr Geld gaben sie für Schiffe aus, und mit der jungen Flotte besiegten sie die Karthager, die nun Sizilien den Römern lassen mußten. Das war im Jahre 241 vor Christi Geburt.

Aber das war erst der Anfang des Kampfes der beiden Städte. Die Karthager dachten: Wenn man uns Sizilien wegnimmt, werden wir eben Spanien erobern. Da saßen keine Römer, sondern nur wilde Völkerstämme. Aber auch das wollten die Römer nicht erlauben. Nun hatten die Karthager in Spanien einen Heerführer, Hanno, dessen Sohn Hannibal ein ganz großartiger Mann war. Unter Soldaten war er aufgewachsen und kannte den Krieg wie kein anderer. Hunger und Kälte, Hitze und Durst, tage- und nächtelanges Marschieren, all das war er gewohnt. Er war tapfer, er konnte befehlen, er war schlau, wenn er einen Feind überlisten, unerhört zäh, wenn er ihn kleinkriegen wollte. Er war kein gewöhnlicher Draufgänger, sondern ein Mensch, der im Krieg alles wie ein guter Schachspieler überlegte.

Obendrein war er ein guter Karthager. Er haßte die Römer, die seiner Vaterstadt befehlen wollten. Und jetzt, als sich die Römer auch in Spanien einmischten, wurde es ihm zu bunt. So zog er mit einem großen Heer aus Spanien fort und nahm wieder Kriegselefanten mit. Das war eine schreckliche Waffe. Durch ganz Frankreich zog er und mußte mit allen seinen Elefanten über Flüsse und Berge und endlich über die Alpen, um nach Italien zu kommen. Wahrscheinlich zog er über den Paß, der heute Mont Cenis heißt. Ich bin selbst einmal hinübergegangen. Heute verläuft dort eine breite, vielgewundene Straße. Wie man aber damals durch das wilde, weglose Gebirge hinübergefunden hat, ist ganz unbegreiflich. Es gibt dort schroffe Täler, steile Felsabstürze und rutschige Grashänge. Ich möchte dort nicht mit einem Elefanten gehen, geschweige denn mit 40. Dabei war es schon September, und auf den Höhen lag schon Schnee. Aber Hannibal bahnte sich und seinem Heer den Weg, und nun stand er unten in Italien. Die Römer stellten sich ihm. Er schlug ihr Heer in einer blutigen Schlacht. Ein zweites römisches Heer überfiel sein Lager in der Nacht, aber Hannibal rettete sich durch eine List. Er band einer Herde Ochsen bren-

Hannibals List, als ihn die Römer umzingelt hatten.

nende Fackeln an die Hörner und jagte sie den Berg hinunter, auf dem sein Lager stand. In der Finsternis glaubten die Römer, daß dort Hannibals Soldaten mit Fackeln zögen und sind ihnen nach. Als sie sie eingeholt hatten, merkten sie, daß es Ochsen waren. Da werden sie geschaut haben!

Die Römer hatten einen sehr gescheiten Feldherrn namens Quintus Fabius Maximus, der wollte Hannibal nicht angreifen. Er meinte, Hannibal würde im fremden Land bestimmt allmählich ungeduldig werden und eine Dummheit machen. Aber den Römern war das Abwarten nicht recht. Sie verspotteten Quintus Fabius Maximus, nannten ihn Cunctator, das heißt: Zögerer, und griffen Hannibal doch an. Bei einem Ort, der Cannä heißt. Und wurden fürchterlich geschlagen. 40 000 Tote gab es bei den Römern. Diese Schlacht im Jahre 217 vor Christus war ihre entsetzlichste Niederlage. Trotzdem ist Hannibal damals nicht nach Rom gezogen. Er war vorsichtig. Er wollte warten, daß man ihm von zu Hause noch Truppen schickte, und das war sein Unglück. Denn die Karthager schickten keine neuen Truppen. Und seine eigenen verwilderten langsam beim Plündern und Rauben in den italienischen Städten. Die Römer griffen ihn nicht mehr direkt an, da sie sich fürchteten. Aber sie ließen alle Leute zum Kriegsdienst einrücken. Alle. Auch die ganz jungen Burschen, sogar die Sklaven. Jeder Mann in Italien wurde Soldat, und es waren nicht nur gemietete Soldaten, wie die Hannibals. Sondern Römer. Du weißt, was das bedeutet. Sie kämpften gegen die Karthager in Sizilien und Spanien, und dort, wo nicht Hannibal ihr Gegner war, siegten sie auch immer.

Schließlich mußte Hannibal nach 14 Jahren doch aus Italien zurück nach Afrika, weil seine Landsleute ihn dort brauchten. Die Römer waren nämlich unter ihrem Feldherrn Scipio vor Karthago gezogen. Und hier verlor Hannibal die Schlacht. Im Jahre 202 vor Christi Geburt siegten die Römer über Karthago. Die Karthager mußten ihre ganze Flotte verbrennen und außerdem eine gewaltige Kriegsentschädigung zahlen. Hannibal mußte fliehen und hat sich später selbst vergiftet, um nicht in die Gefangenschaft der Römer zu geraten.

Rom war durch diesen Sieg so mächtig geworden, daß es auch Griechenland, das noch unter makedonischer Herrschaft stand, aber, wie gewöhnlich, uneinig und zerrissen war, eroberte. Aus der Stadt Korinth führten die Römer die schönsten Kunstwerke weg nach Hause und brannten die Stadt nieder.

Auch nach Norden breitete sich Rom weiter aus, in das Land der Gallier, die 200 Jahre früher Rom zerstört hatten. Die Römer eroberten die Gegend, die heute Oberitalien heißt. Manchen war aber das alles noch nicht genug. Sie konnten es nicht vertragen, daß Karthago überhaupt noch bestand. Besonders von einem Patrizier, Cato, einem berühmt verbissenen, aber gerechten, würdigen Mann, erzählt man, daß er bei jeder Beratung im römischen Staatsrat (im Senat), zu jeder passenden und unpassenden Gelegenheit gesagt haben soll: »Übrigens stelle ich den Antrag, Karthago zu zerstören.« Schließlich taten die Römer das auch. Unter einem Vorwand griffen sie an. Die Karthager wehrten sich verzweifelt. Auch als die Römer die Stadt eingenommen hatten, mußten sie in den Straßen noch sechs Tage lang um jedes einzelne Haus kämpfen. Dann aber waren fast alle Punier umgebracht oder gefangen. Man riß die

Häuser nieder und ebnete den Platz ein, wo einst Karthago gestanden hatte, und fuhr mit dem Pflug darüber. Das geschah im Jahre 146 vor Christi Geburt. Es war das Ende von Hannibals Stadt. Rom war die mächtigste Stadt der damaligen Welt geworden.

14 Ein Feind der Geschichte

Wenn dich die Geschichte bisher gelangweilt hat, dann wirst du jetzt deine Freude haben.

In China gab es nämlich zu der Zeit, als Hannibal in Italien war (also nach 220 vor Christi Geburt), einen Kaiser, der alle Geschichte nicht leiden konnte, so daß er im Jahre 213 vor Christi Geburt befahl, sämtliche Geschichtsbücher und alle alten Urkunden und Nachrichten zu verbrennen; auch alle Liederbücher, alle Schriften von Konfuzius und Laotse, überhaupt all das unpraktische Zeug. Nur Bücher über Ackerbau und sonstige nützliche Dinge wollte er erlauben. Wer ein anderes Buch besaß, sollte umgebracht werden.

Dieser Kaiser hieß Qin Shi Huangdi und war einer der größten Kriegshelden, die es je gegeben hat. Er war nicht als kaiserlicher Prinz auf die Welt gekommen, sondern als Sohn eines der Fürsten, von denen ich erzählt habe. Die Provinz, über die er herrschte, hieß *Tsin* (Qin), und so nannte sich auch seine Familie. Nach ihm heißt wahrscheinlich noch heute das ganze Land »China«, obwohl du vielleicht finden wirst, daß »Tsin« und »China« nicht allzu ähnlich klingen. Aber früher hat man auch auf deutsch statt Chinesen »Sinesen« gesagt, und das klingt schon eher wie »Tsinesen«, nicht wahr?

Man hat wirklich Grund genug, China nach dem Fürsten von Tsin zu nennen, denn er machte sich nicht nur in seinen Eroberungszügen zum Herrn über ganz China, sondern er hat auch

Bogenschützen bewachten Chinas Grenze, die mächtige Mauer, die über Berg und Tal sich hinzieht.

alles dort neu geordnet. Er hat die anderen Fürsten hinausgeworfen und das ganze riesige Reich neu eingeteilt. Gerade darum wollte er die Erinnerung an die frühere Zeit ganz und gar wegwischen, damit er wirklich von vorn anfangen könne. Denn China sollte ganz *sein* Werk sein. Er baute Straßen durch das Land und begann eine großartige Sache: die chinesische Mauer. Das ist heute ein mächtiger, mehr als 2000 km langer, hoher Grenzwall mit Zinnen und Türmen, der durch Ebenen und Täler und über steile Berge und Höhen in gleichmäßigem Zug sich hinzieht. Kaiser Qin Shi Huangdi hat ihn beginnen lassen, um China und seine vielen fleißigen, friedlichen Bürger und Bauern vor den wilden Völkern der Steppe zu schützen, vor den kriegerischen Reiterscharen, wie sie in den ungeheuren Ebenen im Innern Asiens herumschweiften. Diese Horden, die immer wieder in China einfielen, um zu plündern, zu rauben und zu morden, sollte der ungeheure Wall von dem Reich fernhalten. Und dazu war er auch wirklich geeignet. Er hat jahrtausendelang gestanden, wenn er auch natürlich öfters ausgebessert werden mußte, und steht heute noch.

Kaiser Qin Shi Huangdi selbst hat nicht lange regiert. Bald nach ihm kam eine andere Familie auf den Thron der Söhne des Himmels. Es war die Familie der Han. Das Gute, das Kaiser Qin Shi Huangdi gebracht hatte, haben sie gerne beibehalten. Auch unter ihnen ist China ein fester, einheitlicher Staat geblieben. Aber sie waren keine Feinde der Geschichte mehr. Im Gegenteil. Sie haben sich erinnert, was China den Lehren des Konfuzius verdankte. Man forschte nun überall nach den alten Schriften, und es zeigte sich, daß doch viele Menschen den Mut gehabt hatten, sie nicht zu verbrennen. Jetzt sammelte und schätzte man sie doppelt. Und nur wer alle die Schriften gut kannte, durfte Beamter in China werden.

China ist eigentlich das einzige Land der Welt, in dem durch viele Jahrhunderte nicht der Adel und nicht die Soldaten und auch nicht die Priester regiert haben, sondern die Gelehrten. Ob einer von vornehmer oder geringer Abkunft war, war nicht wichtig. Wer die Prüfungen gut bestanden hatte, wurde Beamter. Wer die schwersten Prüfungen am besten bestanden hatte, bekam das höchste Amt. Aber diese Prüfungen waren nicht einfach. Man mußte viele tausend Schriftzeichen schreiben können. Du weißt, daß das in China nicht ganz leicht ist. Man mußte aber auch möglichst viele alte Bücher auswendig können und die Lehren und Regeln des Konfuzius und der andern alten Weisen immer richtig hersagen können.

So hat das Bücherverbrennen des Qin Shi Huangdi nichts genützt, und wenn du dich schon darüber gefreut hast, war es umsonst. Es nützt wahrscheinlich nichts, wenn man die Geschichte so mir nichts dir nichts verbietet. Gerade wer etwas Neues machen will, muß das Alte gründlich kennen.

15 Die Herrscher der westlichen Welt

Den Römern ist nie etwas Ähnliches eingefallen wie Alexander dem Großen. Sie wollten nicht aus den eroberten Ländern ein einziges großes Reich machen, in dem alle Menschen dasselbe Recht haben sollten. Nein, alle Länder, die die römischen Legionen eroberten – und immer schneller wuchs das Reich –, alle diese Länder wurde römische Provinzen. Das heißt, in ihren Städten gab es jetzt römische Truppen und römische Beamte. Die kamen sich sehr erhaben vor über die Eingeborenen, auch wenn diese Eingeborenen Phönizier oder Juden oder Griechen waren, also Völker von sehr alter Kultur. In den Augen der Römer waren sie nur zum Zahlen auf der Welt. Sie mußten riesig viel Steuern zahlen und möglichst oft Getreide nach Rom schicken.

Wenn sie das taten, ließ man sie einigermaßen in Ruhe. Sie durften ihre Religion behalten und ihre eigene Sprache sprechen. Ja, die Römer brachten ihnen auch allerhand Schönes. Vor allem bauten sie Straßen. Viele wunderbare gepflasterte Straßen von Rom aus durch die Ebene und über die fernsten Gebirgspässe. Die Römer taten das nicht gerade den Einwohnern der fernen Gegend zuliebe, sondern damit sie recht schnell Nachrichten und Truppen in alle Teile des Reiches senden konnten. Auch sonst verstanden sie sich auf praktische Bauten.

Besonders Wasserleitungen haben sie herrlich angelegt; weit aus dem Gebirge ins Tal hinunter, in die Städte hinein, wo es dann viele klare Brunnen gab und Badeanlagen, damit die römischen Beamten auch in der Fremde das hatten, was sie zu Hause gewohnt waren.

Ein Bürger Roms blieb aber immer etwas ganz anderes als ein Eingeborener. Er lebte nach Römischem Recht. Wo immer er war in dem großen Römischen Reich, konnte er sich an römische Beamte wenden. »Ich bin ein römischer Bürger!« – das war damals eine Art Zauberformel. War man vorher über die Achsel angesehen worden, so wurden gleich alle Leute höflich und zuvorkommend, wenn man das sagen konnte.

Die wirklichen Herren der Welt aber waren damals eigentlich die römischen Soldaten. Sie hielten ja dieses gewaltige Reich zusammen, sie unterdrückten die widerspenstigen Eingeborenen und bestraften furchtbar alle, die sich widersetzten. Tapfer, kampfgewohnt und ehrgeizig wie sie waren, eroberten sie jedes Jahrzehnt ein neues Land im Norden, Süden oder Osten. Wenn ihre Mannschaften im Gleichschritt einhermarschiert kamen, mit ihren metallbelegten Lederpanzern, Schilden und Wurfspeeren, mit ihren Schleudern und Schwertern, mit ihren Pfeilschieß- und Steinwurfmaschinen, gedrillt und geübt, dann war es für die anderen aussichtslos, sich zu wehren. Kampf war ihr Lieblingshandwerk. Und wenn sie wieder einmal gesiegt hatten, zogen sie in Rom ein, mit ihren Feldherren an der Spitze, mit allen Gefangenen und aller Beute. So zogen sie unter festlicher Trompetenmusik, bejubelt vom Volk, durch Ehrenpforten und Triumphbögen. Sie trugen Bilder und Tafeln, auf denen ihre Siege wie auf Plakaten zu sehen waren. Der Feldherr stand im sternenbestickten Purpurkleid auf seinem Wagen, den Lorbeerkranz auf dem Haupt, in dem heiligen Gewand, das das Tempelbild des Göttervaters Jupiter trug. So fuhr er als ein zweiter Jupiter die steile Straße nach dem Tempel auf der römischen Burg, dem Kapitol, hinan. Und während er oben feierlich

Der siegreiche Feldherr lenkte sein Viergespann im Triumphzug zum Tempel Jupiters auf dem Kapitol in Rom.

dem Gott ein Dankopfer darbrachte, wurden unten die Führer der besiegten Feinde umgebracht.

Wer oft als Feldherr über Feinde so triumphiert hatte, wer seinen Truppen viel Beute verschaffte und ihnen Landgüter gab, sobald sie alt und ausgedient waren, an dem hingen die Soldaten wie an ihrem eigenen Vater. Sie waren bereit, alles für ihn zu tun. Nicht nur im Feindesland, sondern auch in der Heimat.

Denn wer ein so herrlicher Kriegsheld war, so dachten sie, würde es sicher auch verstehen, zu Hause Ordnung zu machen. Und das war oft notwendig, denn in Rom ging es gar nicht immer gut. Es war eine riesige Stadt geworden, mit vielen armen Leuten, die nichts zum Leben hatten. Wenn einmal die Provinzen kein Getreide schickten, brach Hungersnot in Rom aus.

Ein Brüderpaar hatte einmal, um das Jahr 130 vor Christi Geburt (also 16 Jahre nach der Zerstörung Karthagos), versucht, sich dieser armen, ausgehungerten Menschenmassen anzunehmen und sie drüben in Afrika als Bauern anzusiedeln. Dieses Brüderpaar waren die beiden Gracchen. Aber im Laufe der politischen Kämpfe wurden beide erschlagen.

Ebenso wie die Soldaten waren diese Menschenmassen immer dafür zu haben, für jeden beliebigen Mann alles zu tun, wenn er ihnen nur Getreide gab und schöne Festspiele. Denn Festspiele hatten die Römer sehr gerne. Freilich keine solchen wie die Griechen, bei denen die vornehmen Bürger selbst zu Ehren des Göttervaters Sport trieben und Lieder sangen. Das wäre den Römern lächerlich vorgekommen. Welcher ernstzunehmende, würdige Mann würde Lieder singen oder sein feierliches, faltenreiches Gewand, die Toga, ablegen und in Gegenwart von anderen Leuten Speere werfen? Solche Sachen ließ man die Gefangenen besorgen. Die mußten nun im Theater vor den Augen von tausenden und zehntausenden Menschen ringen und fechten, gegen wilde Tiere kämpfen und ganze Schlachten aufführen. Dabei ging es furchtbar ernst und blutig zu. Das war ja eben das Aufregende für die Römer, man ließ nicht nur geschulte Sportsleute kämpfen, sondern man warf auch Menschen, die zum Tode verurteilt waren, im Theater wilden Tieren, Löwen und Bären, auch Tigern und Elefanten vor.

Wer nun dem Volk recht viele solche prunkvolle Kampfspiele vorführen konnte und viel Getreide austeilen ließ, der war beliebt in der Stadt und konnte sich alles erlauben. Nun

Fechtersklaven kämpften im römischen Kolosseum gegen wilde Tiere. Sonnenglut und das Toben der Menge erfüllten den Riesenraum.

kannst du dir denken, daß das viele Leute versucht haben. Manchmal hatte einer das Heer auf seiner Seite und die vornehmen Römer, der andere die Massen des Stadtvolkes und die verarmten Bauern. Dann kämpften die beiden lange um die Macht, und bald war der eine, bald der andere obenauf. Zwei solche Feinde waren Marius und Sulla. Marius hatte in Afrika gekämpft und später mit seinem Heer das Römische Reich von einer furchtbaren Gefahr befreit. Vom Norden waren im Jahre 113 vor Christus wieder einmal (wie seinerzeit die Dorier in Griechenland oder, 700 Jahre später, die Gallier in Rom) wilde kriegerische Völker in Italien eingefallen. Sie hießen Cimbern und Teutonen und waren verwandt mit den jetzigen Deutschen. Sie kämpften so tapfer, daß sie sogar die römischen Legionen in die Flucht trieben. Erst Marius mit seinem Heer hat sie aufgehalten und ganz besiegt.

So war er der gefeiertste Mann in Rom. Aber Sulla hatte inzwischen in Afrika weitergekämpft und war ebenfalls Triumphator geworden. Nun kam es zum Kampf zwischen beiden. Marius ließ alle Freunde des Sulla umbringen. Sulla wieder legte lange Listen an von allen Römern, die zu Marius hielten, und ließ sie ermorden. Ihre Güter schenkte er großmütig dem Staat. Dann herrschte er mit seinen Soldaten über das Römische Reich bis zum Jahre 79 vor Christus.

In diesen furchtbaren Wirren hatten sich die Römer sehr geändert. Sie waren keine Bauern mehr. Einige reiche Leute hatten die kleineren Bauerngüter aufgekauft und ließen jetzt auf ihrem riesigen Landbesitz Sklaven arbeiten. Überhaupt gewöhnten sich die Römer an, alles von Sklaven besorgen zu lassen. Nicht nur die Arbeiter in den Bergwerken und Steinbrüchen, sondern sogar die Hauslehrer der vornehmen Kinder waren meist Sklaven, Kriegsgefangene oder Nachkommen von Kriegsgefangenen. Man handelte mit ihnen wie mit Ware. Kaufte und verkaufte sie wie Ochsen oder Schafe. Wer einen Sklaven gekauft hatte, war dessen Herr. Er konnte mit ihm machen, was er wollte, auch ihn umbringen. Die Sklaven hatten keinerlei Rechte. Manche Herren verkauften sie für die Fechterspiele in den Theatern, wo sie mit wilden Tieren kämpfen mußten. Solche Sklaven hießen Gladiatoren. Einmal haben sich die Gladiatoren gegen diese Behandlung gewehrt. Ein Sklave namens Spartakus rief sie zum Kampf auf, und viele Sklaven von den Landgütern schlossen sich ihm an. Sie kämpften mit furchtbarer Verzweiflung, und nur schwer gelang es den Römern, die Sklavenheere zu besiegen. Sie rächten sich natürlich fürchterlich. Das war im Jahre 71 vor Christus.

In dieser Zeit wurden neue Feldherren beim römischen Volke beliebt. Vor allem einer: Cajus Julius Cäsar. Der verstand es wie die anderen, sich Unsummen Geldes auszuleihen, um dem Volk damit herrliche Feste zu geben und ihm Getreide zu schenken. Aber er verstand noch mehr. Er war wirklich ein großer Feldherr. Einer der größten, die je gelebt haben. Einmal zog er in einen Krieg. Nach wenigen Tagen schon kam in Rom ein Brief von ihm an, da stand nichts drin als drei lateinische Worte: *veni, vidi, vici.* Das heißt auf deutsch: Ich kam, ich sah, ich siegte. So schnell ging das bei ihm.

Er eroberte Frankreich, das damals Gallien hieß, für das Römische Reich und machte es zur Provinz. Das war keine Kleinigkeit, denn dort lebten ungewöhnlich tapfere, kriegerische Völkerschaften, die sich nicht leicht einschüchtern ließen. Sieben Jahre hat Cäsar dort gekämpft. Zwischen den Jahren 58 und 51 vor Christi Geburt. Gegen Schweizer, die damals Helvetier hießen, gegen Gallier und Germanen. Zweimal ist er über den Rhein hinüber nach Deutschland gezogen und zweimal über das Meer nach England, das die Römer Britannien nannten. Dies tat er, um den Nachbarvölkern gehörige Ehrfurcht vor den Römer beizubringen. Obwohl die Gallier sich jahrelang verzweifelt wehrten, besiegte er sie immer wieder, und überall ließ er seine Truppen zurück. Seit damals war Gallien römische Provinz. Die Bevölkerung gewöhnte sich bald daran, lateinisch zu sprechen. Ebenso wie in Spanien. Darum, weil die Sprachen der Franzosen und der Spanier von der Sprache der Römer herkommen, nennt man sie auch romanische Sprachen.

Nach der Eroberung Galliens zog Cäsar mit seinem Heer nach Italien und war jetzt der mächtigste Mann der Welt. Andere Feldherren, mit denen er früher verbündet gewesen

An allen Grenzen des weiten Römischen Reiches hielten Legionäre Wacht. Zwischen Rhein und Donau war auch ein Wall errichtet.

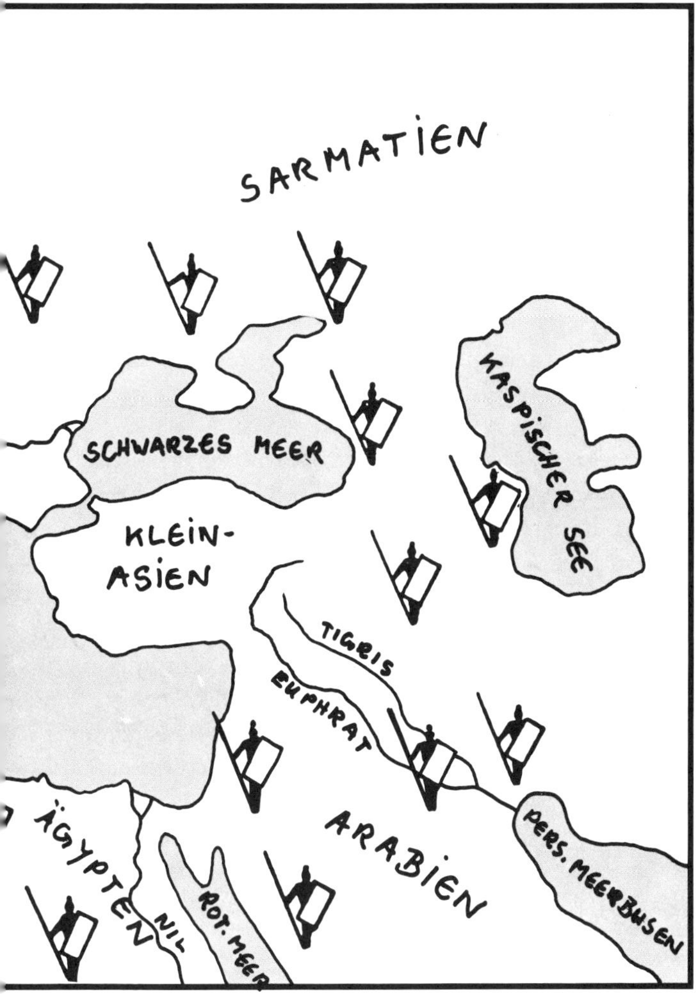
SARMATIEN
SCHWARZES MEER
KASPISCHER SEE
KLEIN-
ASIEN
TIGRIS
EUPHRAT
ARABIEN
ÄGYPTEN
NIL
ROT. MEER
PERS. MEERBUSEN

war, bekämpfte und besiegte er. Auch mit der schönen, ägyptischen Königin Cleopatra freundete er sich an und fügte so Ägypten dem römischen Weltreich ein. Dann ging er daran, Ordnung zu machen. Dazu war er wirklich fähig. Er hatte nämlich auch Ordnung in seinem Kopf. Er konnte zwei Briefe gleichzeitig diktieren, ohne daß seine Gedanken durcheinandergerieten. Stell dir das vor!

Er machte aber nicht nur im ganzen Reich gründlich Ordnung, sondern auch in der Zeit. Was heißt das? Er hat den Kalender neu eingeteilt. Fast so, wie wir ihn heute haben, mit den zwölf Monaten und den Schaltjahren. Der heißt nach ihm, nach Cajus Julius Cäsar, der julianische Kalender. Und weil er ein so großer Mann war, hat man auch einen Monat nach ihm benannt: den Monat Juli. Der heißt also nach diesem schmalen, glatzköpfigen Mann, der gerne einen goldenen Lorbeerkranz auf dem Kopf trug und der in seinem schwachen, kranken Körper einen so starken Willen und einen so klaren Verstand hatte.

Cäsar war damals der mächtigste Mann der Welt. Er hätte König des römischen Weltreiches werden können. Und er wäre es auch geworden. Aber die Römer waren eifersüchtig. Sogar sein bester Freund: Brutus. Sie wollten sich nicht von ihm beherrschen lassen. Weil sie aber fürchteten, er könne sie unterkriegen, beschlossen sie, ihn zu ermorden. Im römischen Staatsrat, im Senat, umringten sie ihn plötzlich und stachen mit Dolchen auf ihn los. Cäsar wehrte sich. Als er aber Brutus erblickte, soll er gesagt haben: »Auch du, mein Sohn Brutus?« und ließ sich von den Angreifern ohne Widerstand niederstechen. Das war im Jahre 44 vor Christi Geburt.

Nach Juli kommt August. Cäsar Octavianus Augustus war nämlich Cäsars Adoptivsohn. Nach langen Kämpfen mit verschiedenen Feldherren zur See und zu Land gelang es ihm schließlich, seit dem Jahre 31 vor Christus, das ganze Reich wirklich allein zu beherrschen. Er war der erste römische Kaiser. Weißt du, woher das Wort »Kaiser« kommt? Das wirst du ihm nicht ansehen: von »Cäsar«. Das haben die Römer nämlich nicht, wie wir, »Zesar« ausgesprochen, sondern »Ka-esar«. Daraus ist »Kaiser« geworden.

Weil nach Julius Cäsar ein Monat benannt wurde, benannte man nach Augustus auch einen. Das hatte er wirklich verdient. Er war kein so überragender Mensch wie Cäsar, aber ein sehr gerechter, besonnener Mann, der sich selbst gut beherrschen konnte und darum auch das Recht hatte, andere zu beherrschen. Man erzählt von ihm, daß er nie einen Befehl gab oder etwas beschloß, solange er zornig war. Wenn ihn der Zorn packte, sagte er still für sich erst einmal das Alphabet auf. Da verging einige Zeit, und er bekam wieder einen klaren Kopf. So war er überhaupt: ein Mann von klarem Kopf, der das weite Reich gut und gerecht verwaltete. Er war nicht nur ein Kriegsmann und sah nicht nur auf Fechterspiele. Er lebte ganz einfach und hatte viel Sinn für schöne Statuen und schöne Gedichte. Und weil die Römer nicht so gut Statuen bilden und Gedichte schreiben konnten wie seinerzeit die Griechen, so ließ er die schönsten Kunstwerke der Griechen nachmachen und in seinen Palästen und Gärten aufstellen. Auch die römischen Dichter seiner Zeit (es sind die allerberühmtesten römischen Dichter) haben sich bemüht, möglichst ähnlich zu dichten wie die Griechen. Die waren ihre Vorbilder. Das Griechische galt schon damals als das Schönste. Darum war es auch vornehm in Rom, griechisch zu sprechen und die alten griechischen Dichter zu lesen und die griechischen Kunstwerke zu sammeln. Und das ist ein Glück für uns. Denn wenn die Römer das nicht getan hätten, so wüßten wir heute vielleicht kaum mehr etwas von all diesen Dingen.

16 Die frohe Botschaft

Augustus hat von 31 *vor* bis 14 *nach* Christus regiert. Du siehst daraus, daß in seiner Zeit Jesus Christus geboren ist. In Palästina, das damals auch eine römische Provinz war. Was Jesus Christus gelebt und gelehrt hat, findest du in der Bibel. Du weißt, worauf es in seiner Lehre am allermeisten ankommt: daß es nicht wichtig ist, ob ein Mensch reich ist oder arm, vornehm oder gering, ein Herr oder ein Sklave, ob er ein großer Denker ist oder ein Kind. Daß alle Menschen Gottes Kinder sind. Und daß dieses Vaters Liebe unendlich ist. Daß vor ihm kein Mensch ohne Sünde ist, aber daß Gott sich des Sünders erbarmt. Daß es nicht auf die Gerechtigkeit ankommt, sondern auf die Gnade.

Du weißt, was Gnade ist: die große, schenkende und verzeihende Liebe Gottes. Und daß wir zu den Mitmenschen so sein sollen, wie wir hoffen, daß Gott, unser Vater, zu uns sein wird. Darum lehrte Jesus: »Liebet eure Feinde, tut denen Gutes, die euch hassen, segnet die, die euch fluchen, betet für die, die euch beschimpfen. Dem, der dich auf die Wange schlägt, reich auch die andere hin, und dem, der deinen Mantel wegnimmt, gib auch noch den Rock. Jedem, der dich bittet, gib, und von dem, der das Deinige nimmt, fordere es nicht zurück.«

Du weißt, daß Jesus nur ganz kurze Zeit durchs Land gezogen ist, predigend, lehrend, Kranke heilend und Arme tröstend. Du weißt, daß er angeklagt wurde, er wolle sich zum König der Juden machen. So wurde er unter dem römischen Beamten Pontius Pilatus als aufständischer Jude ans Kreuz geschlagen. Diese furchtbare Strafe wurde nur an Sklaven, Räubern und Angehörigen unterworfener Völker geübt. Sie galt auch als die entsetzlichste Schande. Aber Christus hatte gelehrt, daß der größte Schmerz in der Welt einen Sinn hat, daß die Bettler, die Weinenden, die Verfolgten, die Leidenden selig sind in ihrem Unglück. Und so wurde für die ersten Christen gerade der leidende, gepeinigte Gottessohn das Sinnbild seiner Lehre. Wir können uns heute kaum mehr vorstellen, was das bedeutet. Das Kreuz war etwas Ärgeres noch als der Galgen. Und dieser Schandgalgen wurde das Zeichen der neuen Lehre. Stell dir doch vor, was ein römischer Beamter oder Soldat, was ein römischer Lehrer mit griechischer Bildung, der stolz auf seine Weisheit, seine Redekunst und seine Kenntnisse der Philosophen war, sich gedacht haben muß, wenn er einen der großen Prediger, etwa den Apostel Paulus in Athen oder in Rom, von Christi Lehre predigen gehört hat. Der Apostel predigte dort so, wie wir es heute noch in seinem 1. Brief an die Korinther, im 13. Kapitel lesen.

»Ich zeige euch einen wunderbaren Weg: Wenn ich mit Menschen- und Engelszungen rede, aber ohne Liebe bin, so bin ich ein lärmendes Erz oder eine klingende Schelle. Und wenn ich auch weissagen kann und alle Geheimnisse sehe und wenn ich alles Wissen habe und wenn ich allen Glauben habe, so daß ich Berge versetzen kann, aber ohne Liebe bin, dann bin ich nichts. Und wenn ich all mein Eigentum austeile, und wenn ich meinen Körper zum Verbrennen aufopfere, aber ohne Liebe bin, dann ist es sinnlos. Die Liebe ist großmütig, gütig, die Liebe neidet nicht, prahlt nicht, bläht sich nicht auf, verletzt das Herkommen nicht, sucht keinen Vorteil für sich, läßt sich nicht aufreizen, trägt Böses nicht nach, freut sich nicht über das Unrecht, freut sich nur über Wahrheit. Sie deckt alles zu, glaubt alles, hofft alles, duldet alles. Die Liebe bleibt ewig bestehen.«

Wenn Paulus so gepredigt hat, werden die vornehmen Römer, denen es auf das Recht angekommen ist, wohl den Kopf geschüttelt haben. Aber die Armen und Gequälten fühlten zuerst, daß hier etwas ganz Neues in die Welt gekommen war: die große Verkündigung der göttlichen Gnade, die mehr ist als das Recht und die die gute Botschaft heißt. Gute Nachricht oder frohe Botschaft heißt auf griechisch *eu-angelion,* also Evangelium. Diese gute frohe Botschaft von der Gnade des göttlichen Vaters, der einzig und unsichtbar ist, wie die Juden, unter denen Christus gelebt und gepredigt hat, zuerst gelehrt hatten, diese frohe Botschaft wurde bald ins ganze Römerreich getragen.

Da wurden die römischen Beamten aufmerksam. Du weißt, daß sie sich sonst in Religionssachen nicht eingemischt haben. Aber hier war etwas Neues. Die Christen, die an den einzigen Gott glaubten, wollten nicht vor den Kaiserbildern Weihrauch streuen. Das war aber üblich geworden, seit es Kaiser gab in Rom. Die ließen sich ebenso als Götter verehren, wie es die ägyptischen und chinesischen, die babylonischen und persischen Herrscher getan hatten. Im ganzen Land gab es ihre Statuen, und wer ein guter Staatsbürger war, mußte hie und da vor diesen Kaiserbildern ein paar Körnchen Räucherwerk opfern. Die Christen taten das aber nicht. So wollte man sie dazu zwingen.

Nun herrschte ungefähr 30 Jahre nach Christi Kreuzestod (also um 60 nach Christi Geburt) ein grausamer Kaiser über das Römerreich: Nero. Noch heute spricht man mit Schaudern von ihm als von dem entsetzlichsten Bösewicht. Das Abstoßende an ihm ist eigentlich, daß er kein großer, durch und durch rücksichtsloser und ungeheuer schlechter Mensch gewesen ist, sondern einfach ein weichlicher, eitler, mißtrauischer, fauler Mensch, der selbst dichtete und sang, die ausgesuchtesten Sachen gegessen oder fast gefressen hat, ein Mann ohne jede Anständigkeit oder Festigkeit. Er hatte ein schlaffes, nicht unhübsches Gesicht mit einem zufrieden-satten, grausamen Lächeln um den Mund. Er ließ seine eigene Mutter, seine eigene Frau und seinen Lehrer ermorden und noch viele Verwandte und Freunde. Er hatte ständig Angst, man könnte einmal auch ihn umbringen, denn feige war er auch.

Nun brach damals in Rom eine Feuersbrunst aus, die viele Tage und Nächte Häuserviertel nach Häuserviertel, Bezirk nach Bezirk niederlegte und Hunderttausende obdachlos machte, denn Rom war damals schon eine gewaltige Großstadt mit mehr als einer Million Einwohnern. Und was tat Nero dabei?

Er stand auf dem Balkon seines herrlichen Palastes und sang zur Leier ein selbst verfaßtes Lied auf den Brand von Troja. Das fand er sehr zu dem Augenblick passend. Da wurde aber das Volk, das ihn bisher gar nicht so schrecklich gehaßt hatte, wütend. Denn dem Volk hatte er oft schöne Feste gegeben, nur gegen seine näheren Freunde und Bekannten war er grausam gewesen. Jetzt aber erzählte man sich: Nero selbst habe Rom angezündet. Ob das wirklich wahr ist, weiß man nicht. Jedenfalls hat Nero gewußt, daß es ihm zuzutrauen war. So suchte er nach einem Sündenbock. Und den fand er in den Christen. Die Christen hatten oft gesagt, daß diese Welt zugrunde gehen muß, damit eine bessere, reinere Welt entstehen kann. Du weißt, was sie damit gemeint haben. Da die Leute aber gewöhnlich nur oberflächlich hinhören, hat es in Rom bald geheißen: Die Christen wünschen den Weltuntergang, sie hassen die Menschen. Ist das nicht ein merkwürdiger Vorwurf?

Nero ließ sie verhaften, wo er sie fand, und grausam hinrichten. Er ließ sie nicht nur im Theater von wilden Tieren zerreißen, er ließ sie auch in seinem Privatgarten bei einem großen Abendfest als Fackeln bei lebendigem Leibe verbrennen. Aber die Christen erduldeten alle Qualen bei dieser Verfolgung und bei späteren mit unerhörtem Mut. Sie waren stolz darauf, Zeugen zu sein für die Kraft des neuen Glaubens. Zeuge heißt auf griechisch: Märtyrer. Und diese Märtyrer wurden später als die ersten Heiligen verehrt. Die Christen pilgerten zu ihren Gräbern und beteten dort. Und weil sie sich nicht am Tage und in aller Öffentlichkeit versammeln konnten, haben sie sich heimlich in den Gräbern versammelt. Das waren unterirdische Gänge und Kammern vor der Stadt, abseits von der Straße, in denen ganz einfache Bilder aus der biblischen Geschichte auf die Wände gemalt waren. Die Bilder sollten die Christen an Gottes Macht und an das Ewige Leben erinnern: Daniel in der Löwengrube, die drei Männer im Feuerofen oder Moses, der das Wasser aus dem Felsen schlägt.

In solchen unterirdischen Grabkammern (Katakomben) versammelten sich die Christen. Die Vertiefungen rechts im Vordergrund sind Gräber. Das Wandbild links zeigt die drei Männer im Feuerofen.

Dort, in diesen unterirdischen Gängen, kamen die Christen des Nachts zusammen und besprachen die Lehre Christi, teilten das Heilige Abendmahl aus und sprachen einander Mut zu, wenn eine neue Verfolgung drohte. Und trotz aller Verfolgung wurden es in dem nächsten Jahrhundert immer mehr im ganzen Reich, die an die frohe Botschaft glaubten und ihr zuliebe alles zu erleiden bereit waren, was Christus erlitten hat.

Nicht nur die Christen mußten damals die Härte des römischen Staates fühlen, den Juden ging es nicht besser. Wenige Jahre nach Nero war in Jerusalem ein Aufstand gegen die Römer ausgebrochen. Die Juden wollten endlich frei sein. Sie kämpften mit ungeheurer Verbissenheit und Tapferkeit gegen die Legionen, die jede jüdische Stadt lange belagern und berennen mußten, ehe sie sie erobern konnten. Jerusalem wurde vom

Sohn des damaligen römischen Kaisers Vespasian, von Titus, zwei Jahre lang belagert und ausgehungert. Wer floh, wurde von den Römern vor der Stadt gekreuzigt. Schließlich drangen die Römer in die Stadt ein. Es war im Jahre 70 nach Christi Geburt. Titus soll befohlen haben, das Heiligtum des einzigen Gottes zu schonen, aber der Tempel wurde von den Soldaten angezündet und geplündert. Die heiligen Geräte wurden im Triumphzug in Rom gezeigt, und noch heute sieht man sie auf dem Triumphbogen abgebildet, den Titus sich damals in Rom errichten ließ. Jerusalem wurde zerstört und die Juden in alle Winde zerstreut. Sie waren schon vorher in vielen Städten als Handelsleute ansässig gewesen. Nun waren sie ein heimatloses Volk, das in Alexandria, in Rom und anderen fremden Städten in Betschulen zusammenkam, von allen verlacht und beschimpft, da sie noch immer mitten unter den Heiden an ihren alten Bräuchen festhielten, die Bibel lasen und auf den Messias warteten, der sie erretten sollte.

17 Wie man im Reich und an seinen Grenzen lebte

Wer kein Christ, kein Jude und kein naher Verwandter des Kaisers war, konnte damals im Römischen Reich sehr ruhig und angenehm leben. Man reiste von Spanien bis zum Euphrat, von der Donau bis zum Nil auf den herrlich gebauten römischen Straßen. Die römische Staatspost fuhr regelmäßig nach den einzelnen festen Plätzen an den Grenzen des Reiches, um Nachrichten zu bringen und zu holen. In den großen Städten, in Alexandria oder in Rom, gab es alle Annehmlichkeiten des bequemen Lebens. In Rom selbst gab es große Stadtviertel mit hohen, vielstöckigen, schlecht gebauten Zinskasernen, in denen die armen Leute wohnten. Die römischen Privathäuser und Villen dagegen waren mit den schönsten griechischen Kunst-

Das Landhaus eines reichen Römers, ein lichter, luftiger Marmorbau, in dem es sich gut leben ließ.

werken und prunkvollen Möbeln geziert und hatten reizende Gärtchen mit kühlenden Springbrunnen. Im Winter konnte man die Räume mit einer Art Zentralheizung erwärmen: Man ließ erhitzte Luft unter dem Fußboden in hohlen Ziegeln hinstreichen. Jeder reiche Römer hatte einige Landhäuser, meist am Meer gelegen, mit vielen Sklaven zur Bedienung, mit schönen Bibliotheken, in denen alle guten griechischen und lateinischen Dichter zu finden waren. Auch eigene Sportplätze hatten die Villen der Reichen, und Kellereien voll der besten Weine. Wenn ein Römer sich zu Hause langweilte, ging er auf den Markt, zu Gericht oder ins Bad. Die Bäder, die Thermen hießen, waren ungeheure Anlagen, durch Wasserleitungen aus den fernen Gebirgen gespeist, mit großem Pomp und Prunk ausgestattet, mit Hallen für warme und für kalte Bäder, mit Sälen für Dampfbäder und für sportliche Übungen. Ruinen solcher gewaltiger Badehäuser oder Thermen stehen noch. Du würdest sie für märchenhafte Königspaläste halten, so reich sind sie an ungeheuren Gewölben, an bunten Marmorsäulen und Becken aus kostbarem Gestein.

Noch größer und eindrucksvoller waren die Theater. Das große Theater in Rom, das Kolosseum heißt, bot Platz für ungefähr 50 000 Zuschauer. Viel mehr Menschen haben auch in einem großen Stadion einer modernen Großstadt nicht Platz.

Dort fanden hauptsächlich Gladiatorenkämpfe und Tierhetzen statt. Du weißt, daß auch die Christen in solchen Theatern sterben mußten. Der Zuschauerraum über dem Platz war ringsherum steil hinaufgebaut, wie ein riesiger, ovaler Trichter. Das muß ein Brausen gewesen sein, wenn dort 50 000 Menschen beisammen waren! In der Hauptloge unten saß der Kaiser unter einer prächtigen Plane, die ihn gegen das Sonnenlicht schützte. Wenn er ein Tuch in die Arena, den Kampfplatz, fallen ließ, war das Spiel eröffnet. Dann kamen die Gladiatoren, stellten sich vor der Hofloge auf und riefen: »Heil, Kaiser, die sterben werden, grüßen dich!«

Du darfst aber nicht glauben, daß die Kaiser nichts anderes zu tun hatten, als im Theater zu sitzen, und daß alle Schwelger und Wüteriche gewesen sind wie Nero. Ganz im Gegenteil. Sie waren reichlich damit beschäftigt, das Reich in Frieden zu erhalten. Denn jenseits der fernen Grenzen gab es überall wilde, kriegerische Völker, die gern in die reichen Provinzen eingefallen wären, um dort zu plündern. Im Norden, jenseits der Donau und des Rheins, da wohnten die Germanen und machten den Römern besonders zu schaffen. Schon Cäsar hatte mit ihnen zu kämpfen, als er Frankreich eroberte. Es waren große, kräftige Menschen, die den Römern schon durch ihre Riesenkörper Schrecken einjagten. Auch war ihr Land, das heutige Deutschland, noch voll dichter Wälder und dunkler Sümpfe, in denen sich die römischen Legionen verirrten. Vor allem aber waren die Germanen selbst nicht gewohnt, in schönen Villen mit Zentralheizung zu leben. Sie waren Bauern, wie es die Römer einst gewesen waren. Sie lebten in weit verstreuten, aus Holz gezimmerten Gehöften.

Die römischen Großstädter, die in lateinischen Abhandlungen von ihnen berichtet haben, erzählen gern von der großen Einfachheit des germanischen Lebens und von der Schlichtheit und Strenge ihrer Sitten, von ihrer Freude am Kampf und ihrer Treue zum Stammeshäuptling. All das hielten die römischen Schriftsteller ihren Landsleuten gerne vor, um ihnen den Unterschied zwischen der einfachen, unverdorbenen, natürlichen Lebensweise in den freien Wäldern und den überfeinerten, weichlichen Gewohnheiten der Römer klarzumachen.

Die Germanen waren wirklich gefährliche Krieger. Das mußten die Römer schon unter Augustus erleben. Damals war ein Arminius oder Hermann der Führer des germanischen Stammes der Cherusker. Da er in Rom aufgewachsen war, kannte er die römischen Kriegssitten gut. So gelang es ihm, ein römisches Heer auf seinem Marsch durch den Teutoburger Wald in Deutschland zu überfallen und vollständig zu schlagen. Seitdem wagten sich die Römer nicht tief nach Deutschland hinein. Aber um so wichtiger war es ihnen, ihre Grenzen vor den Ger-

Ein römischer Wachtturm weit draußen im waldigen Grenzland. Solche einsame Posten gab es viele, sie schützten das Reich.

manen zu schützen. So bauten sie schon im ersten Jahrhundert nach Christi Geburt den Limes, einen Wall (ganz ähnlich wie Kaiser Qin Shi Huangdi) an der Grenze, vom Rhein bis zur Donau, eine Mauer aus Palisaden mit Gräben und Wachttürmen, um das Reich vor den wandernden Germanenstämmen zu schützen. Denn das war das Aufregendste für die Römer: daß die Germanen nicht still in ihren Höfen saßen und das Land bebauten, sondern daß es ihnen immer wieder einfiel, ihre Jagdgründe und Felder zu wechseln. Daß sie Frauen und Kinder auf Ochsenwagen packten und loszogen, sich eine andere Wohngegend zu suchen.

So mußten die Römer an der Grenze ständig Truppen aufstellen, um das Reich zu bewachen. Truppen aus aller Herren Länder standen da am Rhein und an der Donau. In der Nähe von Wien hatten ägyptische Truppen ihr Lager und haben dort auch an der Donau ein Heiligtum der ägyptischen Göttin Isis erbaut. Es ist die heutige Stadt Ybbs, und in diesem Namen lebt Isis noch fort. Auch sonst haben die Truppen an der Grenze allen möglichen fernen Göttern gehuldigt. Dem persischen Sonnengott Mithras und bald auch dem einzigen unsichtbaren Gott der Christen. Das Leben in diesen fernen Grenzfestungen war nicht viel anders als das in Rom. Auch im heutigen Köln, Trier, Augsburg, Regensburg, Salzburg, Wien, Arles in Frankreich oder Bath in England gab es Theater und Bäder, Villen für die Beamten und Kasernen für die Soldaten. Ältere Soldaten kauften sich gern ein Landgut in der Umgebung, heirateten eine Einheimische und siedelten sich vor dem Lager an. So hat sich die Bevölkerung der römischen Provinzen allmählich an das römische Wesen gewöhnt. Aber die Völkerschaften jenseits der Donau und des Rheins wurden immer unruhiger. Die römischen Kaiser brachten bald mehr Zeit als Feldherren in den Lagern an der Grenze zu als in ihren Palästen in Rom. Es waren auch wunderbare Menschen darunter, wie der Kaiser Trajan, der hundert Jahre nach Christi Geburt lebte. Von seiner Gerechtigkeit und Milde erzählten sich die Menschen noch lange viele Geschichten.

Die Truppen Trajans zogen noch über die Donau ins heutige Ungarn und Rumänien, um auch das jenseitige Land zur römischen Provinz zu machen und so das Römische Reich besser zu schützen. Die Gegend hieß damals Dazien, erst seit sie römisch wurde und die Bewohner dort lateinisch sprachen, wurde sie Rumänien genannt. Trajan führte aber nicht nur Feldzüge durch. Er ließ auch Rom mit herrlichen Plätzen schmücken. Ganze Hügel mußten abgetragen werden, damit Raum für die große Platzanlage entstand; dort hat dann ein griechischer Baumeister Tempel und Warenhäuser, Gerichtshallen, Säulengänge und Monumente errichtet. Man sieht in Rom noch heute die Ruinen.

Auch die Kaiser nach Trajan sorgten für ihr Reich und verteidigten dessen Grenze. Besonders Kaiser Marc Aurel, der zwischen den Jahren 161 und 180 nach Christi Geburt regierte, war immer wieder in den Lagern an der Donau, in Carnuntum und in Vindobona, das heute Wien heißt, zu finden. Dabei liebte Marc Aurel gar nicht den Krieg. Er war ein sanfter, stiller Mensch, der am liebsten las und schrieb, er war ein Philosoph. Das Tagebuch, das er hauptsächlich während seiner Kriegszüge geschrieben hat, blieb uns erhalten. Er schrieb darin fast nur über Selbstbeherrschung und Duldsamkeit, über das Ertragen von Leid und Schmerzen und über das stille Heldentum des Denkers. Es sind Gedanken, wie sie dem Buddha gefallen hätten.

Aber Marc Aurel konnte sich nicht in den Wald zurückziehen und nachdenken. Er mußte in der Gegend von Wien gegen Germanenstämme kämpfen, die damals besonders stark in Bewegung waren. Man erzählt, daß die Römer Löwen mitgebracht hatten, um sie jenseits der Donau gegen die Feinde zu hetzen. Aber die Germanen hatten noch nie Löwen gesehen, darum hatten sie auch keine Furcht vor ihnen. Sie haben die »großen Hunde« einfach erschlagen. Während dieser Kämpfe ist Marc Aurel in Vindobona gestorben. Es war im Jahre 180 nach Christus.

Die folgenden Kaiser hielten sich noch mehr an den Grenzen und noch weniger in Rom auf. Sie waren richtige Soldaten, von den Truppen gewählt, auch manchmal von den Truppen abgesetzt und manchmal sogar von den Soldaten erschlagen. Viele dieser Kaiser waren gar keine Römer, sondern Fremde. Denn die Legionen bestanden damals nur noch zum kleinsten Teil aus Römern. Italienische Bauern, die früher einmal als Soldaten die Welt erobert hatten, gab es fast nicht mehr. Denn aus den Bauernhöfen waren ja riesige Landgüter der Reichen geworden, auf denen fremde Sklaven arbeiteten. Auch das Heer bestand aus Fremden. Von den Ägyptern an der Donau haben wir schon gesprochen. Besonders viele Soldaten waren aber Germanen, die, wie du weißt, sehr gute Krieger waren. Diese fremden Truppen nun, im Osten und Westen des ungeheuren Reiches, an der germanischen Grenze und an der persischen, in Spanien, in Britannien, in Nordafrika, Ägypten, Kleinasien und Rumänien, wählten ihre Lieblingsfeldherren zu Kaisern, die nun um die Macht stritten und einander ermorden ließen, ähnlich wie zur Zeit von Marius und Sulla. Es war ein furchtbares Durcheinander und ein furchtbares Elend in der Zeit nach dem Jahre 200 nach Christus. Im Römischen Reiche gab es fast nur noch Sklaven oder fremde Truppen, die sich untereinander nicht verstanden. Die Bauern in den Provinzen konnten die Steuern nicht mehr zahlen und rebellierten gegen ihre Grundherren. In dieser Zeit des furchtbaren Elends, in der noch Seuchen und Räuber das Land verwüsteten, fanden viele Menschen Trost in den Lehren der frohen Botschaft, des Evangeliums. Immer mehr Freie und Sklaven wurden Christen und weigerten sich, dem Kaiser zu opfern.

Als die Not des Römischen Reiches am größten war, erkämpfte sich ein Sohn ganz armer Eltern die Herrschaft über das Reich. Es war der Kaiser Diokletian, der im Jahre 284 nach Christus die Macht ergriff. Er versuchte, den ganzen zerfallenen Staat neu zu bauen. Wegen der Hungersnot, die überall herrschte, bestimmte er die Höchstpreise aller Lebensmittel. Er erkannte, daß das Reich nicht mehr von einem Platz aus regiert werden konnte. So bestimmte er vier Städte im Land zu neuen Hauptstädten und setzte dort vier Unterkaiser ein. Um dem Kaisertum wieder Ansehen und Ehrfurcht zu verschaffen, führte er ein strenges Hofzeremoniell und prunkvolle, kostbar gestickte Kleidung für den Hof und die Beamten ein. Natürlich hielt er besonders streng auf die Kaiseropfer und verfolgte darum die Christen im ganzen Land besonders heftig. Es war die letzte und ärgste Verfolgung. Nach mehr als 20jähriger Regierung verzichtete Diokletian auf sein Kaisertum und zog sich als müder, kranker Privatmann in einen Palast in Dalmatien zurück. Dort mußte er noch sehen, wie sinnlos sein Kampf gegen das Christentum gewesen war.

Denn sein Nachfolger in der Herrschaft, Kaiser Konstantin, hat diesen Kampf aufgegeben. Man erzählt, daß er vor der Schlacht gegen einen ehemaligen Unterkaiser des Diokletian, gegen Maxentius, im Traum das Kreuz gesehen und die Worte gehört habe: »Unter diesem Zeichen wirst du siegen.« Als er gesiegt hatte, bestimmte er im Jahre 313, daß das Christentum nicht mehr verfolgt werden dürfe. Er selbst blieb allerdings noch lange Heide und ließ sich erst kurz vor seinem Tod taufen. Konstantin regierte nicht mehr von Rom aus. Damals war das Reich am meisten im Osten bedroht, und zwar durch die Perser, die wieder mächtig geworden waren. So erwählte er die alte griechische Kolonie Byzanz, beim Schwarzen Meer, zu seinem Herrschersitz. Sie hieß seitdem nach ihm die Konstantinsstadt: Konstantinopel.

Bald danach, seit dem Jahre 395 nach Christus, gab es nicht nur zwei Hauptstädte im Römischen Reich, sondern zwei Staaten. Das weströmische Reich, in dem man lateinisch sprach, mit Italien, Gallien, Britannien, Spanien, Nordafrika, und das oströmische Reich, in dem man griechisch sprach, mit Ägypten, Palästina, Kleinasien, Griechenland und Makedonien. In beiden Staaten war jetzt das Christentum seit 380 nach Christi Geburt Staatsreligion. Das heißt, die Bischöfe und Erzbischöfe waren hohe Würdenträger, die auch im Staat großen Einfluß besaßen. Die Christen kamen nicht mehr in unterirdischen Räumen zusammen, sondern in prächtigen, säulengeschmückten Kirchen, und das Kreuz, das Zeichen der Erlösung im Leiden, wurde als Kriegszeichen den Legionen vorangetragen.

18 Das Gewitter

Hast du schon an heißen Sommertagen ein Gewitter aufziehen sehen? Besonders im Gebirge ist das großartig. Erst sieht man gar nichts, aber man fühlt an der eigenen Müdigkeit, daß etwas in der Luft liegt. Dann hört man es donnern. Einmal dort und einmal da. Man weiß nicht recht, von wo es kommt. Dann sehen die Berge mit einemmal so unheimlich nah aus. Kein Lufthauch rührt sich, und doch steigen geballte Wolken auf. Die Berge verschwinden fast hinter einer Dunstwand. Die Wolken rücken von allen Seiten näher, aber man spürt keinen Wind. Es donnert häufiger. Alles sieht drohend und gespenstisch aus. Man wartet und wartet. Plötzlich geht es dann los. Das ist zuerst fast wie eine Erlösung. Der Sturm fährt ins Tal. Es blitzt und kracht von allen Seiten. Der Regen prasselt in dicken, schweren Tropfen. Im engen Talkessel hat sich das Gewitter gefangen. Das Echo an den Felswänden läßt den Donner weiterhallen. Der Wind kommt von dort und von da. Wenn es sich dann verzieht und endlich eine klare stille Sternennacht kommt, wirst du schwer erzählen können, wo überall Gewitterwolken waren und welcher Donner zu welchem Blitz gehört hat.

Ganz ähnlich ist es mit der Zeit, von der ich jetzt erzählen soll. Damals ging das Gewitter los, das das römische Weltreich zerschlagen hat. Donnern haben wir es ja schon gehört: Es waren die Wanderungen der Germanen an der Grenze, der Einfall der Cimbern und Teutonen, die Kriege, die Cäsar, Augustus, Trajan, Marc Aurel und viele andere gegen germanische Stämme führen mußten, um sie am Einbruch ins Römerreich zu hindern.

Aber jetzt kam der Sturm. Er begann in weitester Ferne, beinahe am Wall, den einst Kaiser Qin Shi Huangdi, der Feind der Geschichte, errichtet hatte. Seit die asiatischen Reiterhorden der Steppe nicht mehr in China plündern konnten, wandten sie sich nach Westen, um dort Beute zu holen. Es waren die Hunnen. Solche Völker hatte man im Westen noch nie gesehen. Kleine, gelbe Menschen mit Schlitzaugen und schrecklichen Narben im Gesicht. Es waren Pferdemenschen, denn sie stiegen fast nie von ihren kleinen, schnellen Pferden, sie schliefen sogar oft zu Pferde, sie berieten zu Pferde, sie aßen zu Pferde und ritten sich das rohe Fleisch, das sie aßen, unter den Sätteln mürbe. Sie griffen mit furchtbarem Geheul im rasenden Galopp an und schossen ganze Wolken von Pfeilen auf ihre Feinde, dann machten sie kehrt und sausten davon, als wollten sie fliehen. Setzte man ihnen nach, so wandten sie sich im Sattel um und schossen rücklings auf ihre Verfolger. Sie waren flinker, listiger und blutdürstiger als alle Völker, die man gesehen hatte. Sie trieben sogar die tapferen Germanen vor sich her.

Ein Stamm dieser Germanen, die Westgoten, wollte sich in das sichere Römische Reich retten. Man nahm sie dort auch auf. Aber bald kam es zum Kampf mit den Gästen. Die Westgoten zogen nach Athen und plünderten es, sie zogen vor Konstantinopel, und schließlich setzte sich das ganze Volk in Bewegung und zog unter seinem König Alarich im Jahre 410 nach Christus nach Italien, und als Alarich starb, nach Spanien, wo sie blieben. Um sich vor ihren Heeren zu schützen, hatten die Römer viele

Truppen aus den Grenzfestungen von Gallien und Britannien, vom Rhein und von der Donau abberufen müssen. So drangen dort nun die vielen Germanenstämme ein, die jahrhundertelang auf diesen Augenblick gewartet hatten.

Es waren zum Teil Völkerschaften mit Namen, die du heute noch auf der Landkarte von Deutschland findest: Schwaben, Franken, Alemannen. Sie zogen alle mit ihren knarrenden Ochsenwagen, mit Weib und Kind, mit Hab und Gut über den Rhein, kämpften und siegten. Wenn sie geschlagen wurden, so waren immer neue Völker hinter ihnen, die dann doch siegten. Ob Tausende erschlagen wurden, spielte keine Rolle; Zehntausende kamen nach. Diese Zeit heißt die der Völkerwanderung. Es ist das Gewitter, das das Römische Reich aufgewirbelt und zerstört hat. Denn die germanischen Stämme blieben auch nicht in Frankreich und Spanien. So zogen die Vandalen durch Italien über Sizilien nach dem alten Karthago. Dort gründeten sie einen Seeräuberstaat und fuhren auf ihren Schiffen nach den Küstenstädten, die sie eroberten und brandschatzten. Auch Rom wurde von ihnen schrecklich geplündert. Noch heute spricht man von Vandalismus, obwohl die Vandalen eigentlich nicht schlimmer waren als viele andere.

Nun aber kamen die Hunnen selbst. Und die waren schlimmer. Sie hatten einen neuen König: Attila. Er gelangte im Jahre 444 nach Christus an die Regierung. Weißt du noch, wer 444 *vor* Christi Geburt an die Regierung gekommen ist? Perikles in Athen. Es war die schönste Zeit. Attila war wirklich in allem das Gegenteil von Perikles. Man sagte von ihm: Wo er hintritt, wächst kein Gras mehr. Denn seine Horden haben alles verbrannt und verwüstet. Aber soviel Gold und Silber und Kostbarkeiten die Hunnen auch geraubt haben, so prunkvoll sich ihre Großen auch mit Schmuck behängten, Attila blieb einfach, aß nur aus hölzernen Schüsseln und wohnte in einem einfachen Zelt. Er hatte kein Vergnügen an Gold und Silber. Er hatte nur Vergnügen an Macht. Er soll nie gelacht haben. Er war

Attila, der mächtige Hunnenkönig, führte seine Reiterhorden zu Kampf und Sieg, zu Raub und Verwüstung.

ein furchtbarer Herrscher. Die halbe Welt hatte er erobert. Alle Völker, die er nicht umgebracht hatte, mußten mit ihm in den Krieg. Sein Heer war ungeheuer. Es waren viele Germanen darunter, vor allem Ostgoten. (Die Westgoten waren ja schon in Spanien gelandet.) Aus seinem Lager in Ungarn schickte er einen Gesandten an den weströmischen Kaiser mit der Botschaft: »Mein und dein Herr Attila läßt dir sagen, du sollst ihm die Hälfte deines Reiches geben und deine Tochter zur Frau.« Als der Kaiser sich weigerte, brach Attila mit seinem gewaltigen Heer auf, um ihn zu strafen und sich das Verweigerte zu holen. In Gallien kam es zur großen Schlacht auf den katalaunischen Gefilden im Jahre 451 nach Christus. Alle Heere des Römischen Reiches, auch germanische Truppen, hatten sich zusammengefunden, um vereint gegen Attilas wilde Schar zu kämpfen. Die Schlacht blieb unentschieden, und Attila zog gegen Rom. Alles war in Angst und Schrecken. Die Hunnen kamen näher und näher. Mit Heeresmacht war da nichts auszurichten.

Da zog ihnen der christliche Bischof von Rom mit Priestern und Kirchenfahnen entgegen. Es war Papst Leo, den man den Großen nennt. Jeder glaubte, die Hunnen würden sie einfach niedermetzeln. Aber Attila ließ sich wirklich zur Umkehr bewegen. Er zog von Italien fort, und Rom war diesmal gerettet. Kurz darauf starb Attila, im Jahre 453 nach Christus, am Tage seiner Hochzeit mit einer germanischen Prinzessin.

Wenn damals der Papst das weströmische Reich nicht gerettet hätte, wäre es verloren gewesen. Denn die Kaiser waren schon ganz machtlos. Es herrschten jetzt eigentlich nur noch die Truppen. Und diese Truppen waren fast ausschließlich Germanen. Schließlich fanden diese germanischen Soldaten, daß der Kaiser überhaupt überflüssig sei, und sie beschlossen, ihn abzusetzen. Der letzte römische Kaiser hatte einen merkwürdigen Namen: Er hieß Romulus Augustulus. Denk daran, daß der erste römische König, der Gründer Roms, Romulus hieß und der erste römische Kaiser Augustus. Der letzte also, Romulus Augustulus, wurde im Jahre 476 nach Christi Geburt abgesetzt.

Ein germanischer Heerführer, Odoaker, machte sich nach ihm zum König der Germanen in Italien. Das war das Ende des weströmischen, lateinischen Reiches, und man rechnet es auch darum als das Ende der ganzen langen Zeit vom Urbeginn an, die man das »Altertum« nennt.

Mit dem Jahr 476 fängt eine neue Zeit an, das Mittelalter, das einfach darum so heißt, weil es in der Mitte zwischen Altertum und Neuzeit liegt. Damals aber hat man nichts davon bemerkt, daß eine neue Zeit begann. Es ging alles ebenso verworren weiter. Die Ostgoten, die früher mit den Heeren der Hunnen gezogen waren, hatten sich im oströmischen Reich niedergelassen. Da hatte der oströmische Kaiser, der sie loswerden wollte, den Gedanken, ihnen zu raten, doch lieber ins weströmische Reich zu ziehen, also Italien zu erobern. Wirklich zogen die Ostgoten im Jahre 493 nach Christus unter ihrem großen König Theoderich nach Italien. Kampfgewohnt, wie sie waren, eroberten sie das arme und ausgeplünderte Land schnell. Theoderich nahm König Odoaker gefangen. Er hatte ihm zwar sein Leben versprochen, stach ihn aber dann doch bei einem Gastmahl nieder.

Es hat mich immer gewundert, daß Theoderich so etwas Scheußliches machen konnte, denn abgesehen davon war er ein wirklich großer, bedeutender und gebildeter Herrscher. Er hielt darauf, daß die Goten mit den Italienern in Frieden lebten und teilte jedem seiner Krieger nur ein Stück Ackerland zum Bebauen zu. Zur Hauptstadt wählte er sich Ravenna, eine Hafenstadt in Oberitalien.

Dort ließ er herrliche Kirchen mit wunderbaren farbigen Mosaiken bauen. So hatten es sich die oströmischen Kaiser aber nicht vorgestellt. Sie hatten nicht geglaubt, daß die Ostgoten drüben in Italien ein mächtiges und blühendes Reich errichten würden, das schließlich für die Herrscher in Konstantinopel eine Gefahr hätte werden können.

In Konstantinopel lebte damals, seit 527, ein mächtiger, prachtliebender und ehrgeiziger Herrscher: Justinian. Sein Ehrgeiz war es, das gesamte alte Römische Reich wieder unter seine Herrschaft zu bringen. An seinem Hof gab es den ganzen Prunk des Ostens; er und seine Frau Theodora, die früher einmal eine Zirkustänzerin gewesen war, trugen seidene, schwere, edelsteinbestickte Gewänder mit Gold- und Perlenketten, daß es nur so gerauscht und geklirrt hat.

Er hat in Konstantinopel eine ungeheure Kuppelkirche, die Hagia Sophia, erbauen lassen und wollte überhaupt die versunkene Größe des alten Rom wieder erwecken. So ließ er vor allem die vielen Gesetze der alten Römer sammeln, mit allen

Justinian, der Kaiser des oströmischen Reiches, und seine Gemahlin Theodora empfangen auf der Terrasse ihres Palastes in Konstantinopel eine Gesandtschaft.

Bemerkungen, die große Gelehrte und Rechtskundige dazu gemacht hatten. Es ist das große Gesetzbuch des Römischen Rechts, das auf lateinisch *Corpus juris civilis Justiniani* heißt. Noch heute müssen alle Menschen, die Richter oder Anwälte werden wollen, darin lesen, denn es ist noch die Grundlage sehr vieler Gesetze.

Justinian also versuchte nach dem Tod des Theoderich, die Goten aus Italien zu vertreiben und das Land zu erobern. Sie wehrten sich in dem fremden Land unerhört heldenhaft jahrzehntelang. Das war nicht leicht, da sie ja die Italiener auch gegen sich hatten, und der Wirrwarr wurde dadurch noch größer, daß die Goten zwar auch Christen waren, aber nicht genau dieselben Lehren glaubten wie die Römer und die Untertanen Justinians. Sie glaubten nicht an die Dreieinigkeit. Darum wurden sie auch als Ungläubige bekämpft und bedrängt. Fast alle Goten fielen schließlich in diesen Kämpfen. Der Rest, ein Heer von nur 1000 Mann, erhielt nach der letzten Schlacht freien Abzug und verschwand im Norden. Es war das Ende des großen Volkes der Ostgoten. Justinian herrschte nun auch über Ravenna und baute dort wunderbare Kirchen, in denen man ihn und seine Gemahlin feierlich abgebildet sieht.

Aber die oströmischen Herrscher herrschten nicht lange in Italien. Es kamen 568 nach Christus neue germanische Völker vom Norden, die Langobarden. Sie eroberten wieder das Land, und heute noch heißt eine Gegend in Italien nach ihnen die Lombardei. Das war das letzte schwere Rollen des Gewitters. Dann zog langsam die sternenklare Nacht des Mittelalters herauf.

19 Die Sternennacht beginnt

Daß die Völkerwanderung eine Art Gewitter war, das wirst du wahrscheinlich auch finden, daß aber das Mittelalter dann eine Art Sternennacht gewesen sein soll, muß dir merkwürdig vorkommen. Und doch war es so. Vielleicht hast du schon vom »finsteren Mittelalter« reden gehört. Man meint damit, daß damals, nach dem Sturz des Römischen Reiches, nur wenig Menschen lesen und schreiben konnten, daß sie nicht wußten, was in der Welt vorgeht, daß sie sich gern allerhand Wunder und Märchen erzählten und überhaupt sehr abergläubisch waren. Daß damals die Häuser klein und dunkel, die Wege und Straßen, die die Römer gebaut hatten, verfallen und verdorben, die römischen Städte und Lager grasüberwachsene Ruinen waren. Daß die guten römischen Gesetze vergessen und die schönen griechischen Statuen zerschlagen waren. All das ist richtig. Es war ja auch kein Wunder nach den fürchterlichen Kriegszeiten der Völkerwanderung.

Aber das ist nicht alles. Es war keine finstere Nacht, es war wie eine Sternennacht. Denn über all diesem Dunkel und über aller unheimlichen Ungewißheit, in der die Leute sich, wie Kinder im Finstern, vor Zauberern und Hexen fürchteten, vor dem Teufel und vor bösen Geistern, über all dem leuchtete doch der Sternenhimmel des neuen Glaubens und wies ihnen einen Weg. So wie man im Wald sich nicht so leicht verirren kann, wenn man die Sterne sieht, den Großen Bären oder den Polarstern, so konnten sich die Leute damals nicht mehr ganz verirren, so oft sie auch im Dunkeln stolperten. Eines war ihnen sicher: daß alle Menschen ihre Seele von Gott haben, daß alle vor Gott gleich sind, der Bettler wie der König, und daß es darum auch keine Sklaven geben darf, die man wie Sachen behandelt. Daß der einzige unsichtbare Gott, der die Welt geschaffen hat und der durch seine Gnade die Menschen erlöst, von uns will, daß wir gut seien. Nicht als ob es damals nur gute Menschen gegeben hätte. Es gab viele furchtbar grausame, wilde, rohe und hartherzige Krieger, in Italien ebenso wie in den germanischen Gegenden, die heimtückisch, blutdürstig und rücksichtslos handelten. Aber sie taten es jetzt mit schlechterem Gewissen als zur Römerzeit. Sie wußten, daß sie böse waren. Sie fürchteten die Rache Gottes.

Viele Menschen wollten ganz nach Gottes Willen leben. Sie wollten nicht im Getriebe der Städte und der Leute bleiben, wo man so oft in Gefahr kommt, etwas Unrechtes zu tun. Ganz ähnlich wie die indischen Einsiedler gingen sie in die Wüste, um zu beten und Buße zu tun. Das waren die Mönche. Zuerst gab es solche Mönche im Osten, in Ägypten und Palästina. Vielen von ihnen war das Bußetun am wichtigsten. Sie hatten diese Lehre zum Teil auch von den Indern gelernt, von denen du

Hoch über dem Gewimmel der oströmischen Stadt tat der Säulenheilige jahrelang Buße.

gehört hast, daß sie sich besonders quälten. Es gab solche, die sich auf einen hohen Pfeiler in der Mitte der Stadt setzten, auf eine Säule, und dort nun fast unbeweglich in Gedanken an die Sündigkeit der Menschen ihr Leben verbrachten. Das bißchen Essen, dessen sie bedurften, zogen sie sich in einem Korb hinauf. So saßen sie und blicken auf das Getriebe hinab und hofften, Gott näherzukommen. Man nannte sie Säulenheilige.

Aber im Westen, in Italien, lebte ein Heiliger, ein Mönch, der, ganz ähnlich wie Buddha, in diesem einsamen Bußeleben keine innere Beruhigung fand. Er hieß Benedikt, der Gesegnete. Er meinte, daß die Buße allein der Lehre Christi nicht entspreche. Man muß doch nicht nur selbst gut werden, sondern auch Gutes tun. Um Gutes zu tun, kann man aber nicht auf einer Säule sitzen, sondern man muß arbeiten. Und so war sein Wahlspruch: Bete und arbeite. Mit einigen gleichgesinnten Mönchen gründete er eine Vereinigung, die in diesem Sinne leben wollte. Man nennt das einen Orden. Sein Orden heißt nach ihm die Benediktiner. Die Wohnstätten solcher Mönche waren die Klöster. Wer in ein Kloster eintreten wollte, um als Mitglied des Ordens für immer zu bleiben, mußte drei Dinge geloben: 1. selbst nichts besitzen zu wollen, 2. nicht zu heiraten, 3. dem Obersten des Klosters, dem Abt, immer und unbedingt zu gehorchen.

Wenn man dann zum Mönch geweiht wurde, so mußte man also im Kloster nicht nur beten, obwohl man das Beten natürlich sehr ernst nahm und mehrmals am Tag die Messe hörte. Man wollte ja Gutes *tun*. Dazu mußte man aber auch etwas können und wissen. Und so waren die Benediktinermönche die einzigen, die sich damals mit all den Gedanken und Entdeckungen aus dem Altertum abgaben. Sie sammelten die alten Bücherrollen, wo sie sie finden konnten, um sie zu studieren. Und schrieben sie ab, um sie zu verbreiten. In jahrelanger Arbeit malten sie ihre klaren, geschwungenen Buchstaben in dicke Pergamentbände, schrieben nicht nur Bibeln und das Leben von Heiligen, sondern auch alte lateinische und griechische Gedichte ab. Wir würden kaum ein einziges kennen, wenn sich die Mönche nicht so viel Mühe gegeben hätten. Vor allem aber schrieben sie die alten Bücher über Naturkunde und über den Ackerbau immer wieder ab und kopierten sie so treu als möglich. Denn das war ihnen außer der Bibel das Wichtigste: das Land gut zu bebauen, um Getreide und Brot nicht nur für sich, sondern auch für die

Die Mönche schrieben und lehrten, sie arbeiteten im Wald, auf dem Feld und im Garten.

Armen zu haben. In den verwilderten Gegenden gab es damals kaum mehr Gasthöfe. Wer eine Reise wagte, mußte in den Klöstern übernachten. Dort war man gut aufgehoben. Dort herrschte Stille, Fleiß und Beschaulichkeit. Die Mönche unterrichteten auch die Kinder aus der Umgebung des Klosters; sie lehrten sie lesen und schreiben, sie lehrten sie lateinisch sprechen und die Bibel verstehen. So war ein solches Kloster damals im weiten Umkreis der einzige Fleck, an dem es Bildung und Gesittung gab und an dem die Erinnerung an all die Gedanken der Griechen und Römer nicht gestorben war.

Solche Klöster gab es aber nicht nur in Italien. Im Gegenteil, den Mönchen war es besonders wichtig, in wilden und fernen Ländern Klöster zu bauen, um dort das Evangelium zu predigen, das Volk zu lehren und die unwegsamen Wälder zu roden. Besonders in Irland und England standen viele Klöster. Diese

Länder waren nicht ganz so arg in das Gewitter der Völkerwanderung geraten, weil sie Inseln waren. Sie waren zum Teil auch von Germanenstämmen besiedelt worden, die Angeln und Sachsen hießen und das Christentum sehr frühzeitig angenommen hatten.

Von Irland und England nun zogen die Mönche predigend und lehrend nach den Reichen der Gallier und Germanen. Die Germanen waren noch gar nicht alle Christen. Ihr mächtigster Fürst war es allerdings dem Namen nach geworden. Er hieß Chlodwig und war aus der Familie der Merowinger. Er herrschte als König über den Stamm der Franken und hatte durch Tapferkeit und List, durch Mord und Betrug bald halb Deutschland und einen großen Teil des heutigen Frankreich unter seine Herrschaft gebracht. Es heißt ja heute noch nach den Franken des Königs Chlodwig: Frank-reich.

Chlodwig also hatte sich und sein Volk im Jahre 496 taufen lassen, wahrscheinlich weil er glaubte, daß der Christengott ein mächtiger Dämon sei, der ihm zu Siegen verhelfen würde. Fromm war Chlodwig nicht. Da gab es im Germanenland schon noch viel für die Mönche zu tun. Und sie taten auch viel. Sie gründeten Klöster und lehrten die Franken oder Alemannen den Obst- und Weinbau, sie zeigten den wilden Kriegern, daß es noch andere Dinge auf der Welt gibt als Körperkraft und Mut in der Schlacht. Vielfach wurden sie Berater der christlichen Frankenkönige am Hof der Merowinger. Da sie am besten lesen und schreiben konnten, schrieben sie die Gesetze auf und erledigten alle Schreibarbeit für den König. Schreibarbeit aber war auch Regierungsarbeit. Denn sie verfaßten die Briefe an andere Könige, sie stellten die Verbindung zum Papst nach Rom her und waren in ihren einfachen, unscheinbaren Kutten die eigentlichen Beherrscher des ganzen noch sehr ungeordneten Reiches der Franken.

Andere Mönche aus Irland und England wagten sich sogar in die wilden Landstriche und dichten Wälder in Norddeutschland und im jetzigen Holland, wo die Bevölkerung nicht einmal dem Namen nach christlich war. Hier war es gefährlich, das Evangelium zu predigen, denn die dortigen Bauern und Krieger hielten fest am Glauben ihrer Väter. Sie beteten zu Wotan, dem Gott des Sturmwinds, den sie nicht in Tempeln verehrten, sondern im Freien, oft unter alten Bäumen, die man für heilig hielt. Zu so einem Baum kam einmal der christliche Mönch und Priester Bonifazius, um seinen Glauben zu predigen. Er wollte den Germanen des Nordens zeigen, daß Wotan nur eine Märchengestalt sei, und so nahm er eine Axt, um den heiligen Baum mit eigener Hand umzuhacken. Alle, die herumstanden, erwarteten, daß ihn sofort ein Blitz vom Himmel erschlagen werde. Aber der Baum sank um, ohne daß etwas geschah. Viele ließen sich daraufhin von Bonifazius taufen, weil sie ihren alten Glauben an die Macht Wotans und der übrigen Götter verloren hatten, andere aber waren böse auf ihn und erschlugen ihn im Jahre 754.

Aber doch war die Zeit des Heidentums in Deutschland vorbei. Bald gingen fast alle zu den einfachen Holzkirchen, die bei den Klöstern errichtet waren, und fragten nach dem Gottesdienst die Mönche um Rat, wie sie das kranke Vieh behandeln und wie sie die Apfelbäume vor Raupen schützen sollten. Auch die Mächtigen im Reich kamen zu den Mönchen. Und gerade die Wildesten und Gewalttätigsten unter ihnen schenkten ihnen besonders gerne große Landgüter, denn sie meinten, Gott so versöhnen zu können. Die Klöster wurden also reich und mächtig, aber die Mönche selbst blieben arm in ihren einfachen, engen Zellen und beteten und arbeiteten, wie es der heilige Benedikt befohlen hatte.

20 Es ist kein Gott außer Allah, und Mohammed ist sein Prophet

Kannst du dir die Wüste vorstellen? Die richtige, heiße Sandwüste, durch die lange Züge schwerbepackter Kamele mit seltenen Waren ziehen? Überall Sand. Nur in langen Abständen sieht man von weitem einige Palmen gegen den Himmel stehen. Da reitet man hin, da ist eine Oase, da gibt es einen Brunnen mit ein bißchen schlammigem Wasser. Dann geht es weiter. Und endlich kommt man zu einer größeren Oase, in der auch eine ganze Stadt liegt mit weißen, würfeligen Häusern, in denen weißgekleidete, braunhäutige Menschen mit schwarzen Haaren und blitzenden, dunklen Augen leben.

Eine Wüstenstadt, wie es auch Mekka zu Mohammeds Zeit gewesen ist. Hier gab es Wasser und ein schützendes Dach.

Die Menschen, das sieht man, sind kampfgewohnt. Auf ihren wunderbar schnellen Pferden jagen sie durch die Wüste, plündern Karawanen, kämpfen gegeneinander, Oase gegen Oase, Stadt gegen Stadt, Stamm gegen Stamm. In Arabien schaut es heute noch so aus. Und vor Jahrtausenden hat es sicher auch nicht anders ausgeschaut. Und doch hat sich in dem merkwürdigen Wüstenland mit seinen wenigen, streitbaren Menschen vielleicht das Merkwürdigste ereignet, von dem ich überhaupt zu erzählen habe.

Das war so: In der Zeit, als die Mönche in Deutschland die einfachen Bauern berieten und als die Könige der Merowinger über die Franken herrschten, also um das Jahr 600 nach Christus, sprach kein Mensch von den Arabern. Sie trieben ihre Rosse in der Wüste umher, hausten in Zelten und kämpften gegeneinander. Sie hatten einen einfachen Glauben, über den sie nicht viel nachdachten. Wie die alten Babylonier beteten sie die Gestirne an und vor allem einen Stein, von dem sie glaubten, er sei vom Himmel gefallen. Dieser Stein lag in einem Heiligtum, das man Kaaba nannte, in der Oasenstadt Mekka, und die Araber pilgerten oft durch die Wüste dorthin, um ihn anzubeten.

In Mekka nun lebte in dieser Zeit ein Mann namens Mohammed, Sohn des Abdallah. Sein Vater war vornehm, aber nicht reich gewesen und gehörte zu den Familien, die das Heiligtum der Kaaba in Mekka zu bewachen hatten. Er starb sehr früh und hinterließ seinem Sohn Mohammed nur fünf Kamele. Das war nicht viel. So konnte Mohammed nicht lange, wie die anderen Kinder der Vornehmen, in den Zeltlagern in der Wüste leben, sondern mußte als Ziegenhirt in den Dienst reicher Leute treten. Später kam er dann zu einer wohlhabenden Frau, die viel älter war als er, und machte in ihrem Dienst als Kameltreiber große Reisen mit Handelskarawanen. Er heiratete seine Brotherrin und lebte in glücklicher Ehe. Sie hatten sechs Kinder. Auch seinen jungen Vetter Ali nahm er als Kind an.

In Mekka war Mohammed, der kräftige, lebhafte Mann mit dem schwarzen Haar und Bart, mit der großen Adlernase und dem schweren, wiegenden Gang sehr geachtet. Man nannte ihn »den Gerechten«. Er hatte schon früh Interesse für Glaubenssachen und unterhielt sich gern nicht nur mit den arabischen Pilgern, die nach Mekka zur Kaaba kamen, sondern auch mit Christen aus dem nahen Abessinien und mit Juden, von denen es in den arabischen Oasenstädten recht viele gab. Aus den Erzählungen der Juden und Christen hatte ihm eines besonderen Eindruck gemacht, von dem beide sprachen: die Lehre vom einzigen, unsichtbaren, allmächtigen Gott.

Gerne ließ er sich aber auch des Abends am Brunnen von Abraham und Josef erzählen, von Christus und Maria. Und eines Tages, während einer Reise, hatte er plötzlich eine Vision. Weißt du, was das ist? Das ist ein Traum, bei dem man nicht schläft. Es kam Mohammed vor, als sähe er den Erzengel Gabriel vor sich hintreten, und er hörte dessen Stimme, die ihn andonnerte. »Lies!« rief der Engel. »Ich kann nicht lesen«, stöhnte Mohammed. »Lies!« rief der Engel ein zweites und drittes Mal und befahl ihm, im Namen des Herrn, seines Gottes, zu beten. Ganz erschüttert von dieser Vision, ging Mohammed heim. Er wußte nicht, was ihm geschehen sei.

Drei Jahre lang ging er nachdenklich umher und grübelte über sein Erlebnis. Endlich, nach drei Jahren, hatte er eine neue Vision. Er sah den Erzengel Gabriel wieder vor sich, umstrahlt von himmlischer Glorie. Zitternd und außer sich lief er heim und legte sich verstört auf das Ruhebett. Seine Frau deckte ihn mit dem Mantel zu. Während er so dalag, hörte er wieder die Stimme: »Steh auf und warne«, befahl sie, »und verherrliche deinen Herrn.« Das war für Mohammed die Botschaft von Gott, die ihm befahl, die Menschen vor der Hölle zu warnen und ihnen die Größe des einzigen, unsichtbaren Gottes zu verkünden. Von nun an fühlte sich Mohammed als der Prophet, als das Sprachrohr, durch dessen Mund Gott den Menschen seinen Willen kundgab. Er predigte in Mekka die Lehre vom einzigen allmächtigen Gott, dem höchsten Richter, der ihn, Mohammed, zum Sendboten bestimmt hatte. Aber die meisten Leute lachten ihn aus. Nur seine Frau und manche Familienmitglieder und Freunde glaubten an ihn.

Die Priester des Heiligtums von Mekka aber, die Vornehmen, die es zu bewachen hatten, sahen natürlich in Mohammed nicht nur einen Narren, sondern einen gefährlichen Feind. So verboten sie schließlich, daß jemand in Mekka mit der Familie des Mohammed verkehre und mit seinen Anhängern Handel treibe. Dieses Verbot hingen sie in der Kaaba aus. Das war ein schrecklicher Schlag, und die Familie und Freunde des Propheten mußten jahrelang Hunger und Not leiden. Nun hatte Mohammed aber in Mekka einige Pilger von auswärts kennengelernt, aus einer Oasenstadt, die schon lange mit Mekka verfeindet war. In dieser Stadt lebten viele Juden, so daß die dortigen Araber die Lehre vom einzigen Gott kannten. Ihnen gefiel Mohammeds Predigt gut.

Daß aber Mohammed unter diesen feindlichen Stämmen predigte und sich mit ihnen immer mehr und mehr anfreundete, erbitterte die vornehmen Bewohner von Mekka, die Wächter der Kaaba, am meisten. Sie beschlossen, ihn als Hochverräter zu ermorden. Mohammed schickte alle seine Anhänger aus Mckka fort nach der ihm befreundeten Wüstenstadt, und als schließlich die bestellten Mörder wirklich bei ihm eindrangen, floh er durch ein Hinterfenster seines Hauses am 16. Juni des Jahres 622 nach der gleichen Stadt. Diese Flucht heißt auf arabisch »Hedschra«, und die Anhänger des Mohammed zählten ihre Jahre immer seit damals, wie die Griechen nach Olympiaden und die Römer nach der Gründung Roms oder die Christen nach Christi Geburt.

In dieser Stadt, die man ihm zu Ehren später Medina, die Prophetenstadt, nannte, wurde Mohammed feierlich empfangen. Alles lief ihm entgegen, jeder wollte ihn beherbergen. Um niemanden zu kränken, sagte Mohammed, er wolle dort wohnen, wohin sein Kamel von selbst gehen würde. So tat er es auch. In Medina nun lehrte Mohammed seine Anhänger, die ihm gerne zuhörten. Er erzählte ihnen, wie Gott sich den Juden in Abraham und Moses offenbart hatte, wie er durch den Mund Christi die Menschen gelehrt habe, und wie er nun ihn, Mohammed, ausersehen habe, sein Prophet zu sein.

Er lehrte sie, nur Gott, der auf arabisch Allah heißt, zu fürchten und sonst nichts und niemanden. Es hat keinen Sinn, sich zu ängstigen oder zu freuen, denn unser künftiges Schicksal hat Gott schon vorherbestimmt und in einem großen Buche aufgeschrieben. Was kommen muß, kommt sowieso, die Stunde des Todes ist uns schon von Anfang an bestimmt. In Gottes Willen müssen wir uns ergeben. Ergebung heißt »Islam«, und so nannte Mohammed seine Lehre Islam. Er erklärte, daß seine Anhänger für diese Lehre kämpfen und siegen müßten und daß es keine Sünde sei, einen Ungläubigen, der ihn nicht als Prophet anerkennen wolle, umzubringen. Daß der tapfere Krieger, der für diesen Glauben, für Allah und den Propheten im Kampfe falle, sofort ins Paradies, der Ungläubige oder Feige aber in die Hölle komme. Das Paradies schilderte Mohammed seinen Anhängern in seinen Predigten, Visionen und Offenbarungen, die zusammen der »Koran« heißen, besonders herrlich.

»Auf schwellenden Kissen lehnen dort die Gläubigen einander gegenüber, unsterbliche Knaben machen als Mundschenken die Runde mit Humpen und Eimern des besten Weines, und niemand bekommt Kopfweh oder wird betrunken davon; herrliche Früchte gibt es und Geflügelfleisch, wie man sich es wünscht, großäugige Mädchen, schön wie Perlen, warten auf. Unter dornenlosen Lotosblumen oder blühenden Bananen in weitem Schatten und an strömenden Gewässern lagern sich die Seligen, und Trauben hängen über ihnen, und immer wieder kreisen die silbernen Becher. Sie tragen Kleider von grüner Seide und Brokat, die mit silbernen Spangen geschmückt sind.«

Du kannst dir vorstellen, daß ein solches Paradies für das arme Volk in der heißen Wüste schon eine Versprechung war, für die es sich lohnte, zu kämpfen und zu sterben.

So zogen die Medinesen gegen Mekka, um ihren Propheten zu rächen und Karawanen zu plündern. Einmal siegten sie und machten herrliche Beute, dann verloren sie wieder alles. Die Bewohner von Mekka zogen vor Medina, um es zu belagern, mußten aber nach zehn Tagen umkehren. Und dann machte Mohammed, von 1500 Bewaffneten begleitet, eine Pilgerfahrt nach Mekka. So, als mächtigen Propheten, hatte man in Mekka den armen, verlachten Mohammed noch nicht gesehen. Viele traten zu ihm über. Und bald eroberte Mohammed mit einem Heer ganz Mekka, schonte aber die Einwohner und warf nur die Götzenbilder aus dem Heiligtum hinaus. Er war ein mächtiger Mann geworden, von allen Seiten kamen Botschaften aus den Zeltlagern und Oasen, um ihm zu huldigen. Kurz vor seinem Tode predigte er noch vor 40 000 Pilgern und schärfte ihnen zum letzten Male alle seine Satzungen ein: daß es keinen Gott gebe außer Allah, daß er, Mohammed, sein Prophet sei, daß man die Ungläubigen unterwerfen müsse. Er ermahnte sie auch, fünfmal am Tag zu beten, das Antlitz nach Mekka gekehrt, keinen Wein zu trinken und tapfer zu sein. Kurz darauf starb er, im Jahre 632.

Im Koran steht geschrieben: »Bekämpfet die Ungläubigen, bis jeder Widerstand gebrochen ist.« Und an einer anderen Stelle: »Tötet die Götzendiener, wo immer ihr sie findet, nehmt sie gefangen, belagert sie, lauert ihnen aller Orten auf. Aber wenn sie sich bekehren, dann lasset sie in Frieden ziehen.«

Die Araber hielten sich an dieses Prophetenwort, und als in ihrer Wüste alle bekehrt oder getötet waren, zogen sie unter Mohammeds Nachfolgern oder »Kalifen« Abu Baker und Omar in die Nachbarländer. Die waren wie gelähmt von solch wildem Glaubenseifer. Sechs Jahre nach Mohammeds Tod hatten die arabischen Kriegerscharen schon in blutigen Schlachten Palästina und Persien erobert und unerhörte Beute gemacht. Andere Heerhaufen zogen gegen Ägypten, das noch immer zum oströmischen Reich gehörte, aber damals schon ein müdes und verarmtes Land war, und eroberten es in den vier folgenden Jahren. Auch die große Stadt Alexandria fiel in ihre Hände. Damals soll man Omar gefragt haben, was man mit der herrlichen Bibliothek machen solle, in der einst 700 000 Bücherrollen von griechischen Dichtern, Schriftstellern und Philosophen aufbewahrt waren. Omar soll gesagt haben: »Wenn das in den

Büchern geschrieben ist, was auch im Koran steht, sind sie überflüssig, und steht was anderes drin, sind sie schädlich.« Ob das wahr ist, wissen wir nicht, aber gewiß hat es immer Leute gegeben, die so oder so ähnlich gedacht haben; und so ist uns die wichtigste und wertvollste Büchersammlung in all den Kämpfen und Wirren für immer verlorengegangen.

Gewaltig breitete sich nun das Arabische Reich aus. Es brannte sozusagen von Mekka aus nach allen Seiten weiter, wie wenn dort durch Mohammed ein glühender Funke auf die Landkarte geschleudert worden wäre. Von Persien aus bis nach Indien hinein, von Ägypten über ganz Nordafrika loderte das Feuer. Dabei waren die Araber gar nicht einig untereinander. Sie wählten nach Omars Tod mehrere Kalifen oder Nachfolger und kämpften grausam und blutig gegeneinander. Um 670 versuchten arabische Heere, auch Konstantinopel, die alte Hauptstadt des oströmischen Reiches, zu erobern, aber die Einwohner wehrten sich sieben Jahre lang verzweifelt und heldenmütig, bis die Belagerer wieder abzogen. Dafür eroberten die Araber von Afrika aus die Insel Sizilien. Aber das war noch nicht alles. Auch nach Spanien setzten sie über, wo, wie du dich vielleicht erinnerst, seit der Völkerwanderung Westgoten herrschten. In einer Schlacht, die sieben ganze Tage dauerte, siegte der Feldherr Tarik, und nun war Spanien unter mohammedanischer Herrschaft.

Von dort zogen sie nach Frankreich ins Reich der Franken, der merowingischen Herrscher und standen nun den christlich-germanischen Bauernkriegern gegenüber. Der Führer der Franken war Karl Martell, das heißt: Karl der Hammer, so tapfer wußte er zuzuschlagen. Und wirklich besiegte er die Araber im Jahre 732, genau 100 Jahre nach dem Tod des Propheten. Hätte damals Karl Martell bei Tours und Poitiers in Südfrankreich die Schlacht verloren, so hätten die Araber sicher ganz Frankreich und Deutschland erobert und die Klöster zerstört. Wir wären vielleicht alle Mohammedaner, wie es heute noch die Perser und

Fränkische Bauernkrieger halten bei Tours und Poitiers den Eroberungszug der mohammedanischen Araber auf. Eine der Schicksalsstunden des christlichen Abendlandes.

viele Inder, die Araber Mesopotamiens und Palästinas, die Ägypter und Nordafrikaner sind.

Die Araber blieben nicht überall die wilden Wüstenkrieger, die sie zu Mohammeds Zeiten waren. Ganz im Gegenteil. Sobald sich die erste Kampfeswut ein bißchen gelegt hatte, begannen sie in allen eroberten Ländern von den unterworfenen und bekehrten Völkern zu lernen. Von den Persern lernten sie die ganze Pracht des Ostens kennen, die Freude an schönen Teppichen und schönen Stoffen, an prunkvollen Bauten, herrlichen Gärten und kostbarem Gerät mit schönen Mustern.

Da bei den Mohammedanern das Abbilden von Menschen oder Tieren verboten war, um jedes Andenken an den Götzendienst auszutilgen, haben sie nun ihre Paläste und Moscheen mit herrlichen, bunten, verschlungenen Linien verziert, die man nach den Arabern Arabesken nennt. Mehr noch als von den Persern lernten die Araber von den Griechen, die in den eroberten Städten des oströmischen Reiches wohnten. Bald verbrannten sie die Bücher nicht mehr, sondern sammelten und lasen sie. Besonders die Schriften des großen Lehrers Alexanders des Großen, Aristoteles', lasen sie gerne und übersetzten sie auch ins Arabische. Von ihm lernten sie, sich mit allen Dingen in der Natur zu beschäftigen und nach den Ursachen aller Dinge zu forschen. Und sie taten es gern und eifrig. Viele Namen von Wissenschaften, die du einmal in der Schule hören wirst, kommen aus dem Arabischen, zum Beispiel »Chemie« oder »Algebra«. Das Buch, das du in der Hand hältst, ist aus Papier. Auch das verdanken wir den Arabern, die es ihrerseits bei chinesischen Kriegsgefangenen kennengelernt haben.

Aber für zwei Dinge bin ich den Arabern besonders dankbar. Das eine sind die wunderbaren Märchen, die sie erzählt und geschrieben haben und die du in »Tausend und eine Nacht« lesen wirst. Das zweite ist fast noch märchenhafter als die Märchen, wenn es dir auch nicht gleich so vorkommen wird. Paß auf: »12«. Warum heißt das »zwölf« und nicht »eins-zwei« oder »eins und zwei«, was »drei« bedeutet? Der Einser, wirst du sagen, ist eben kein Einser, sondern ein Zehner. Weißt du noch, wie die Römer »zwölf« geschrieben haben: »XII«. Und 112? »CXII«. Und 1112? »MCXII«. Stell dir vor, wenn man mit solchen römischen Ziffern multiplizieren und addieren müßte! Aber mit unseren »arabischen« Ziffern geht es ganz leicht. Nicht nur weil sie hübsch und leicht zu schreiben sind, sondern weil sie etwas Neues haben: den Stellenwert. Eine Zahl, die links neben zwei anderen steht, ist eben ein Hunderter. Und Hundert schreibt man als Eins mit zwei Nullen.

Hättest du so eine praktische Erfindung gemacht? Ich bestimmt nicht. Diese Erfindung und sogar das Wort »Ziffer« haben wir von den Arabern, und die sind auf das Ganze durch die Inder gebracht worden. Das ist es, was ich fast noch mär-

Steinbogen, die durchbrochen sind wie Spitzenarbeit, und Arabesken sind Kennzeichen der arabischen Baukunst. Eines ihrer schönsten Werke: die Alhambra in Granada.

chenhafter finde als die herrlichen Märchen selbst. Und wenn es gut ist, daß Karl Martell 732 nach Christus über die Araber gesiegt hat, so ist es doch auch nicht schlecht, daß sie ihr großes Reich gegründet haben und die Gedanken, Formen und Erfindungen der Perser und Griechen, der Inder und sogar der Chinesen miterobert und zusammengetragen haben.

21 Ein Eroberer, der auch herrschen kann

Wenn du diese Geschichte liest, wirst du vielleicht glauben, daß es sehr leicht ist, die Welt zu erobern oder große Reiche zu gründen. Denn in der Weltgeschichte kommt so etwas immer wieder vor. Wirklich war es in früheren Zeiten nicht ganz so schwer. Woher kommt das?

Du mußt dir vorstellen, daß es damals noch keine Zeitungen und keine Post gab und daß die meisten Menschen überhaupt nicht genau wußten, was einige Tagreisen entfernt von ihnen vorging. Sie lebten in ihren Tälern und Wäldern, bebauten das Land, und das Fernste, was sie kannten, waren die Nachbarstämme. Mit diesen lagen sie aber meistens in Feindschaft oder Fehde. Man tat einander alles mögliche an, trieb sich gegenseitig das Vieh von der Weide und zündete sogar die Gehöfte an. Es war ein ständiges Hin und Her von Raub, Rache und Kampf.

Daß es jenseits des eigenen, kleinen Bereiches noch etwas gab, wußte man nur vom Hörensagen. Wenn nun ein Heer von einigen tausend Mann in solch ein Tal oder eine Waldgegend kam, war nicht viel dagegen auszurichten. Denn die Nachbarn waren nur froh, wenn dieses Heer ihre Feinde niedermachte, und dachten nicht daran, daß sie als nächste an die Reihe kommen würden. Und wenn man sie nicht umgebracht hat, sondern nur gezwungen, mit dem Heer mitzuziehen, weiter, gegen die nächsten Nachbarn, so waren sie meist noch dankbar. Auf diese Art ist so ein Heer gewachsen, und für die einzelnen Stämme wurde es immer schwerer, es zu besiegen, auch wenn die Stämme noch so tapfer waren. So ging es manchmal bei den Eroberungszügen der Araber, und so ähnlich war es auch bei dem großen König der Franken, von dem ich jetzt erzählen werde, bei Karl dem Großen.

Aber wenn auch das Erobern nicht ganz so schwer war, wie es heute wäre, das Regieren war viel schwerer. Denn man mußte ja in all die fernen, entlegenen Gegenden Boten senden, mußte die streitenden Völker und Stämme einigen und verbinden, damit sie einsehen lernten, daß es Wichtigeres gab als ihre Stammesfeindschaften und ihre Blutrache. Wollte man ein guter Herrscher sein, so mußte man den Bauern, die ein so armseliges, kärgliches Leben führten, helfen, man mußte dafür sorgen, daß die Leute etwas lernten und daß nicht alles verlorenging, was die Menschen vorher gedacht und geschrieben hatten. Ein guter Herrscher mußte damals wirklich eine Art Familienvater seiner großen Völkerfamilie sein und alles selbst entscheiden.

So einer war nun Karl der Große wirklich. Darum nennen wir ihn ja den Großen. Er war ein Nachkomme des Feldherrn der Merowinger, Karl Martells, der die Araber vom Frankenreich ferngehalten hatte. Die Merowinger waren keine sehr würdige Königsfamilie. Sie konnten nichts als mit langem Haar und wallendem Bart auf dem Thron sitzen und die Reden heruntersagen, die ihnen ihre Minister eingetrichtert hatten. Ihre Reisen machten sie nicht zu Pferde, sondern in Ochsenkarren wie die Bauern; so fuhren sie auch zu den Versammlungen des Volkes. Aber die eigentliche Regierung hatte eine tüchtige Familie, aus der auch Karl Martell stammte. Karls des Großen Vater, Pipin, war ebenfalls aus dieser Familie. Aber er wollte nicht mehr nur Minister sein, dessen Reden ein anderer heruntersagte, er wollte zu seiner Königsmacht auch den Königstitel haben. So setzte er den Merowingerkönig ab und machte sich zum Herrscher des Reiches der Franken, zu dem damals ungefähr die westliche Hälfte des heutigen Deutschland und der östliche Teil des heutigen Frankreich gehörte.

Du darfst dir aber kein festes Reich vorstellen, keinen richtigen Staat mit Beamten und womöglich mit einer Polizei, auch nichts, was sich mit dem Römerreich vergleichen läßt. Es gab ja damals noch ebensowenig ein deutsches Volk, wie es das zur Zeit der Römer gegeben hat. Es gab einzelne Stämme, die verschiedene Dialekte sprachen, verschiedene Sitten und Bräuche hatten und die einander zum Teil ebensowenig leiden mochten wie seinerzeit die Dorier und Jonier in Griechenland.

Die Führer oder Häuptlinge dieser Stämme hießen Herzoge, weil sie im Kampf an der Spitze des Heeres zogen, und solche Stammes-Herzogtümer gab es einige in Deutschland: das Herzogtum der Bayern, der Schwaben, der Alemannen usw. Der mächtigste Stamm aber waren eben die Franken. Ihnen mußten die anderen Heerfolge leisten, das heißt, sie mußten im Falle eines Krieges an ihrer Seite kämpfen. Diese Oberherrschaft im Krieg bildete eigentlich die Hauptmacht der Franken zur Zeit von Karls des Großen Vater, Pipin. Und diese Heeresmacht hat auch Karl der Große ausgenutzt, als er 768 zur Regierung kam.

Erst eroberte er ganz Frankreich. Dann zog er über die Alpen nach Italien, wo, wie du dich noch erinnerst, am Schluß der Völkerwanderung die Langobarden eingewandert waren. Er vertrieb den König der Langobarden und gab die Macht im Lande dem Papst in Rom, als dessen Beschützer er sich zeitlebens gefühlt hat. Dann zog er nach Spanien und kämpfte mit den Arabern, kehrte aber bald wieder um.

Als er nun sein Reich nach Süden und Westen ausgedehnt hatte, kam der Osten an die Reihe. Im Osten, im heutigen Österreich, waren damals wieder asiatische Reiterhorden eingefallen, die den Hunnen ganz ähnlich waren. Nur hatten sie keinen so gewaltigen Herrscher wie Attila. Ihre Lager umgaben sie immer mit Ringwällen, die schwer zu erobern waren. Karl der Große und seine Heere kämpften acht Jahre gegen die Awaren in Österreich und besiegten sie so gründlich, daß von ihnen nichts übrig blieb. Doch die Awaren hatten bei ihrem Einfall, ganz ähnlich wie früher die Hunnen, auch andere Völkerschaften vor sich hergetrieben. Das waren die Slawen. Auch die Slawen hatten damals eine Art Reich gegründet, freilich ein noch lockereres und wilderes als die Franken. Karl zog auch gegen sie ins Feld und zwang sie zum Teil zur Heerfolge, zum Teil zu jährlichen Abgaben. Aber während all dieser Kriegszüge vergaß er nie, was ihm das Wichtigste war. Nämlich alle deutschen Stammes-Herzogtümer und alle deutschen Stämme unter seine Herrschaft zu bringen und wirklich *ein* Volk aus ihnen zu machen.

Nun gehörte damals die ganze östliche Hälfte Deutschlands noch gar nicht zum Frankenreich. Dort saßen die Sachsen, bei denen es noch so wild und kriegerisch zuging wie bei den Germanenstämmen der Römerzeit. Sie waren auch noch Heiden und wollten nichts vom Christentum wissen. Aber Karl fühlte sich als das Oberhaupt aller Christen. Er dachte da nicht sehr viel anders als die Mohammedaner. Er meinte, man könne die Menschen zum Glauben zwingen. So kämpfte er viele Jahre lang mit Witukind, dem Führer der Sachsen. Die Sachsen unterwarfen sich und fielen ihm dann wieder in den Rücken; er kehrte um und verwüstete ihr Land. Aber kaum war er fort, so befreiten sie sich wieder. Sie zogen mit Karl dem Großen ganz gehorsam in den Krieg, aber dann machten sie plötzlich kehrt und überfielen seine Truppen. Schließlich verhängte Karl ein schreckliches Strafgericht über sie und ließ mehr als 4000 Sachsen hinrichten. Daraufhin ließen sich die anderen wirklich taufen, aber es wird lange gedauert haben, bis sie die Religion der Liebe geliebt haben.

Karl der Große jedoch war jetzt wirklich mächtig. Und ich habe dir schon gesagt, daß er nicht nur erobern konnte, sondern auch herrschen und für sein Volk sorgen. Schulen waren ihm besonders wichtig, und er selbst hat sein Leben lang gelernt. Er sprach lateinisch so gut wie deutsch und verstand griechisch. Er sprach überhaupt gern und viel, mit einer hellen, klaren Stimme. Mit allen Wissenschaften und Künsten des Altertums beschäftigte er sich und nahm bei gelehrten Mönchen aus England und Italien Unterricht in Redekunst und Sternkunde. Man erzählt aber, daß ihm das Schreiben schwer fiel, da seine Hand mehr gewohnt war, das Schwert zu halten, als mit der Feder schön geschwungene Buchstaben hintereinander zu setzen.

Sehr gern ritt er auf die Jagd oder ging schwimmen. Gewöhnlich war er ganz einfach angezogen. Er trug ein Leinenhemd, einen Kittel mit bunten Seidenstreifen und lange Hosen mit Gamaschen, im Winter ein Pelzwams, darüber einen blauen Mantel. Immer hatte er ein Schwert mit einem goldenen oder silbernen Griff umgegürtet. Nur bei Festlichkeiten trug er ein golddurchwirktes Kleid, edelsteinbesetzte Schuhe, eine große, goldene Spange am Mantel und eine Krone von Gold und Edelsteinen. Stell dir ihn nur vor, wenn der gewaltige, hochgewachsene Mann, so angetan, in seinem Lieblingspalast in Aachen Gesandte empfing! Die kamen von überall her: aus seinem Reich in Frankreich, Italien und Deutschland, aus den Ländern der Slawen und aus Österreich.

Von überall ließ er sich genau berichten und bestimmte, was im ganzen Land zu geschehen habe. Er ernannte Richter und ließ die Gesetze sammeln, er bestimmte aber auch, wer Bischof sein sollte, und setzte sogar die Preise für Lebensmittel fest. Am wichtigsten aber war ihm die Einigkeit unter den Deutschen. Er wollte nicht nur über einige Stammes-Herzogtümer herrschen, er wollte ein festes Reich daraus machen. Wenn das einem Herzog nicht gefiel, wie zum Beispiel dem Bayern Tassilo, setzte er ihn ab. Du mußt bedenken, daß damals zum erstenmal ein gemeinsames deutsches Wort für die Sprache aller germanischen Stämme gebraucht wurde, daß man nicht mehr immer nur von fränkisch, bayrisch, alemannisch, sächsisch sprach, sondern damals zuerst von »thiudisk«, das heißt: deutsch.

Weil Karl sich für alles Deutsche interessierte, ließ er auch die alten Heldenlieder aufschreiben, die wahrscheinlich in den Kämpfen der Völkerwanderung entstanden sind. Sie handelten von Theodorich, den man später Dietrich von Bern nannte, von Attila oder Etzel, dem König der Hunnen, von Siegfried, der den Drachen erschlug und der von Hagen heimtückisch erstochen wurde. Aber die Lieder dieser Zeit sind fast ganz verlorengegangen, wir kennen die Sagen nur aus Aufzeichnungen, die beinahe 400 Jahre später gemacht wurden.

Karl der Große fühlte sich aber nicht nur als deutscher König und als Herr des Frankenreiches. Er fühlte sich als Schirmherr aller Christen. Und so empfand es auch der Papst in Rom, den er mehrmals gegen die Langobarden in Italien in Schutz genommen hatte. Als Karl einmal am Weihnachtsabend des Jahres 800 in der größten Kirche Roms, in der Kirche des Heiligen Petrus, betete, trat der Papst plötzlich auf ihn zu und setzte ihm eine Krone auf. Dann fielen er und alles Volk vor ihm auf die Knie, und alle huldigten Karl als dem neuen römischen Kaiser, den Gott eingesetzt habe, den Frieden des Reiches zu wahren. Karl der Große soll darüber sehr erschrocken sein, er hatte es vielleicht nicht geahnt, was man mit ihm vorhatte. Aber nun trug er die Krone, und nun war er der erste deutsche Kaiser des Heiligen Römischen Reiches, wie man es später nannte.

Karls Reich sollte ja die Macht und Größe des alten Römerreiches wieder erstehen lassen, nur sollten diesmal statt der heidnischen Römer die christlichen Germanen die Herrscher sein. Sie sollten die Führer der Christenheit werden, das war der Plan und das Ziel Karls des Großen und ist lange das Ziel der deutschen Kaiser geblieben. Aber nur unter Karls Herrschaft war es fast erfüllt. Es kamen Gesandtschaften aus aller Welt an seinen Hof, um ihm zu huldigen. Nicht nur der mächtige oströmische Kaiser in Konstantinopel wollte sich gut mit ihm stellen; sogar der Herrscher der Araber im fernen Mesopotamien, der große Märchenfürst Harun al Raschid, der in Bagdad in der Nähe des alten Ninive seinen wunderbaren Palast hatte, sandte ihm die kostbarsten Schätze zum Geschenk, prachtvolle Gewänder, seltene Gewürze und einen Elefanten. Ferner eine Wasseruhr, deren Getriebe so prunkvoll war, wie man es im Frankenreich noch nie gesehen hatte. Dem mächtigen Kaiser zuliebe erlaubte Harun al Raschid sogar, daß christliche Pilger unbelästigt und ungehindert zum Heiligen Grab Christi nach Jerusalem pilgern

Gesandte des Araberherrschers Harun al Raschid aus Bagdad überbringen Kaiser Karl dem Großen Geschenke aus dem Morgenland.

durften. Jerusalem stand, wie du dich erinnerst, unter der Herrschaft der Araber.

All das hatte man der Klugheit, der Willenskraft und Überlegenheit des neuen Kaisers zu verdanken. Das sieht man deutlich nach seinem Tod im Jahre 814. Da verging das alles, traurig schnell. Das Reich wurde nach einiger Zeit unter die drei Enkel Karls geteilt und zerfiel bald in die Reiche Deutschland, Frankreich und Italien.

In den Landstrichen, die früher einmal zum Römischen Reich gehört hatten, sprach man weiterhin romanische Sprachen, also französisch und italienisch. Die drei Länder wurden nie wieder vereint. Auch die deutschen Stammes-Herzogtümer rührten sich nun und bekamen wieder ihre Selbständigkeit. Die Slawen sagten sich gleich nach Karls Tod los und gründeten unter ihrem ersten großen König, Svatopluk, selbst ein mächtiges Reich. Die Schulen, die Karl in Deutschland gegründet hatte, verfielen, und die Kunst des Lesens und Schreibens war bald nur noch in einigen zerstreuten Klöstern bekannt. Germanenstämme im Norden, die Dänen und Normannen, die man Wikinger nannte, plünderten als Seeräuber wild und unerschrocken die Städte an der Küste. Sie waren fast unüberwindlich. Sie gründeten Reiche im Osten, unter den Slawen des heutigen Rußland und im Westen an der Küste des heutigen Frankreich. Heute noch heißt nach diesen Normannen eine Halbinsel Frankreichs die Normandie.

Das Heilige Römische Reich Deutscher Nation, das große Werk Kaiser Karls des Großen, hat im nächsten Jahrhundert nicht einmal dem Namen nach bestanden.

22 Ein Kampf um die Herrschaft über die Christenheit

Die Weltgeschichte ist leider keine schöne Dichtung. Es wird in ihr nicht für Abwechslung gesorgt. Besonders die unangenehmen Dinge wiederholen sich immer wieder. So sind kaum 100 Jahre nach Karl dem Großen, in der Zeit, in der es so traurig um das Land bestellt war, wieder Reiterhorden vom Osten her eingefallen wie vorher die Hunnen und dann die Awaren. Gar so merkwürdig ist das eigentlich nicht. Der Weg aus der asiatischen Steppe nach Europa war bequemer und darum verlockender als ein Raubzug gegen China, das nicht nur durch die große Mauer des Qin Shi Huangdi geschützt war, sondern das in dieser Zeit überhaupt ein mächtiger, geordneter Staat gewesen ist, mit blühenden großen Städten und einem unerhört kultivierten, geschmackvollen Leben am Kaiserhof und in den Häusern der hohen und gelehrten Beamten.

In derselben Zeit, in der man in Deutschland die alten Kriegslieder sammelte und bald wieder als zu heidnisch verbrannte, in der in Europa die Mönche schüchtern versuchten, die biblische Geschichte in deutschen Reimen und lateinischen Versen nachzuerzählen (also in der Zeit vor und nach 800), lebten in China die größten Dichter, die es vielleicht überhaupt je gegeben hat. Sie schrieben mit schwungvollen Pinselstrichen in Tusche auf Seide ganz knappe, kurze, einfache Verse, die bei aller Einfachheit so viel sagen, daß sie einem nicht mehr aus dem Kopf gehen, wenn man sie einmal gelesen hat. Das Chinesische Reich war gut verwaltet und gut geschützt. Darum drangen die Reiterscharen lieber immer wieder nach Europa. Diesmal waren es die Magyaren. Da kein Papst Leo der Große und kein Kaiser Karl der Große ihnen entgegenzog, eroberten sie schnell das heutige Ungarn und Österreich und fielen in Deutschland ein, um zu plündern und zu morden.

Da mußten die einzelnen Stammes-Herzogtümer wohl oder übel einen Führer wählen. Sie wählten im Jahre 919 einen Herzog der Sachsen, Heinrich, zu ihrem gemeinsamen König, der die Magyaren auch endlich zurückschlug und von Deutschland fernhielt. Sein Nachfolger, König Otto, den man Otto den Großen nennt, vernichtete sie zwar nicht ganz so, wie Karl der Große die Awaren vernichtet hatte, aber er zwang sie nach einer furchtbaren Niederlage im Jahre 945, sich in Ungarn anzusiedeln. Und dort leben ihre Nachkommen, die jetzigen Ungarn, noch heute.

Das Land, das Otto ihnen abgenommen hatte, behielt er nicht einfach als König für sich. Er verlieh es an einen Fürsten. Das war nämlich damals üblich. Ottos des Großen Sohn, Otto II., verlieh auf dieselbe Art einen Teil des heutigen Nieder-

Der König verleiht ein Land an den Vornehmen. Zum Zeichen seiner Vasallentreue muß dieser vor dem König niederknien und die gefalteten Hände zwischen des Königs Handflächen legen.

österreich, die Gegend um die Wachau, im Jahre 976 an einen deutschen Vornehmen, Leopold, aus der Familie der Babenberger. Ein solcher Vornehmer baute sich in dem Land, das der König ihm geliehen hatte, eine Burg und herrschte dort wie ein Fürst. Er war meist kein gewöhnlicher Beamter des Königs. Er war mehr, er war Herr auf seinem Land, so lange es ihm der König ließ.

Die Bauern, die dort wohnten, waren meist nicht mehr Freie, wie es die germanischen Bauern früher gewesen waren. Sie gehörten mit zu dem Land, das der König vergeben hatte oder das ein vornehmer Grundherr besaß. Wie die Schafe und Ziegen, die dort weideten, wie die Hirsche, Bären und Eber, die in den Wäldern lebten, wie die Flüsse und Wälder, Weiden, Wiesen und Äcker gehörten auch die Menschen zum Land, das sie bebauten. Weil sie dazugehörten, nannte man sie »Hörige«. Sie waren nicht eigentlich Bürger des Reiches, sie hatten kein Recht, im Land dorthin zu gehen, wohin sie wollten, oder ihre Äcker zu bebauen oder auch nicht zu bebauen. Sie waren so wie sie hießen: Unfreie.

»Also waren sie Sklaven, wie im Altertum?« – Das eigentlich auch nicht. Du weißt, daß die Sklaverei seit dem Christentum in unseren Ländern aufgehört hat. Die Unfreien waren keine Sklaven, denn sie gehörten ja eben zum Land, und das Land gehörte dem König, wenn er es auch an Vornehme verlieh. Der Vornehme oder Fürst durfte sie darum nicht verkaufen oder töten, wie es früher einmal der Herr mit seinen Sklaven tun durfte. Sonst allerdings konnte er ihnen befehlen, was er wollte. Sie mußten für ihn das Land bebauen und für ihn arbeiten, wenn er es befahl, sie mußten ihm regelmäßig Brot auf seine Burg schicken und Fleisch, damit er zu essen hatte. Denn der Vornehme arbeitete ja nicht selbst auf dem Feld. Er ging höchstens auf die Jagd, wenn es ihm Freude machte. Das Land, das ihm der König verliehen hatte, war eigentlich sein Land, denn auch sein Sohn erbte es von ihm, wenn er sich nichts gegen den König zuschulden kommen ließ. Und dem König war der Fürst für das geliehene Land, das man Lehen nannte, nichts schuldig, als für ihn mit seinen Grundherren und Bauern in den Krieg zu ziehen, wenn es einen gab. Krieg gab es allerdings oft.

Ganz Deutschland war damals so vom König an einzelne Vornehme verliehen. Der König behielt nur wenige Landgüter selbst. Wie in Deutschland war es auch in Frankreich und in England. In Frankreich war im Jahre 986 ein mächtiger Herzog, Hugo Capet, König geworden; England war im Jahre 1016 von einem dänischen Seefahrer Canute erobert worden, der auch Norwegen und Teile von Schweden regierte und die mächtigen Fürsten über ihre Lehen herrschen ließ.

Dadurch, daß sie die Magyaren besiegt hatten, war die Macht der deutschen Könige wieder sehr gestiegen. Otto der Große selbst, der Besieger der Ungarn, brachte auch die Fürsten der Slawen, der Böhmen und Polen dazu, daß sie seine Lehenshoheit anerkannten. Das heißt, sie betrachteten ihr Land als ein ihnen vom deutschen König nur geliehenes und leisteten ihm Heerfolge, wenn er es verlangte.

Als so mächtiger Herrscher zog Otto der Große nach Italien, wo unter den Langobarden ein furchtbarer Wirrwarr und wilde Kämpfe ausgebrochen waren. Otto erklärte auch Italien als deutsches Lehen und verlieh es an einen langobardischen Fürsten. Der Papst war dankbar dafür, daß Otto durch seine Macht die langobardischen Vornehmen ein bißchen im Zaum hielt, und krönte ihn im Jahre 962 zum römischen Kaiser, so wie einst im Jahre 800 Karl der Große gekrönt worden war.

So wurden die deutschen Könige wieder römische Kaiser und damit die Schirmherren der Christenheit. Ihnen gehörte das Land, auf dem die Bauern pflügten, von Italien bis zur Nordsee und vom Rhein bis weit über die Elbe, wo slawische Bauern deutschen Vornehmen hörig wurden. Der Kaiser verlieh diese Länder nicht nur an Fürsten. Er verlieh sie auch oft an Priester, Bischöfe und Erzbischöfe. Auch diese waren nun nicht mehr nur kirchliche Beamte, sie herrschten wie die Vornehmen über große Gebiete und zogen an der Spitze ihrer hörigen Bauern in den Krieg.

Zuerst war das dem Papst sehr recht. Er stand auch gern gut mit den deutschen Kaisern, die ihn schützten und verteidigten und die alle sehr fromme Männer waren.

Aber bald wurde es anders. Der Papst wollte nicht erlauben, daß der Kaiser bestimmen dürfe, wer von seinen Priestern Bischof der Gegend von Mainz oder Trier, von Köln oder Passau werden sollte. Der Papst sagte: »Das sind geistliche Ämter, und die habe ich, der höchste Geistliche, zu verteilen.« Aber es waren eben nicht nur geistliche Ämter. Der Erzbischof von Köln war Seelsorger und gleichzeitig der Fürst und Herr dieser Gegend. Und wer Fürst und Herr seines Landes werden sollte, wollte doch der Kaiser bestimmen. Wenn du das genau überlegst und durchdenkst, wirst du merken, daß wirklich beide von ihrem Standpunkt aus vollkommen recht hatten, der Kaiser wie der Papst. Durch das Verleihen von Ländern an Priester war man in eine Zwickmühle geraten, denn der oberste Herr aller Priester ist der Papst, und der oberste Herr aller Länder ist der Kaiser. Daraus mußte ein Streit entstehen, und er entstand auch bald. Man nennt ihn den Investiturstreit.

In Rom wurde im Jahre 1073 ein besonders frommer, eifriger Mönch Papst, der sich schon vorher sein ganzes Leben lang um die Reinheit und Macht der Kirche gemüht hatte. Er hieß Hildebrand, und als Papst nannte er sich dann Gregor VII.

In dieser Zeit war in Deutschland ein Franke König. Er hieß Heinrich IV. Nun mußt du wissen, daß der Papst sich nicht nur als der oberste Priester fühlte, sondern auch als der von Gott eingesetzte Herrscher über alle Christen der Erde. Und genauso fühlte sich der deutsche Kaiser, der Nachfolger der alten römischen Kaiser und Karls des Großen, als Schutzherr und oberster Befehlshaber der ganzen christlichen Welt. Zwar war Heinrich IV. damals noch nicht zum Kaiser gekrönt, aber er glaubte als deutscher König ein Recht darauf zu haben, gekrönt zu werden. Wer von beiden sollte da nachgeben?

Es entstand unerhörte Aufregung in der Welt, als es zum Kampf zwischen beiden kam. Viele waren für König Heinrich IV., viele für Papst Gregor VII. Noch heute kennt man 155 Streitschriften, die damals die Anhänger und die Gegner des Königs für ihn und gegen ihn geschrieben haben. So sehr nahmen alle Anteil an diesem Kampf. In manchen dieser Streitschriften wird König Heinrich als ein schlechter, jähzorniger Mensch geschildert, in anderen wieder der Papst als hartherzig oder herrschsüchtig.

Ich denke, wir werden beiden nicht glauben. Wir werden daran denken, daß beide von ihrem Standpunkt aus recht hatten, und darum wird es uns gar nicht so wichtig sein, ob König Heinrich wirklich gegen seine Frau unfreundlich war (das sagten die Gegner des Königs) und ob Papst Gregor wirklich nicht nach allen üblichen Formalitäten zum Papst gewählt worden war (das sagten die Gegner des Papstes). Wir können ja nicht mehr in die Vergangenheit reisen und nachschauen, wie es wirklich ausgesehen hat und ob man den Papst oder den Kaiser in einer dieser Schriften verleumdet hat. Wahrscheinlich verleumdete man beide, denn wenn die Menschen kämpfen, sind sie fast immer ungerecht. Und ich will dir hier zeigen, wie schwer es ist, nach mehr als 900 Jahren herauszubekommen, wie es in Wirklichkeit gewesen ist.

König Heinrich hatte es nämlich nicht leicht: Die Vornehmen, denen er Länder verliehen hatte (die deutschen Fürsten also), waren gegen ihn. Sie wollten nicht, daß der König zu mächtig würde. Dann hätte er ja auch ihnen befehlen können. Papst Gregor eröffnete die Feindseligkeiten, indem er König Heinrich aus der Kirche ausschloß, das heißt, er verbot jedem Priester, für ihn Gottesdienst zu halten. Das nannte man den Bann. Da erklärten die Fürsten, sie wollten von einem gebannten König nichts wissen, sie würden einen anderen zum König wählen. Heinrich mußte also vor allem trachten, daß der Papst diesen furchtbaren Bann wieder zurücknehme. Das war das Wichtigste für ihn; konnte er das nicht erreichen, war es aus mit seinem Königtum. So reiste er allein und ohne Heer nach Italien, um mit dem Papst zu verhandeln und ihn zu bitten, den Bann aufzuheben.

Es war Winter, und die deutschen Fürsten, die ja verhindern wollten, daß König Heinrich sich mit dem Papst versöhnte, hatten die Straßen und Wege besetzt. So mußte Heinrich mit seiner Frau einen großen Umweg machen und ist im eiskalten Winter über den Mont Cenis gezogen, wahrscheinlich denselben Paß, über den einmal Hannibal in Italien eindrang.

Der Papst war gerade nach Deutschland unterwegs, um mit des Königs Feinden zu verhandeln. Als er hörte, daß Heinrich herannahe, floh er in eine Burg in Oberitalien, die Canossa heißt. Er glaubte, daß Heinrich mit einem Heer erscheinen werde. Wie nun Heinrich allein kam, um sich vom Bann lossprechen zu lassen, war er erstaunt und erfreut. Manche erzählen, daß der König im Büßergewand erschien, in einer groben Kutte, und daß der Papst ihn so drei Tage lang im Vorhof der Burg warten ließ, barfuß in der grimmigen Winterkälte, im Schnee stehend, bis er sich seiner erbarmte und den Kirchenbann aufhob. Manche Zeitgenossen schildern, wie der König vor dem Papst um Gnade wimmerte, die ihm der Papst schließlich aus Mitleid gewährt habe.

Heute spricht man noch von einem »Gang nach Canossa«, wenn man sagen will, daß ein Mensch sich demütigen und einen Gegner um Gnade bitten muß. Jetzt werde ich dir aber zeigen, wie einer der Freunde des Königs dieselbe Geschichte erzählt. Sie hört sich dort so an: »Als Heinrich erkannte, wie schlecht seine Lage war, faßte er heimlich einen sehr schlauen Plan. Plötzlich und unerwartet reiste er dem Papst entgegen. Dadurch erreichte er zwei große Vorteile mit einem Schlag: Er wurde vom Bann losgesprochen und verhinderte durch sein persönliches Erscheinen, daß der Papst mit seinen Feinden zusammentraf, was für ihn gefährlich gewesen wäre.«

So haben die Freunde des Papstes den Gang nach Canossa als unerhörten Erfolg des Papstes angesehen und die Anhänger des Königs als großen Vorteil für ihren Herrn.

Du siehst daran, wie man aufpassen muß, wenn man über zwei streitende Mächte urteilen will. Aber der Streit war mit dem Gang nach Canossa noch nicht zu Ende; er war nicht einmal mit dem Tod König Heinrichs, der inzwischen wirklich Kaiser geworden war, und dem Tod Papst Gregors zu Ende. Zwar hat Heinrich noch erreicht, daß Gregor abgesetzt wurde, aber der Wille dieses großen Papstes ist doch allmählich durchgedrungen. Die Bischöfe wurden von der Kirche gewählt, und der Kaiser durfte nur sagen, ob er der Wahl zustimme. Der Papst und nicht der Kaiser wurde Herr der Christenheit.

Wenn die Normannen ausfuhren, stand neben jedem Ruderer sein Schild – denn sie fuhren immer zu Kämpfen aus.

Du erinnerst dich, daß die nordischen Seefahrer, die Normannen, einen Landstrich an der Küste des Frankenreiches erobert hatten, der heute noch nach ihnen die Normandie heißt. Sie haben sich bald angewöhnt, französisch zu sprechen wie ihre Nachbarn. Aber die Lust an kühnen Seefahrten, am Wandern und Erobern hatten sie nicht verloren. Manche von ihnen sind bis Sizilien gefahren und haben dort gegen Araber gekämpft, haben dann auch Unteritalien erobert und von dort aus – unter ihrem großen Führer Robert Guiscard – den Papst Gregor VII. gegen die Angriffe Heinrichs IV. verteidigt. Andere setzten über den schmalen Meeresarm, der zwischen Frankreich und England liegt und besiegten unter ihrem König Wilhelm, den man seitdem »Wilhelm den Eroberer« nennt, den englischen König (einen der einheimischen Nachfolger des dänischen Königs Canute). Das war im Jahre 1066, und fast jeder Engländer kennt diese Jahreszahl, denn es war dies das letzte Mal, daß ein feindliches Heer in England Fuß fassen konnte.

Wilhelm ließ von seinen Beamten eine genaue Liste aller Dörfer und aller Landgüter anfertigen und gab viele davon seinen Mitkämpfern zum Lehen. So waren die Vornehmen in England Normannen; und da diese Normannen aus der Normandie französisch sprachen, ist heute noch die englische Sprache ein Gemisch aus alten germanischen und romanischen Wörtern.

23 Ritterliche Ritter

Von den alten Rittern aus der Ritterzeit hast du sicher schon gehört. Vielleicht hast du auch schon Bücher gelesen, in denen viel vorkommt von Harnischen und Knappen, von Helmbüschen und edlen Rossen, von bunten Wappen und festen Burgen, von Zweikampf und ritterlichen Spielen, bei denen die Frauen den Dank austeilten, von abenteuerlichen Fahrten und verlassenen Burgfräulein, von fahrenden Sängern und vom Ritt ins Heilige Land. Und das Schönste ist, daß es das alles wirklich gegeben hat. Dieser ganze romantische Glanz ist keine Erfindung. Es hat einmal auf der Welt sehr bunt und abenteuerlich ausgesehen, und die Menschen haben sich gefreut, in dem großen und seltsamen Spiel der Ritterschaft mitzuspielen, das oft sehr ernst war.

Aber wann gab es Ritter, und wie ist das eigentlich gewesen?

Ritter heißt eigentlich Reiter, und damit hat das Rittertum auch angefangen. Wer sich ein schönes Schlachtroß leisten konnte, um damit in den Krieg zu ziehen, war ein Ritter. Wer sich das nicht leisten konnte, mußte zu Fuß gehen und war keiner. Die Vornehmen also, denen der König Länder verliehen hatte, waren Ritter. Die hörigen Bauern mußten ihnen den Hafer für das Pferd liefern. Aber ebenso die Beamten der Vornehmen, ihre Gutsverwalter, denen der Fürst wieder ein Stück des geliehenen Landes weiterverliehen hatte, waren reich genug, ein schönes Pferd zu halten, obwohl sie sonst nicht sehr mächtig waren. Wenn ihr Herr vom König in den Krieg gerufen wurde, mußten sie ihn mit ihren Pferden begleiten. Darum waren sie auch Ritter. Nur die Bauern und armen Diener, die Knechte und Mannen, die im Krieg zu Fuß kämpften, waren keine.

All das fing schon um die Zeit Kaiser Heinrichs IV., also nach dem Jahre 1000, an und blieb die nächsten Jahrhunderte so. Nicht nur in Deutschland, sondern vor allem auch in Frankreich.

Aber diese Reiter waren noch nicht Ritter, wie wir sie uns vorstellen. Erst allmählich bauten sich die Fürsten und Vornehmen so große, feste, stolze Burgen, wie wir sie heute noch in unseren Bergländern sehen. Burgen, auf denen sie die Herren waren. Da sollte jemand kommen und sie stören! Diese Burgen lagen oft auf schroffen zackigen Felsen, die überhaupt nur von einer Seite zu besteigen waren, und auf dieser Seite führte nur ein schmaler Reitpfad hinauf.

Ehe man an das Burgtor kam, gab es meist einen breiten Graben, manchmal mit Wasser gefüllt. Über den Graben führte eine Zugbrücke. Man konnte sie jederzeit an Ketten hochziehen, dann war die Burg verschlossen, und niemand konnte

Fast uneinnehmbar standen die festen, kahlen Burgen der Ritter auf den Felsenhöhen.

hinein. Denn jenseits des Grabens kamen zuerst dicke, feste Mauern mit Schießscharten, aus denen man Pfeile schoß, und mit Löchern, aus denen man siedendes Pech auf die Feinde schütten konnte. Die Mauern selbst trugen Zacken oder Zinnen, hinter denen man stehen und die Feinde beobachten konnte. Hinter dieser dicken Mauer kam oft noch eine und auch noch eine dritte Mauer, ehe man in den Burghof gelangte. Von dort erst ging es zu den Räumen, in denen der Ritter wohnte. Eine Halle, in der ein Feuer im Kamin brannte, war für die Frauen, die nicht so abgehärtet waren wie die Männer.

Denn bequem lebte man in so einer Burg nicht. Die Küche war ein schwarzer rußiger Raum, in dem man das Fleisch über einem gewaltigen prasselnden Holzfeuer am Spieß briet. Neben den Räumen für die Knechte und die Ritter selbst gab es noch zweierlei: die Kapelle, in der der Kaplan den Gottesdienst hielt, und den Bergfried. Der Bergfried ist ein gewaltiger Turm, meist im Innersten der Burg, in dem gewöhnlich Lebensmittelvorräte aufgespeichert waren und in den sich die Ritter zurückzogen, wenn die Feinde den Berg und den Graben und die Zugbrücke und das siedende Pech und die drei Mauern wirklich bezwungen hatten. Dann standen sie vor diesem gewaltigen trotzigen Turm, in dem sich die Ritter oft noch so lange verteidigen konnten, bis Hilfe kam.

Noch etwas dürfen wir nicht vergessen! Das Burgverlies. Das war ein tiefes, enges, finsteres, kaltes Kellerloch, in das der Ritter seine gefangenen Feinde warf und in dem sie verschmachten mußten, wenn man sie nicht durch ein hohes Lösegeld befreite.

Du hast vielleicht schon eine solche Burg gesehen. Aber wenn du wieder eine siehst, dann denk nicht nur an die Ritter in den Kettenpanzern, die dort herumgegangen sind, sondern schau dir auch einen Augenblick die Mauern und Türme an und denk an die Menschen, die das aufgeschichtet haben. Türme auf spitzen Felsen, Mauern zwischen Abgründen. Das mußten alles die hörigen Bauern machen, die Unfreien, die Leibeigenen, wie man sie auch nannte. Die mußten die Steine brechen und schleppen, mußten sie hinaufwinden und übereinandertürmen, und wenn ihre Kraft nicht mehr ausreichte, mußten wohl auch ihre Frauen und Kinder helfen. Denn der Ritter konnte ihnen alles befehlen. Es war jedenfalls schöner, ein Ritter zu sein als ein Leibeigener.

Die Söhne der Leibeigenen wurden wieder Leibeigene und die Söhne der Ritter wieder Ritter. Das war nicht viel anders als im alten Indien mit seinen verschiedenen Kasten.

Schon im Alter von sieben Jahren kam der Sohn des Ritters auf eine fremde Burg, um dort das Leben kennenzulernen. Er hieß Edelknabe oder Page und hatte die Frauen zu bedienen, ihre Schleppe zu tragen oder vielleicht ihnen vorzulesen, denn die Frauen konnten oft nicht lesen und schreiben. Aber die Edelknaben lernten es manchmal. Mit 14 Jahren wurden die

Edelknaben zu Knappen erhoben. Sie mußten nicht mehr in der Burg beim Feuer sitzen, sie durften mitreiten, auf die Jagd und in den Krieg. Der Knappe trug dem Ritter Schild und Speer nach, er reichte ihm im Kampf eine zweite Lanze, wenn die erste zersplittert war, und mußte seinem Herrn unbedingt gehorsam und treu sein. War er als Knappe kühn und ergeben gewesen, so wurde er mit 21 Jahren selbst zum Ritter geschlagen. Das war eine sehr feierliche Handlung. Der Knappe mußte vorher lange fasten und in der Burgkapelle beten. Er bekam auch vom Priester das Heilige Abendmahl. Dann mußte er zwischen zwei Zeugen niederknien, in voller Rüstung, aber ohne Helm, Schwert und Schild, und sein Herr, der ihn zum Ritter schlug, gab ihm mit der Fläche des Schwertes einen Schlag auf jede Schulder und einen auf den Nacken. Dazu sprach er:

Zu Gottes und Marias Ehr'
Diesen Schlag und keinen mehr.
Sei tapfer, bieder und gerecht.
Besser ein Ritter als ein Knecht.

Dann durfte sich der Knappe erheben. Er war kein Knappe mehr, er war ein Ritter, der nun andere zum Ritter schlagen durfte, der auf seinem Schild sein Wappen trug, einen Löwen, einen Panther oder eine Blume, und der sich meistens auch einen schönen Wahlspruch für sein Leben wählte. Feierlich übergab man ihm das Schwert und den Helm, legte ihm vergoldete Sporen an, gab ihm den Schild auf den Arm, und so ritt er davon, mit buntem Helmbusch und mächtiger Lanze, mit einem scharlachroten Mantel über dem Kettenpanzer, von einem Knappen begleitet, um sich seines Rittertums würdig zu erweisen.

Du siehst an dieser großen Feierlichkeit, daß ein Ritter bald mehr war als einfach ein Krieger zu Pferd. Er war fast das Mitglied eines Ordens, so wie ein Mönch. Denn der gute Ritter sollte nicht nur ein tapferer Ritter sein. Wie der Mönch Gott durch Beten und gute Werke diente, sollte der Ritter Gott durch seine Kraft dienen. Er sollte die Schwachen und Wehrlosen schützen, die Frauen, die Armen, Witwen und Waisen. Er sollte sein Schwert nur für das Recht ziehen und in jeder seiner Taten Gott dienen. Seinem Herrn, dem Lehnsherrn, war er unbedingt Gehorsam schuldig. Für ihn mußte er alles wagen. Er durfte nicht roh, aber auch nicht feige sein. Er durfte in der Schlacht nie einen einzelnen Feind zu zweien angreifen, sondern mußte sich ihm zum Zweikampf stellen. Besiegte Gegner sollte er nicht demütigen. Noch heute nennt man einen Menschen, der all das einhält, »ritterlich«, weil er nach den Idealen der Ritter handelt.

Wenn ein Ritter eine Frau liebte, so zog er dieser zur Ehre in den Kampf und suchte große Abenteuer zu bestehen, um dadurch die Dame seines Herzens berühmt zu machen. Er nahte ihr nur in Ehrfurcht und tat alles, was sie ihm befahl. Auch das gehört zur Ritterlichkeit. Und wenn es dir heute ganz natürlich vorkommt, daß du eine Dame zuerst durch eine Tür gehen läßt oder dich bückst, wenn ihr etwas auf den Boden fällt, so lebt in dir noch ein Restchen der Gedanken der alten Ritter weiter, daß ein rechter Mann die Schwachen beschützen und die Frauen ehren muß.

Auch im Frieden zeigte der Ritter seinen Mut und seine Gewandtheit in ritterlichen Spielen, die man Turniere nannte. Zu solchen Kampfspielen kamen Ritter aus vielen Ländern herbei, um ihre Kräfte zu messen. Sie ritten in voller Rüstung mit stumpfen Spießen gegeneinander los und versuchten, sich gegenseitig vom Pferde zu werfen. Dem Sieger reichte die Frau des Burgherrn den Dank, das war meist ein Blumenkranz. Um den Frauen zu gefallen, sollte der Ritter nicht nur durch Waffentaten glänzen. Er sollte sich maßvoll und edel betragen, nicht schimpfen oder fluchen, wie es Krieger sonst gerne taten, sollte die Künste des Friedens, wie schachspielen und dichten, beherrschen.

Voll Anteilnahme sehen die vornehmen Damen auf die kühnen Kampfspiele der prächtig gewappneten Ritter.

Wirklich waren die Ritter oft große Dichter, die das Lob ihrer geliebten Frauen sangen, von ihrer Schönheit und von ihrer Tugend. Auch von den Taten anderer Ritter aus der Vorzeit sang und hörte man damals gern. Es gab lange gereimte Geschichten, die von Parzival erzählten und den ritterlichen Hütern der heiligen Schale von Christi Abendmahl, des Gral, von König Artus und von Lohengrin, auch von dem unglücklich liebenden Tristan und sogar von Alexander dem Großen und dem Trojanischen Krieg.

Spielleute zogen durchs Land, von Burg zu Burg, die sangen noch immer die alten Sagen von Siegfried, dem Drachentöter, und von Dietrich von Bern, dem Gotenkönig Theodorich. Erst aus dieser Zeit kennen wir diese Lieder, wie man sie damals in Österreich an der Donau sang, da die Lieder, die Karl der Große aufschreiben ließ, ja verlorengingen. Und wenn du das »Nibelungenlied« (so heißt das Lied über Siegfried) liest, wirst du merken, daß alle die alten germanischen Bauernkrieger richtige Ritter geworden sind und daß sogar der furchtbare Hunnenherrscher Attila als König Etzel, der in Wien mit Siegfrieds Witwe Kriemhild feierlich Hochzeit hält, als ritterlich und edel geschildert wird.

Du weißt, daß es die Ritter als ihre Hauptaufgabe angesehen haben, für Gott und die Christenheit zu kämpfen. Und sie fanden auch eine wunderbare Gelegenheit. Das Grab Christi in Jerusalem war, wie ganz Palästina, in den Händen der Araber, der Ungläubigen. Und als ein gewaltiger Prediger in Frankreich die christlichen Ritter daran erinnerte und als der Papst, der nach seinem Sieg über die deutschen Könige der mächtige Herrscher über die Christenheit war, sie um ihre Hilfe bat, das Grab zu befreien, da riefen Tausende und Zehntausende begeistert: »Gott will es, Gott will es!«

Unter der Führung eines französischen Fürsten, Gottfried von Bouillon, zogen sie im Jahre 1096 die Donau entlang nach Konstantinopel und über Kleinasien nach Palästina. Die Ritter und ihre Begleiter hatten rote Kreuze aus Stoff auf ihre Schultern geheftet. Man nannte sie Kreuzfahrer. Sie wollten ja das Land befreien, in dem einst Christi Kreuz gestanden hatte. Als sie endlich nach vielen Entbehrungen und jahrelangen Kämpfen vor Jerusalem standen, waren sie so ergriffen, diese heilige Stadt, von der sie soviel aus der Bibel wußten, nun wirklich zu sehen, daß sie weinend den Erdboden geküßt haben sollen.

Das Heer der Kreuzritter begrüßt andächtig das Ziel der langen, gefahrvollen und abenteuerlichen Kriegsfahrt: Jerusalem.

Dann belagerten sie die Stadt, die von arabischen Truppen tapfer verteidigt wurde, und nahmen sie schließlich ein.

In Jerusalem selbst bewährten sie sich freilich nicht als Ritter und nicht als Christen. Sie metzelten alle Mohammedaner nieder und vollbrachten scheußliche Grausamkeiten. Dann taten sie Buße und zogen barfuß, Psalmen singend, zum Heiligen Grabe Christi.

Die Kreuzfahrer gründeten einen christlichen Staat Jerusalem, dessen Beschützer Gottfried von Bouillon wurde. Aber immer wieder wurde der kleine schwache Staat, der fern von Europa mitten zwischen mohammedanischen Reichen lag, von arabischen Kriegern bedrängt, so daß immer wieder Prediger in Frankreich und Deutschland die Ritter zu immer neuen Kreuzzügen aufforderten. Nicht alle hatten Erfolg.

Aber die Kreuzzüge brachten einen Gewinn, den die Ritter selbst am wenigsten gewollt hatten: Die Christen lernten im fernen Orient die Kultur der Araber kennen, ihre Bauten, ihren Schönheitssinn und ihre Gelehrsamkeit. Und es waren noch keine hundert Jahre nach dem ersten Kreuzzug vergangen, als die Schriften des Lehrers Alexanders des Großen, die Bücher des Aristoteles, schon aus dem Arabischen ins Lateinische übertragen und in Italien, Frankreich und Deutschland eifrig studiert und gelesen wurden. Man dachte viel darüber nach, wie des Aristoteles Lehre mit der Lehre der Kirche übereinstimme, und schrieb dicke lateinische Bücher voll der schwierigsten Gedanken über diese Frage. Alles das, was die Araber auf den Eroberungszügen durch die Welt gelernt und erfahren hatten, brachten die Kreuzfahrer jetzt nach Frankreich und Deutschland. In vielen Dingen hat das Vorbild ihrer vermeintlichen Feinde die wilden Reiterkrieger Europas erst zu echten, ritterlichen Rittern gemacht.

24 Kaiser in der Ritterzeit

In dieser bunten, abenteuerlichen Märchenzeit herrschte in Deutschland eine neue ritterliche Familie, die nach ihrer Burg die Familie Hohenstaufen hieß. Ihr entstammte der Kaiser Friedrich I. von Hohenstaufen, der einen schönen, rotblonden Bart hatte und den man darum Friedrich Rotbart nannte. Die Italiener nannten ihn Friedrich Barbarossa. Das heißt auch Rotbart. Du wirst dich vielleicht wundern, warum man ihn so oft bei seinem italienischen Namen Barbarossa nennen hört, wiewohl er doch ein deutscher Kaiser war. Er war aber immer wieder in Italien und hat dort seine berühmtesten Taten vollbracht. Es war nicht nur der Papst und dessen Macht, den deutschen Königen die römische Kaiserkrone zu verleihen, die Barbarossa nach Italien gelockt hat. Er wollte auch wirklich über das ganze Land herrschen, denn er brauchte Geld. »Konnte er denn in Deutschland kein Geld bekommen?« wirst du fragen. Eigentlich nicht. In Deutschland gab es damals noch kaum Geld.

Hast du schon einmal darüber nachgedacht, wozu man Geld eigentlich braucht? – »Zum Leben natürlich!« wirst du sagen. Aber das ist doch nicht richtig, hast du schon je von einem Geldstück abgebissen? Leben kann man doch nur von Brot und anderen Lebensmitteln, und wer das Getreide für das Brot selbst anbaut, der braucht kein Geld, so wenig wie Robinson welches gebraucht hat. Natürlich braucht auch der kein Geld, dem das Brot umsonst gegeben werden muß. So war es aber in Deutschland. Die hörigen Bauern bebauten ihre Felder und gaben den Rittern und Klöstern, denen das Land gehörte, ein Zehntel von ihrer Ernte ab.

Aber woher nahmen die Bauern die Pflüge, ihre Kittel, ihr Sattelzeug? Das haben sie meist eingetauscht. Wenn zum Beispiel ein Bauer einen Ochsen hatte, aber lieber sechs Schafe wollte, um Wolle für einen Kittel zu bekommen, so hat er sie von seinem Nachbarn eingetauscht. Und wenn er einen Ochsen geschlachtet und die beiden Hörner an langen Winterabenden zu hübschen Trinkgefäßen verarbeitet hatte, konnte er dann das eine Trinkhorn gegen Flachs von seines Nachbars Feld eintauschen, damit sich seine Frau einen Mantel weben konnte. Man nennt das Tauschhandel. So ging es damals in Deutschland recht gut ohne Geld, denn die meisten Menschen waren Bauern oder Grundherren. Auch alle Klöster besaßen viel Land, das ihnen fromme Menschen geschenkt oder vermacht haben.

Außer großen Wäldern und kleinen Feldern, einigen Dörfern, Burgen und Klöstern gab es damals fast nichts im weiten deutschen Reich. Also fast keine Städte. Aber nur in Städten braucht man Geld. Der Schuster, der Tuchhändler, der Schreiber können doch mit ihrem Leder, Stoff oder Tinte nicht ihren Hunger und Durst stillen. Sie brauchen Brot. Du kannst aber doch nicht zum Schuster gehen und ihm für deine Schuhe Brot geben, damit er zum Leben hat! Woher solltest du denn das Brot nehmen, wenn du kein Bauer bist? Vom Bäcker! Aber was gibst du dem Bäcker dafür? Vielleicht könntest du ihm helfen. Aber wenn er dich nicht braucht? Oder wenn du schon der Obstfrau helfen mußt? Du siehst, das wäre unvorstellbar verwickelt, wenn man in den Städten vom Tauschhandel leben wollte.

Darum haben sich die Leute geeinigt, etwas zum Tauschen zu verwenden, das jeder haben und annehmen will und das man leicht teilen und bei sich herumtragen kann. Auch darf es beim Liegen nicht schlecht werden. Am besten eignet sich da Metall, also Gold und Silber. Früher war alles Geld aus Metall und die richtig reichen Leute trugen immer Beutel mit Goldstücken im Gürtel. Jetzt kannst du dem Schuster Geld geben für Schuhe, und der kauft sich dafür beim Bäcker Brot, und der gibt es wieder dem Bauern für das Mehl, und der Bauer kauft sich schließlich von deinem Geld vielleicht einen neuen Pflug. Den hätte er aus des Nachbars Garten nicht eintauschen können.

In Deutschland also gab es damals zur Ritterzeit kaum Städte, und darum brauchte man auch kein Geld. Aber in Italien kannte man das Geld noch aus der Römerzeit. Es gab dort immer große Städte mit vielen Händlern, die alle viel Geld im Gürtel trugen und noch mehr in dicken, großen Truhen verwahrt hielten.

Manche Städte waren am Meer gelegen, zum Beispiel Venedig, das lag sogar eigentlich mitten im Meer auf lauter kleinen Inseln, auf die die Bewohner seinerzeit vor den Hunnen geflüchtet waren. Auch andere mächtige Hafenstädte gab es, vor allem Genua und Pisa, und die Schiffe der Bürger (so heißen ja Stadtbewohner) segelten weit herum und brachten schöne Stoffe aus dem Morgenland und seltene Speisen und kostbare Waffen. Von den Hafenplätzen aus verkaufte man diese Waren dann weiter ins Land hinein, nach Städten wie Florenz oder Verona oder Mailand, wo man vielleicht Kleider aus den Stoffen gemacht hat oder Fahnen und Zelte. Und von dort wurden sie dann auch weiterverkauft nach Frankreich, dessen Hauptstadt Paris damals schon fast 100 000 Einwohner hatte, oder nach England oder auch nach Deutschland. Aber nach Deutschland nur wenig, weil es dort nur wenig Geld gab, um solche Dinge damit zu bezahlen.

Die Bürger in den Städten wurden immer reicher, und niemand konnte ihnen befehlen, weil sie keine Bauern waren und also zu keinem Land gehörten. Weil ihnen aber andererseits niemand Land verliehen hatte, waren sie auch keine richtigen Herren. Sie haben sich (ganz ähnlich wie im Altertum) selbst regiert, selbst Gericht gehalten und waren in ihren Städten bald so frei und unabhängig wie die Mönche oder Ritter. Darum nannte man die Bürger auch den dritten Stand, denn die Bauern wurden ja nicht einmal mitgezählt.

Und jetzt sind wir endlich wieder bei Kaiser Friedrich Barbarossa angelangt, der Geld brauchte. Als Römischer Kaiser Deutscher Nation wollte er eben auch in Italien wirklich herrschen und sich von den italienischen Bürgern Abgaben und Steuern zahlen lassen. Aber die italienischen Bürger wollten nicht. Sie wollten so frei bleiben, wie sie es gewohnt waren. Darum zog nun Barbarossa mit einem Heer über die Alpen nach Italien und berief dort im Jahre 1158 berühmte Rechtslehrer zu sich, die feierlich und öffentlich erklären sollten, daß der römisch-deutsche Kaiser als Nachfolger der römischen Cäsaren alle Rechte habe, die diese 1000 Jahre früher hatten.

Das kümmerte aber die italienischen Städte nicht viel. Sie wollten nichts zahlen. So zog der Kaiser mit seinem Heer gegen sie und besonders gegen Mailand, den Hauptsitz der Aufständischen. So erbittert war er, daß er geschworen haben soll, seine Krone nicht eher aufzusetzen, als bis er die Stadt erobert habe. Und das hielt er auch. Erst als Mailand gefallen und vollständig zerstört war, gab er ein Gastmahl, bei dem er und seine Gemahlin mit der Krone auf dem Haupt erschienen.

So große Kriegstaten Barbarossa aber auch vollbrachte, kaum hatte er Italien den Rücken gekehrt, um in seine Heimat zu ziehen, war schon wieder der Teufel los. Die Mailänder bauten ihre Stadt wieder auf und wollten nichts von einem deutschen Herrscher wissen. So ist Barbarossa im ganzen sechsmal nach Italien gezogen, aber er trug dabei mehr Kriegsruhm als Erfolg davon.

Er galt als das Muster eines Ritters. Er hat viel Kraft gehabt. Nicht nur Körperkraft. Auch freigiebig war er und verstand es, Feste zu feiern. Heute wissen wir ja gar nicht mehr, was ein richtiges Fest ist. Damals war das Leben im Alltag ärmlicher und eintöniger als jetzt, aber ein Fest war etwas unbeschreiblich Verschwenderisches und Farbiges – wirklich wie im Märchen. Friedrich Barbarossa hat zum Beispiel zu der Feier, bei der seine Söhne zu Rittern geschlagen wurden, im Jahre 1181 in Mainz ein Fest gegeben, bei dem 40 000 Ritter mit allen ihren Mannen und Knechten seine Gäste waren. Sie wohnten in bunten Zelten, und in dem größten Zelt aus Seide, in der Mitte des Lagers, wohnte der Kaiser mit seinen Söhnen. Überall brannten offene Feuer, über denen ganze Ochsen, Eber und eine Unzahl Hühner am Spieß gebraten wurden, und es gab Leute in allen Trachten aus allen Teilen der Welt, Gaukler und Seiltänzer, aber auch fahrende Sänger, die die schönsten alten Sagen des Abends beim Mahl vortrugen. Es muß herrlich gewesen sein. Der Kaiser selbst zeigte seine Kraft im Turnier mit seinen Söhnen, und alle Edlen des Reiches sahen zu. Viele Tage dauerte solch ein Fest, und man sang davon noch lange in den Liedern.

Als richtiger Ritter ist Friedrich Barbarossa endlich in einen Kreuzzug gezogen. Es war der dritte Kreuzzug im Jahre 1189. Auch der englische König Richard Löwenherz und der französische König Philipp nahmen teil. Die beiden fuhren zur See, nur Barbarossa rückte auf dem Landweg vor und ist dabei in Kleinasien in einem Fluß ertrunken.

Ein noch merkwürdigerer, größerer und bewundernswerterer Mann war sein Enkel, der auch Friedrich hieß. Friedrich II.

Das Turnier, das Kaiser Barbarossa zu Mainz veranstaltete, als seine Söhne zu Rittern geschlagen wurden.

von Hohenstaufen. Der war in Sizilien aufgewachsen. Während er noch ein Kind war und nicht selbst regieren konnte, gab es in Deutschland unter den mächtigen Familien viel Streit um die Herrschaft. Die einen wählten einen Philipp zum König, der ein Verwandter Barbarossas war, die anderen einen Otto aus der Familie der Welfen. Und die Leute, die einander nicht leiden konnten, hatten wieder eine neue Gelegenheit zu raufen. War der eine für den Philipp, so war der Nachbar bestimmt gerade deswegen für den Otto, und die schöne Gewohnheit dieser Parteien, die man in Italien Guelfen und Ghibellinen nannte, hat sich noch lange erhalten. Auch als es schon längst keinen Philipp und keinen Otto mehr gegeben hat.

Inzwischen war Friedrich in Sizilien groß geworden. Aber gründlich groß. Nicht nur von Gestalt, sondern auch von Geist. Sein Vormund war einer der bedeutendsten Menschen, die es je gegeben hat: Papst Innozenz III. Was Gregor VII., der große Gegner des deutschen Königs Heinrich IV., gewollt und erstrebt hat, das hat dieser Innozenz III. schließlich erreicht. Er war wirklich das Oberhaupt der ganzen Christenheit. Er war überragend gescheit und gebildet und beherrschte sie alle, nicht nur die Geistlichen, sondern auch die Fürsten ganz Europas. Bis nach England reichte seine Macht, und als der englische König Johann ihm einmal nicht gehorchte, bannte er ihn und verbot, daß ein Priester in England Gottesdienst halte. Darüber sind die englischen Vornehmen so böse auf ihren König geworden, daß sie ihm fast alle seine Macht nahmen. Im Jahre 1215 mußte er feierlich versprechen, nie etwas gegen ihren Willen zu tun. Das war die große Versprechung oder der große Brief (lateinisch *Magna Charta*), den der englische König den Grafen und Rittern überreichte und in dem er ihnen für immer eine Menge Rechte gab, die die englischen Bürger wirklich auch heute noch haben. England aber mußte von da ab dem Papst Innozenz III. Steuern und Tribut zahlen. So groß war dessen Macht.

Aber der junge Friedrich II. von Hohenstaufen war auch überragend gescheit und gewinnend dazu. Um deutscher König zu werden, zog er von Sizilien auf einem abenteuerlichen Ritt durch Italien und die Schweizer Berge fast ohne Begleitung nach Konstanz. Sein Gegner, Otto der Welfe, zog ihm mit einem Heer entgegen. Es stand fast aussichtslos für Friedrich. Aber die Bürger von Konstanz sowie alle Menschen, die ihn sahen und kennenlernten, waren so entzückt von seiner Persönlichkeit, daß sie sich ihm anschlossen und eiligst die Tore der Stadt Konstanz schlossen, so daß Otto, der genau eine Stunde später als Friedrich ankam, wieder abziehen mußte.

Alle deutschen Fürsten wußte Friedrich für sich zu gewinnen, und so war er plötzlich ein mächtiger Herrscher geworden. Herr über die Lehensleute in Deutschland und Italien. Da mußte es wieder zum Kampf zwischen beiden Mächten kommen, wie seinerzeit unter Papst Gregor VII. und Heinrich IV. Aber Friedrich war kein Heinrich IV. Er ging nicht nach Canossa und wollte nicht vor dem Papst Buße tun, er glaubte ganz fest, zur Herrschaft über die Welt berufen zu sein, wie es Papst Innozenz III. auch von sich glaubte. Friedrich wußte alles, was Innozenz gewußt hat, denn Innozenz war doch sein Vormund. Er wußte alles, was die Deutschen gewußt haben, denn das war seine Familie, und schließlich wußte er auch alles, was die Araber in Sizilien gewußt haben, denn dort ist er aufgewachsen. Er hat auch später meist in Sizilien gelebt. Und dort konnte er mehr lernen als irgendwo sonst auf der Welt.

In Sizilien hatten ja schon alle Völker geherrscht: Phönizier, Griechen, Karthager, Römer, Araber, Normannen, Italiener und Deutsche. Bald kamen auch noch die Franzosen dazu. Es muß zugegangen sein wie beim Turm zu Babel, nur mit einem Unterschied: Dort haben die Leute schließlich gar nichts verstanden, Friedrich hat aber schließlich fast alles verstanden. Nicht nur alle Sprachen, er kannte viele Wissenschaften und konnte auch dichten und wunderbar jagen. Sogar ein Buch über die Jagdfalken hat er geschrieben, denn mit denen jagte man damals.

Vor allem kannte er aber alle Religionen. Und nur eines hat er nicht verstehen wollen: warum die Leute immer streiten. Er unterhielt sich sehr gern mit mohammedanischen Gelehrten, aber er war ein frommer Christ. Trotzdem war der Papst noch böser auf ihn, als er das hörte. Besonders der Papst, der nach

Innozenz kam und Gregor hieß. Er war ebenso mächtig, aber vielleicht nicht ganz so weise wie sein Vorgänger. Er wollte unbedingt, daß Friedrich einen Kreuzzug unternehmen solle. Und schließlich unternahm Friedrich auch einen. Und was die anderen nur unter furchtbaren Opfern zusammengebracht hatten, erreichte er ohne Kampf: daß die christlichen Pilger ungestört zum Heiligen Grab gehen durften und daß das ganze Land um Jerusalem ihnen gehört hat. Und wie hat er das gemacht? Er hat sich mit dem dortigen Kalifen und Sultan zusammengesetzt und einen Vertrag geschlossen.

Beide waren froh, daß es so gut und ohne allen Kampf gegangen ist, aber der Bischof von Jerusalem war nicht zufrieden, weil niemand ihn gefragt hatte. So hat er den Kaiser beim Papst verklagt, daß er sich mit den Arabern zu gut vertrage, und der Papst meinte schließlich, daß der Kaiser wirklich ein Mohammedaner geworden sei und bannte ihn. Aber Kaiser Friedrich II. kümmerte sich darum nicht, weil er überzeugt war, für die Christen mehr erreicht zu haben als alle vorher, und setzte sich die Krone von Jerusalem mit eigener Hand auf das Haupt, da sich kein Geistlicher fand, der das gegen den Willen des Papstes tun wollte.

Dann ist er nach Hause gesegelt und hat die vielen Geschenke mitgebracht, die ihm der Sultan gemacht hatte: Jagdleoparden und Kamele und seltene Steine und alle möglichen Merkwürdigkeiten. Und das alles sammelte er in Sizilien und ließ große Künstler für sich arbeiten und freute sich an den schönen Dingen, wenn er müde war vom Regieren. Aber regiert hat er wirklich. Das Länderverleihen gefiel ihm nicht. Darum hat er Beamte ernannt. Die haben kein Land bekommen, sondern jeden Monat Geld. Du mußt denken, daß es ja in Italien war, wo es schon Geld gab. Und er war sehr gerecht, aber auch sehr streng.

Weil er so ganz anders war als alle Leute damals, so wußte niemand recht, was er eigentlich wollte. Nicht einmal der Papst wußte es. Und in Deutschland, das so weit weg war, hat man sich nicht viel um diesen seltsamen Kaiser gekümmert, der so merkwürdige Einfälle gehabt hat. Und weil ihn die Leute nicht verstanden, hatte er ein schweres Leben. Schließlich stellte sich sogar sein eigener Sohn gegen ihn und hetzte die Deutschen auf, und sein liebster Ratgeber ging zum Papst über, und Friedrich war ganz allein. Die meisten gescheiten Sachen, die er in der Welt einführen wollte, konnte er nun nicht durchsetzen; da ist er allmählich sehr unglücklich geworden und auch sehr böse. Und so ist er im Jahre 1250 gestorben.

Sein Sohn Manfred fiel als junger Mann im Kampf um die Macht, und sein Enkel Konradin wurde gar von seinen Feinden gefangengenommen und im Alter von 24 Jahren in Neapel geköpft. Das war das traurige Ende der großen ritterlichen Herrscherfamilie der Hohenstaufen.

Noch während Friedrich in Sizilien regierte und mit dem Papst stritt, war ein furchtbares Unglück über die Welt hereingebrochen, gegen das beide nichts unternehmen konnten, weil sie nicht einig waren. Wieder brachen Reiterhorden aus Asien ein. Diesmal waren es die allermächtigsten. Selbst die Mauer des Qin Shi Huangdi konnte sie nicht aufhalten. Sie eroberten zuerst unter ihrem König Dschingis Khan China und plünderten es furchtbar. Dann taten sie mit Persien das gleiche. Danach zogen sie auf dem Weg der Hunnen, Awaren und Magyaren nach Europa. Schrecklich hausten sie in Ungarn, entsetzlich auch in Polen. Schließlich waren sie im Jahre 1241 an der Grenze Deutschlands, bei Breslau, das sie einnahmen und niederbrannten. Wohin sie kamen, dort brachten sie alle Menschen um. Man wußte keine Rettung. Ihr Reich war schon das größte, das es je auf der Welt gegeben hat. Stell es dir vor: von Peking bis Breslau! Dabei waren ihre Truppen keine wilden Horden mehr, sondern gut geschulte Kriegsheere mit sehr schlauen Führern. Da war die Christenheit machtlos! Ein großes Ritterheer schlugen sie. In diesem Augenblick, als die Gefahr am größten war, starb ihr Herrscher irgendwo in Sibirien, und die mongolischen Krieger kehrten um. Aber die Länder, die sie durchzogen hatten, blieben verwüstet zurück.

In Deutschland hat nach dem Tod des letzten Hohenstaufen ein noch größerer Wirrwarr begonnen, als schon vorher war. Jeder wollte einen anderen König, und so ist es keiner geworden. Und weil kein König oder Kaiser da war und auch sonst niemand, der regiert hätte, ist es vollständig drunter und drüber gegangen. Wer gerade stärker war, hat dem, der schwächer war, einfach alles weggenommen. Das hat man das Recht des Stärkeren oder Faustrecht genannt. Weil die Leute mit der Faust aufeinander losgegangen sind. Du siehst aber, daß das Faustrecht überhaupt kein Recht war, sondern einfach Unrecht.

Das haben die Leute auch genau gewußt und waren traurig und verzweifelt und haben sich die früheren Zeiten zurückgewünscht. Was man aber wünscht, das erträumt man sich oft, das heißt, man glaubt schließlich, daß es wahr ist. Und so haben die Leute geglaubt, daß der Staufenkaiser Friedrich gar nicht gestorben sei, sondern nur verzaubert in einem Berg sitze und warte. Dabei hat sich etwas Merkwürdiges ereignet. Du hast vielleicht auch schon von jemandem geträumt, daß er einmal der war und einmal jener und vielleicht auch irgendwie beide zugleich. Und so ist es den Leuten damals auch gegangen. Sie haben von dem großen, weisen und gerechten Herrscher geträumt, der im Untersberg oder im Kyffhäuser sitzt (das war Friedrich II. aus Sizilien), der einmal wiederkommen sollte, bis alle verstünden, was er will. Aber gleichzeitig haben sie geträumt, daß er einen großen Bart hat (das war nun Großvater Friedrich I. Barbarossa) und daß er sehr mächtig sein wird und alle Feinde besiegen und ein wunderbares Reich aufrichten, so prächtig, wie damals das Fest in Mainz war.

Je schlechter es den Leuten ging, desto mehr warteten sie auf das Wunder. Sie malten sich aus, wie er da im Berg sitzt, sein roter, feuriger Bart ist schon durch den steinernen Tisch

So gewaltig war das Reich der kriegerischen Mongolen, die nach der Zerstörung Breslaus ganz Europa bedrohten.

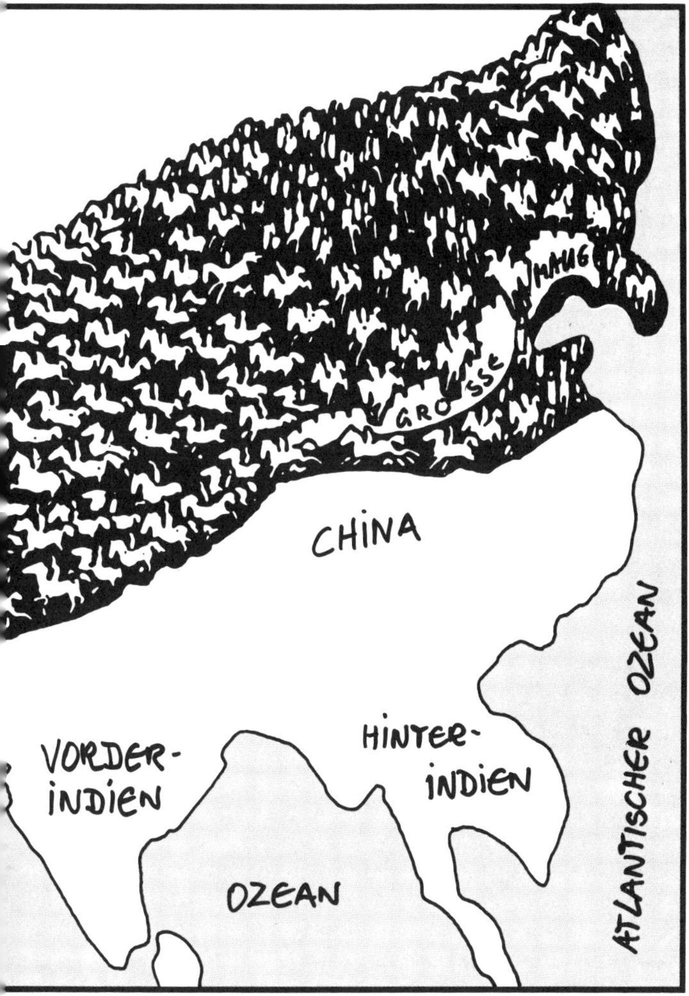
MAUG
GROSSE
CHINA
VORDER-
INDIEN
HINTER-
INDIEN
OZEAN
ATLANTISCHER OZEAN

gewachsen, so lange schläft er dort schon. Nur alle hundert Jahre wacht er auf und fragt seinen Knappen, ob die Raben noch um den Berg kreisen. Erst wenn der Knappe sagen wird: »Nein, Herr, ich sehe keinen«, dann wird er aufstehen und mit dem Schwert den Tisch spalten, durch den sein Bart gewachsen ist, und den Berg spalten, in dem er verzaubert war, und wird in einer herrlichen Rüstung herausreiten mit allen seinen Mannen. – Glaubst du nicht, daß sie Augen machen würden, heute?

Schließlich hat aber kein solches Wunder die Welt wieder etwas in Ordnung gebracht, sondern ein energischer, geschickter und weitblickender Ritter, dessen Burg in der Schweiz stand und die Habsburg hieß. Er hieß Rudolf von Habsburg. Die Fürsten hatten ihn im Jahre 1273 zum König gewählt, weil sie hofften, daß er als armer und unberühmter Ritter ihnen nicht viel dreinreden würde. Aber sie hatten nicht mit seiner Geschicklichkeit und Klugheit gerechnet. Er hatte zwar im Anfang nur wenig Land und dadurch nur wenig Macht. Aber er vestand es, sein Land und damit seine Macht sehr einfach zu vermehren.

Als er gegen den widerspenstigen Böhmenkönig Ottokar zu Feld gezogen war und ihn besiegt hatte, nahm er ihm einen Teil seines Landes weg. Dazu war er ja als König berechtigt. Und nun verlieh er es im Jahre 1282 seinen eigenen Söhnen. Es war das Land Österreich. Auf diese Art verschaffte er seiner Familie, die nach seiner Schweizer Burg die Habsburger hieß, große Macht. Und die Familie hat es verstanden, durch Verleihung immer neuer Lehen an Verwandte, durch Heiraten und Erbschaften diese Macht so zu steigern, daß die Habsburger bald eine der angesehensten und einflußreichsten Fürstenfamilien Europas waren. Freilich herrschten sie mehr auf ihren großen Familienlehen (also in Österreich) als im Deutschen Reich, auch wenn sie deutsche Könige und Kaiser waren. Dort herrschten die anderen Lehensherren, die Herzöge, Bischöfe und Grafen in ihren Gebieten bald als fast unumschränkte Fürsten. Aber die richtige Ritterzeit war mit den Hohenstaufen vorbei.

Feste Mauern schützten die mittelalterliche Stadt nach außen. Der gewaltige Dom ist ihre Krönung und ihr Mittelpunkt (Mont Saint-Michel in Frankreich).

25 Von den Städten und ihren Bürgern

In den hundert Jahren zwischen Friedrich I. Barbarossa, der 1190 gestorben ist, und Rudolf I. von Habsburg, der 1291 gestorben ist, hat sich sehr viel in Europa verändert. Mehr als man sich so vorstellen kann. Ich hab' davon erzählt, daß es zu Barbarossas Zeiten hauptsächlich in Italien mächtige Städte gab, deren Bürger mit dem Kaiser zu streiten und zu kämpfen wagten. In Deutschland gab es Ritter, Mönche und Bauern. Das war in den hundert Jahren nachher sehr anders geworden. Schon durch die vielen Kreuzzüge nach dem Osten waren die Deutschen weit herumgekommen und hatten Handelsfreundschaften mit fernen Ländern geschlossen. Da konnte man aber nicht Ochsen gegen Schafe oder Trinkhörner gegen Tücher tauschen. Da brauchte man Geld. Und seit es Geld gab, gab es auch Märkte, auf denen man all die Waren kaufen konnte. Diese

Märkte durften nicht überall abgehalten werden. Es waren bestimmte Stellen, die man durch Mauern und Türme schützte, meist in der Nähe einer Burg. Wer dort hineinzog und Handel trieb, war Bürger. Er war nicht mehr einem Grundherrn hörig. Man sagte damals: »Stadtluft macht frei.« Denn die Bürger der größeren Städte waren niemandem untertan als nur dem König.

Das Leben in einer mittelalterlichen Stadt darfst du dir nicht vorstellen wie das Stadtleben heute. Es waren ja meist ganz kleine, winkelige Städtchen mit engen Gassen und schmalen, hohen Giebelhäusern. Dort wohnten dicht gedrängt die Kaufleute und Handwerker mit ihren Familien. Die Kaufleute zogen meist in Begleitung von Bewaffneten durchs Land. Das war notwendig. Denn viele Ritter waren damals schon so wenig ritterlich, daß sie eigentlich einfach Räuber waren. Sie saßen auf ihren Burgen und lauerten den Kaufleuten auf, um sie auszuplündern. Aber die Städter und Bürger ließen sich das nicht lange gefallen. Sie hatten ja Geld und konnten Soldaten bezahlen. So lebten sie oft mit den Rittern im Streit, und gar nicht selten siegten die Bürger über diese Raubritter.

Die Handwerker, die Schneider, Schuster, Tuchmacher, Bäcker, Schlosser, Maler, Tischler, Steinmetzen, Baumeister waren jeder für sich in einem Handwerksverein oder Bund, den man Zunft nannte. Eine solche Zunft, wie zum Beispiel die Schneiderzunft, war fast so streng abgeschlossen und hatte fast so ernste Gesetze wie der Stand der Ritter. Auch Schneidermeister konnte nicht jeder Mensch ohne weiteres werden. Man mußte zuerst eine bestimmte Zeit Lehrling sein, dann wurde man Geselle und ging auf die Wanderschaft, um fremde Städte und fremde Arbeitsweisen kennenzulernen. Zu Fuß durchzogen solche Wanderburschen das Land und gingen oft jahrelang durch viele Länder, bis sie nach Hause zurückkehrten oder eine fremde Stadt fanden, wo man – sagen wir – einen Schneidermeister nötig hatte. Denn in den kleinen Städten brauchte man ja nicht viele und die Zunft sah streng darauf, daß nicht mehr Leute Meister wurden als Arbeit finden konnten. Der Geselle mußte also dort zeigen, was er konnte, das heißt, ein Meisterstück verfertigen (vielleicht einen schönen Mantel), und wurde dann feierlich zum Meister ernannt und in die Zunft aufgenommen.

Wie die Ritterschaft hatten die Zünfte ihre Regeln, ihre gemeinsamen Spiele, ihre bunten Fahnen und ihre schönen Grundsätze, die natürlich nicht immer eingehalten wurden, so wenig wie die Grundsätze der Ritter. Immerhin gab es welche, und das war schon etwas. Ein Mitglied der Zunft mußte dem anderen helfen, durfte ihm nicht bei seinen Kunden schaden, durfte aber auch den eigenen Kunden keine schlechte Ware liefern, mußte seine Lehrlinge und Gesellen gut behandeln und überhaupt für das Ansehen des Handwerks und der Stadt sorgen. Er sollte sozusagen ein Handwerker Gottes sein, wie der Ritter ein Kämpfer Gottes.

Und wirklich, wie die Ritter sich aufopferten, um in den Kreuzzügen um das Grab Christi zu kämpfen, so opferten die Bürger und Handwerker oft ihr Hab und Gut, ihre Kraft und ihren Wohlstand, wenn es darum ging, eine Kirche in der Stadt zu bauen. Es lag ihnen unendlich viel daran, daß ihre neue Kirche oder ihr neuer Dom noch größer, noch schöner und noch prächtiger werden sollte als der stolzeste Bau in irgendeiner der benachbarten Städte. Die ganze Stadt teilte diesen Ehrgeiz, und jeder widmete sich begeistert dieser Aufgabe. Der berühmteste Baumeister wurde herangeholt, die Pläne zu machen, die Steinmetzen behauten Steine und machten Statuen, die Maler malten Bilder für den Altar und farbige Fenster, die im Kircheninneren nur so leuchteten. Niemandem war es wichtig, daß gerade er der Erfinder, gerade er der Entwerfer oder Erbauer war; die Kirche war das Werk der ganzen Stadt, sie war sozusagen der gemeinsame Gottesdienst aller. Und das sieht man diesen Kirchen auch an. Es sind nicht mehr die festen Kirchen, die wie Burgen aussehen, wie man sie noch zur Zeit

Barbarossas in Deutschland baute. Es sind herrliche, weitgewölbte Räume mit hohen, schlanken Glockentürmen, Räume, in denen das ganze Volk der Stadt Platz hatte und in denen man zusammenkam, um den Predigern zuzuhören. Denn damals gab es neue Mönchsorden auf der Welt, denen es nicht mehr so sehr darauf ankam, das Land bei ihren Klöstern zu bebauen und Bücher abzuschreiben, sondern die arm wie Bettler durch das Land zogen, um dem Volk Buße zu predigen und die Bibel zu erklären. Zu ihnen ist das ganze Volk in die Kirche gegangen und hat ihnen zugehört, hat über die eigenen Sünden geweint und versprochen, sich zu bessern und nach den Lehren der Liebe zu leben.

Aber so wie die Kreuzfahrer bei aller Frömmigkeit im eroberten Jerusalem das schreckliche Gemetzel angerichtet haben, so haben viele Bürger damals aus den Bußpredigten für sich nicht die Lehre gezogen, sich zu bessern, sondern alle, die nicht mit ihnen eines Glaubens waren, zu hassen. Vor allem die Juden wurden immer schlechter behandelt, je frömmer die Leute zu sein glaubten. Du mußt bedenken, daß die Juden als einziges Volk aus dem Altertum in Europa noch übrig geblieben waren. Babylonier und Ägypter, Phönizier, Griechen, Römer, Gallier und Goten waren untergegangen oder mit anderen Völkern verschmolzen. Nur die Juden, deren Staat man immer wieder zerstört hatte, blieben in all den entsetzlichen Zeiten, von Land zu Land gejagt und verfolgt, bestehen und warteten nun schon ganze 2000 Jahre auf ihren Erretter, den Messias. Felder durften sie nicht besitzen, sie durften nicht Bauern und natürlich auch nicht Ritter werden. Auch Handwerk durften sie keines ausüben. So blieb ihnen eigentlich nur ein Beruf erlaubt: das Handeln. Und das taten sie auch. Sie durften zwar nur an bestimmten Stellen der Stadt wohnen und bestimmte Kleider tragen, aber manche von ihnen erwarben mit der Zeit viel Geld, so daß die Ritter und Bürger bei ihnen Schulden machten. Aber dadurch wurden sie nur noch verhaßter, und oft fiel das Volk über sie her, um ihnen ihr Geld wieder wegzunehmen. Sie konnten und durften sich ja nicht wehren, wenn der König oder die Priester sich nicht ihrer annahmen, was öfters vorkam.

Schlimmer noch als den Juden aber erging es solchen Menschen, die lange über der Bibel gegrübelt hatten und die an irgendeiner Lehre zu zweifeln begannen. Solche Zweifler nannte man Ketzer und verfolgte sie entsetzlich. Wen man als Ketzer erkannte, der wurde öffentlich bei lebendigem Leibe verbrannt, wie Nero einst die Christen verbrannt hatte. Ganze Städte wurden wegen solcher Zweifler zerstört und ganze Landstriche einfach verödet. Man zog in Kreuzzügen gegen sie aus wie gegen die Mohammedaner. Und das taten dieselben Menschen, die für den Gott der Gnade und für seine frohe Botschaft die mächtigen Dome erbauten, die mit ihren hoch aufsteigenden Türmen und bilderreichen Toren, mit ihren dunkel leuchtenden Kirchenfenstern und den Tausenden von Statuen aussahen wie ein Traum von der Herrlichkeit des Himmelreiches.

Städte und Kirchen gab es in Frankreich früher als in Deutschland. Frankreich war ein reicheres Land und hatte eine ruhigere Geschichte gehabt. Die französischen Könige hatten auch bald verstanden, die Bürger, den neuen dritten Stand, richtig für sich zu verwenden. Sie liehen das Land schon in der Zeit um 1300 oft nicht mehr an Vornehme, sondern sie behielten es für sich und ließen es durch Bürger verwalten, denen sie (wie vorher Friedrich II. in Sizilien) dafür Geld gaben. So hatten die französischen Könige immer mehr Land als Eigentum, und du weißt, daß damals Land auch Leibeigene bedeutete und Soldaten und Macht. Schon kurz vor 1300 waren die französischen Könige die mächtigsten Herren, denn der deutsche König, Rudolf von Habsburg, fing ja eben erst an, sich durch das Verleihen von Land an seine Familie Macht zu verschaffen. Die Franzosen aber beherrschten damals schon nicht nur Frankreich, sondern auch Süditalien. Bald waren sie so mächtig, daß sie sogar den Papst im Jahre 1305 zwingen konnten, aus Rom fort nach Frankreich zu übersiedeln, wo er sozusagen von den französischen Königen beaufsichtigt wurde. Die Päpste wohnten in einem großen Palast in Avignon, voll der herrlichsten Kunstwerke, aber sie waren fast gefangen. Darum nennt man diese Zeit auch in Erinnerung an die babylonische Gefangenschaft der Juden (die war, wie du weißt, von 586 bis 538 vor Christi Geburt) die babylonische Gefangenschaft der Päpste von 1305 bis 1376 nach Christi Geburt.

Aber die französischen Könige wollten noch mehr. Du erinnerst dich, daß in England die normannische Königsfamilie regierte, die 1066 von Frankreich her England erobert hatte. Das waren also dem Namen nach Franzosen. Aus diesem Grund forderten die französischen Könige auch die Herrschaft über England. Als aber in der französischen Königsfamilie kein Sohn geboren wurde, der den Thron hätte erben können, forderten wieder die englischen Könige, daß sie nun als Verwandte und Untertanen der französischen Könige an die Reihe kämen. So kam es seit 1339 zu einem entsetzlichen Krieg, der mehr als hundert Jahre gedauert hat. Dabei war es ein Krieg, in dem mit der Zeit nicht mehr einige Ritter ritterlich gegeneinander fochten, sondern große Bürgerheere, die bezahlt wurden, miteinander kämpften. Das waren nun nicht mehr Mitglieder eines großen, gemeinsamen Ordens wie die Ritter, denen der Kampf ein edles Tun bedeutete; es waren wirklich Engländer und Franzosen, die miteinander um die Unabhängigkeit ihrer Länder kämpften. Die Engländer gewannen immer mehr Land und eroberten immer größere Teile von Frankreich. Besonders gelang ihnen dies, weil der französische König, der am Ende dieses Krieges herrschte, dumm und unfähig war.

Aber das Volk wollte nicht von Fremden beherrscht sein. Und dann geschah das Wunder: Ein einfaches 17jähriges Hirtenmädchen, Jeanne d'Arc, die sich von Gott dazu berufen fühlte, setzte es durch, daß man sie in voller Rüstung an der

Spitze des Heeres die Franzosen führen ließ, und so jagte sie die Engländer aus dem Land. »Wenn die Engländer in England sind, das ist der Friede«, sagte sie. Aber die Engländer rächten sich furchtbar an ihr. Sie nahmen sie gefangen und verurteilten sie als Zauberin zum Tode. Sie wurde im Jahre 1431 verbrannt. Es ist kein Wunder, daß man sie für eine Zauberin gehalten hat. Denn war es nicht wirklich fast Zauberei, daß ein einziges, hilfloses, ungebildetes Mädchen vom Land nur durch die Kraft ihres Mutes und ihrer Begeisterung in zwei Jahren die Niederlage von fast hundert Jahren wettmachte und ihren König krönen ließ?

Du kannst dir diese Zeit des Hundertjährigen Krieges, die Zeit vor 1400, als die Städte wuchsen, als die Ritter nicht mehr trotzig auf ihren einsamen Burgen saßen, sondern gerne an den Höfen der reichen und mächtigen Könige und Fürsten lebten, nicht bunt genug vorstellen. Besonders in Italien und auch in Flandern und Brabant (dem heutigen Belgien) ging es damals wunderbar zu. Da gab es reiche Städte, die mit kostbaren Stoffen, mit Brokat und Seide handelten und die sich auch was leisten konnten. Die Ritter und Vornehmen erschienen bei den Festen am Hof in prachtvollen, reichgeschmückten Gewändern, und wenn sie dann im Saal oder im Blumengarten zur Geige oder zur Laute mit den Damen den Reigen tanzten, möchte ich schon dabei gewesen sein. Die Damen waren noch kostbarer und phantastischer gekleidet. Sie trugen ganz hohe spitze Hüte, wie Zuckerhüte, mit langen feinen Schleiern daran und bewegten sich in ihren spitzen Schuhen und prunkvollen goldglänzenden Gewändern fein und geziert wie Puppen. Sie wären längst nicht mehr mit den rauchigen Hallen der alten Burgen zufrieden gewesen. Sie lebten in großen, vielräumigen Schlössern mit tausenden Erkern, Türmchen und Zinnen, deren Inneres mit bunten Bildteppichen ausgeschmückt war. In diesen Räumen sprach man gewählt und geziert, und wenn ein Vornehmer seine Dame zur kostbar geschmückten Tafel führte,

Ringelreihen, wie es heute Kinder spielen, war einst der Tanz der Vornehmen bei Hofe.

so faßte er ihre Hand nur mit zwei Fingern und spreizte die anderen möglichst weit weg. Längst war das Lesen und Schreiben in den Städten beinahe selbstverständlich. Kaufleute und Handwerker mußten es ja können, und viele Ritter schrieben kunstvolle, zierliche Gedichte für ihre zierlichen Damen.

Auch Wissenschaft trieben nicht mehr nur einige Mönche in ihren Klosterzellen. Schon kurz nach dem Jahre 1200 hatte die berühmte Universität von Paris 20 000 Studenten aus aller Herren Länder, und diese lernten und stritten viel über die Meinungen des Aristoteles und wie sie mit der Bibel übereinstimmten.

All dieses höfische und städtische Leben kam nun auch nach Deutschland und besonders an den Hof der deutschen Kaiser. Dieser Hof war damals in Prag, denn nach dem Tode Rudolfs von Habsburg waren andere Familien gewählt worden. Seit 1310 regierte die Familie der Luxemburger als Könige und Kaiser von Prag aus über Deutschland. Aber eigentlich regierten sie kaum mehr wirklich über Deutschland, sondern jeder Lehensfürst regierte ja schon selbständig in Bayern, Schwaben, in Württemberg, in Österreich usw. Der deutsche Kaiser war nur noch der mächtigste unter ihnen. Das eigene Land der Luxemburger war Böhmen, und dort herrschte seit 1347 Karl IV. in Prag als gerechter und prachtliebender Herrscher. An seinem Hof gab es ebenso vornehme Ritter wie in Flandern, und in seinen Palästen gab es ebenso schöne Bilder wie in Avignon. Er gründete im Jahre 1348 auch eine Universität in Prag, die erste im Deutschen Reich.

Fast so prächtig und reich wie dieser Hof Karls IV. war auch der Hof seines Schwiegersohnes in Wien, Rudolfs IV., den man den Stifter nennt. Alle diese Herrscher, das merkst du, lebten jetzt nicht mehr auf einsamen Burgen und zogen auch nicht mehr auf abenteuerlichen Kriegszügen durchs Land. Sie hatten ihr Schloß mitten in der Stadt. Schon daraus siehst du, wie wichtig die Städte geworden waren. Und doch war das erst der Anfang.

26 Eine neue Zeit

Hast du dir Schulhefte von früheren Klassen aufgehoben oder sonst alte Sachen? Wenn man in denen blättert, wundert man sich oft – nicht wahr? –, daß man in der kurzen Zeit, die seither verstrichen ist, ganz anders geworden ist. Man wundert sich, was man damals geschrieben hat. Über die Fehler und auch über die guten Sachen. Und dabei hat man gar nicht gemerkt, daß man sich verändert. So geht es auch in der Weltgeschichte.

Es wäre ja schön, wenn plötzlich Trompeter durch die Straßen ritten und verkündeten: »Hallo, eine neue Zeit beginnt!« Aber das geht anders zu: Die Menschen ändern ihre Ansichten und merken es selbst kaum. Und dann plötzlich bemerken sie es, wie du, wenn du alte Schulhefte anschaust. Dann sind sie stolz und sagen: »Wir sind die neue Zeit.« Und oft sagen sie noch dazu: »Früher waren die Menschen ja dumm!«

So etwas Ähnliches ist in der Zeit nach 1400 in den italienischen Städten geschehen. Besonders in den reichen und großen Städten in Mittelitalien, vor allem in Florenz. Auch dort gab es Zünfte, und auch dort hat man einen großen Dom gebaut. Aber vornehme Ritter, wie in Frankreich und Deutschland, gab es eigentlich nicht. Die Bürger von Florenz ließen sich von deutschen Kaisern längst nichts mehr sagen. Sie waren so frei und unabhängig, wie es früher einmal die Bürger von Athen gewesen waren. Und diesen freien, reichen Bürgern, Kaufleuten und Handwerkern, wurden allmählich andere Dinge wichtig als den Rittern und Handwerkern früher, im richtigen Mittelalter.

Ob einer ein Kämpfer oder Handwerker Gottes war, der alles nur im Dienst und zu Ehren Gottes tat, darauf sah man weniger. Man wollte vor allem, daß er ein ganzer Kerl ist, der etwas versteht und etwas kann. Der einen eigenen Willen hat und ein eigenes Urteil. Der niemanden um seine Meinung fragt und niemanden um seine Zustimmung. Der nicht in alten Büchern

Der Hauptplatz von Florenz mit dem Rathaus, in dem die freien Bürger der neuen Zeit ihr Schicksal selbst bestimmten.

nachschlägt und sich erkundigt, wie es denn früher Brauch und Sitte gewesen, sondern der die Augen aufmacht und zugreift. Darauf kam es ihnen an. Auf das Augenaufmachen und Zugreifen. Ob einer ein Vornehmer war oder ein Armer, ein Christ oder ein Ketzer, ob er alle Regeln der Zunft einhielt, das war alles mehr oder weniger Nebensache. Selbständigkeit, Tüchtigkeit, Verstand, Wissen, Tatkraft waren die Hauptsache. Man fragte wenig nach Herkunft, Beruf, Religion, Vaterland, man fragte: Was bist du für ein Mensch?

Und plötzlich gegen 1420 haben die Florentiner bemerkt, daß sie anders waren, als man im Mittelalter war. Daß sie auf andere Dinge etwas gaben. Daß sie andere Sachen schön fanden als ihre Vorfahren. Die alten Dome und alten Bilder kamen ihnen finster und steif vor, die alten Sitten langweilig. Sie suchten nach etwas, was ebenso frei, unabhängig und unbefangen war, wie sie es liebten. Und da haben sie das Altertum entdeckt.

Richtig entdeckt. Es war ihnen gar nicht wichtig, daß die Leute damals Heiden gewesen waren. Und da staunte man nun, was das für tüchtige Menschen gewesen sind. Wie sie über alle Fragen in der Natur und in der Welt mit Gründen und Gegengründen frei gestritten haben, wie sie sich für alles interessiert haben. Diese Menschen wurden jetzt die großen Vorbilder. Besonders natürlich in der Wissenschaft.

Man machte auf lateinische Bücher geradezu Jagd und bemühte sich, ebenso gut und klar lateinisch zu schreiben wie die richtigen Römer. Auch Griechisch hat man gelernt und sich an den herrlichen Werken der Athener aus der Zeit des Perikles gefreut. Man beschäftigte sich bald viel mehr mit Themistokles und Alexander, mit Cäsar und Augustus als mit Karl dem Großen oder Barbarossa. Es war so, als ob die ganze Zeit dazwischen nur ein Traum gewesen wäre, als ob das freie Florenz eine Stadt werden würde wie Athen oder Rom. Die Leute hatten plötzlich das Gefühl, diese alte, längst vergangene Zeit der griechischen und römischen Kultur sei *wiedergeboren.* Sie selbst fühlten sich wie neugeboren durch diese alten Werke. Darum sprach man viel von »Rinascimento«, das heißt auf deutsch »Wiedergeburt« oder mit einem Fremdwort auch *Renaissance.* Was dazwischen lag, daran waren, so glaubte man, die wilden Germanen schuld, die das Reich zerstört hatten. Die Florentiner wollten nun den alten Geist durch eigene Kraft wieder erstehen lassen.

Sie schwärmten für alles aus der Römerzeit, für die herrlichen Statuen und prachtvollen, großen Bauten, von denen es ja in Italien überall Ruinen gab. Früher hatten sie »Trümmer aus der Heidenzeit« geheißen, und man hatte sie eher gefürchtet als angeschaut. Jetzt sah man plötzlich wieder, wie schön das war. Und so haben die Florentiner wieder begonnen, mit Säulen zu bauen.

Man hat aber nicht nur die alten Sachen gesucht. Man hat sich die Natur selbst wieder so neu und unbefangen angeschaut, wie 2000 Jahre früher die Athener. Man hat entdeckt, wie schön die

Welt ist, der Himmel und die Bäume, die Menschen, die Blumen, die Tiere. Man hat die Dinge so gemalt, wie man sie gesehen hat. Nicht mehr feierlich, groß und heilig, wie die heiligen Geschichten in den Büchern der Mönche und in den Fenstern der Dome abgebildet waren, sondern bunt und lustig, unbefangen und natürlich, klar und genau, wie man alles wollte. Die Augen aufmachen und zugreifen, das war auch in der Kunst das Beste. In dieser Zeit lebten in Florenz darum auch die größten Maler und Bildhauer.

Diese Maler haben nicht nur als gute Handwerker vor ihren Bildern gesessen, um die Welt zu schildern. Sie wollten auch alles, was sie malten, verstehen. Besonders einen Maler gab es in Florenz, dem war es gar nicht genug, gute Bilder zu malen, auch wenn sie noch so schön waren. Und seine waren sogar die allerschönsten. Er wollte wissen, wie alle diese Dinge, die er da malte, eigentlich seien und wie das alles zusammenhinge. Dieser Maler hieß Leonardo da Vinci. Er war der Sohn einer Bauernmagd und hat von 1452 bis 1519 gelebt. Er wollte wissen, wie ein Mensch aussieht, wenn er weint, und wie, wenn er lacht, wie ein menschlicher Körper innen aussieht – die Muskeln, Knochen und Sehnen. So hat er sich Leiber von Verstorbenen aus den Spitälern erbeten und sie zerlegt und untersucht. Das war damals etwas ganz Ungewöhnliches. Er ist aber dabei nicht stehengeblieben. Pflanzen und Tiere hat er neu angeschaut und nachgedacht, wie die Vögel es anfangen, daß sie fliegen. Da kam er auf den Gedanken, ob das die Menschen nicht ebenso könnten. Er war der erste Mensch, der genau und ausführlich die Möglichkeit erforschte, einen künstlichen Vogel, eine Flugmaschine zu bauen. Und er war überzeugt, daß es auch einmal gelingen werde. Mit der ganzen Natur hat er sich beschäftigt. Aber nicht so, daß er in den Schriften des Aristoteles nachschlug oder in den Lehrbüchern der Araber. Er wollte immer wissen, ob das, was er dort las, auch wirklich stimmte. So hat er vor allem die Augen aufgemacht, und seine Augen haben mehr gesehen als die irgendeines Menschen vorher. Denn er hat nicht nur geschaut, sondern auch gedacht. Wenn er etwas wissen wollte, zum Beispiel wie es zugeht, wenn das Wasser Wirbel bildet, oder wie die heiße Luft aufsteigt, dann hat er es eben versucht. Er gab nicht viel auf die Bücherweisheit seiner Zeitgenossen und war der erste Mensch, der darauf ausging, alle Dinge in der Natur durch Versuche herauszubekommen. Seine Beobachtungen zeichnete und notierte er dann auf Zetteln und in Heften, von denen sich immer mehr bei ihm ansammelten. Wenn man heute in seinen Aufzeichnungen blättert, dann staunt man jeden Augenblick, daß ein einziger Mensch so viel erforschen und erfahren konnte, wovon damals niemand etwas wußte oder auch nur wissen wollte.

Aber die wenigsten seiner Zeitgenossen ahnten auch nur, daß dieser berühmte Maler so viel Neues entdeckt hatte und so ungewöhnliche Ansichten hatte. Er war linkshändig und schrieb in einer kleinen umgekehrten Schrift, die gar nicht leicht zu lesen ist. Wahrscheinlich war ihm das sogar ganz recht, denn schließlich war es damals nicht immer ungefährlich, unabhängige Meinungen zu haben. So findet man unter seinen Notizen den Satz: »Die Sonne bewegt sich nicht«. Sonst steht nichts da. Aber daran sehen wir, daß Leonardo wußte, daß die Erde sich um die Sonne dreht und nicht die Sonne jeden Tag um die Erde herumläuft, wie man das Tausende Jahre lang geglaubt hatte. Vielleicht hat sich Leonardo auf diesen einzigen Satz beschränkt, weil er wußte, daß davon nichts in der Bibel stand und daß viele glaubten, man müsse alle Dinge in der Natur noch nach 2000 Jahren so sehen, wie es die Juden gesehen hatten, als die Bibel entstanden war.

Aber nicht nur die Angst, für einen Ketzer gehalten zu werden, brachte Leonardo dazu, alle seine wunderbaren Erfindungen für sich zu behalten. Er kannte die Menschen sehr gut und wußte, daß sie alles nur dazu verwenden, sich gegenseitig umzubringen. Darum steht in Leonardos Handschriften an einer anderen Stelle: »Ich weiß, wie man sich unter Wasser aufhalten und lange ohne Nahrung bleiben kann. Aber ich veröffentliche es nicht und erkläre es niemandem. Denn die Menschen sind böse und würden diese Kunst dazu verwenden, um auch auf dem Meeresgrund zu morden. Sie würden den Boden der Schiffe anbohren und sie mit allen Menschen, die darinnen sind, versenken.« Leider waren nicht alle späteren Erfinder auch so große Menschen wie Leonardo da Vinci, und so haben die Menschen längst gelernt, was er ihnen nicht zeigen wollte.

Zur Zeit des Leonardo da Vinci war in Florenz besonders eine Familie reich und mächtig. Sie waren Wollhändler und Bankleute und hießen Medici. So ähnlich wie früher einmal Perikles in Athen haben sie fast die ganze Zeit zwischen 1400 und 1500 durch ihren Rat und ihren Einfluß die Geschichte von Florenz geleitet. Vor allem Lorenzo di Medici, den man den Prächtigen nannte, weil er von seinem großen Reichtum so schönen Gebrauch machte. Er bemühte sich um alle Künstler und Gelehrten. Wenn er von einem begabten jungen Menschen erfuhr, nahm er ihn gleich in sein Haus und ließ ihn unterrichten. Aus den Sitten dieses Hauses kannst du sehen, wie die Menschen damals gedacht haben. Es hat dort nämlich keine Tischordnung gegeben, nach der die ältesten und vornehmsten obenan sitzen mußten. Sondern wer zuerst da war, saß oben beim Lorenzo di Medici, auch wenn er ein junger Malerbursch war, und wer zuletzt kam, mußte unten sitzen, auch wenn er ein Gesandter war.

Diese ganz neue Freude an der Welt, an tüchtigen Menschen und schönen Dingen, an den Ruinen und Büchern der Römer und Griechen hat man bald überall von den Florentinern gelernt. Denn wenn etwas einmal entdeckt ist, dann lernen es die anderen Leute schnell. An den Hof der Päpste, der damals wieder in Rom war, berief man große Künstler, um die Paläste und Kirchen in der neuen Art zu bauen oder mit Bildern und Statuen auszuschmücken. Besonders als dann reiche Geistliche aus der Familie der Medici Päpste wurden, lebten in Rom die größten Künstler von ganz Italien und schufen dort ihre allergrößten Werke. Freilich stand die ganze neue Art, die Dinge zu sehen, nicht immer mit der alten Frömmigkeit in Einklang. Und so waren die damaligen Päpste auch weniger Priester und Seelsorger der Christenheit als prächtige Fürsten, die Italien erobern wollten und die in ihrer Hauptstadt Unsummen Geldes für wunderbare Kunstwerke ausgaben.

Auch in den Städten Deutschlands und Frankreichs hatte sich diese Gesinnung der Wiedergeburt des heidnischen Altertums allmählich ausgebreitet. Auch dort begannen die Bürger langsam, sich mit den neuen Gedanken und Formen zu beschäftigen und die neuen lateinischen Bücher zu lesen. Das war seit 1453 leichter und billiger geworden. Denn damals hat ein Deutscher eine große Erfindung gemacht. Eine Erfindung, so großartig wie die Erfindung der Buchstaben durch die Phönizier. Es war die Buchdruckerkunst. Daß man geschnitzte Holzplatten mit schwarzer Farbe einreiben und dann auf Papier abdrucken kann, das wußte man schon lange in China und auch schon einige Jahrzehnte in Europa. Die Erfindung des Deutschen Gutenberg war aber, nicht ganze Holzplatten zu schnitzen, sondern jeden Buchstaben einzeln aus einem Holzklötzchen herauszuschneiden. Die Klötzchen konnte man nun zusammenstellen wie im Lesekasten, in einen Rahmen spannen und beliebig oft abdrucken. War die Seite oft genug abgedruckt, dann nahm man den Rahmen auseinander und konnte die Buchstaben neu zusammensetzen. Das war einfach und billig. Einfacher und billiger natürlich, als wenn man die Bücher immer wieder in jahrelanger Arbeit abschrieb, wie es die römischen und griechischen Sklaven und wie es die Mönche tun mußten. Und bald gab es in Deutschland und in Italien eine ganze Menge Druckereien und gedruckte Bücher, Bibeln und andere Schriften, und in den Städten und sogar auf dem Land wurde eifrig gelesen.

Eine andere Erfindung hat damals aber die Welt fast noch mehr umgestaltet. Es war das Schießpulver. Auch das haben die Chinesen wahrscheinlich schon lange gekannt, aber sie haben es meist nur für Feuerwerke und Raketen verwendet. Erst in Europa fing man nach dem Jahre 1300 an, mit Kanonen auf Burgen und Menschen zu schießen. Und bald haben auch einzelne Soldaten riesige, plumpe Gewehrrohre in die Hand bekommen. Freilich ging damals das Schießen mit Pfeil und Bogen noch schneller. Ein guter englischer Bogenschütze konnte damals in einer Viertelstunde 180 Pfeile abschießen, und so lange hat es in dieser Zeit noch gedauert, bis ein Soldat überhaupt seine Donnerbüchse geladen hatte und mit einer brennenden Lunte losschießen konnte. Trotzdem hat man schon im Hundertjährigen Krieg zwischen Frankreich und England manchmal Geschütze und Gewehre verwendet, und nach 1400 kamen sie immer mehr auf.

Das war aber nichts für die Ritter. Es war ja nicht ritterlich, von weitem einem Menschen ein Kugel in den Leib zu schießen. Du weißt, daß die Ritter gewohnt waren, zu Pferd einander entgegenzureiten, um sich aus dem Sattel zu werfen. Nun mußten sie gegen die Kugeln der Bürgerheere immer schwerere und dickere Panzer tragen und saßen bald nicht mehr in Kettenhemden zu Pferde, sondern erschienen in ihren Rüstungen wie eiserne Männer. Sie konnten sich kaum rühren. Es sah zwar sehr grimmig aus, war aber entsetzlich heiß und unpraktisch. Darum waren gerade die Ritterheere bei aller Tapferkeit weniger zu fürchten. Als ein berühmter, kriegerischer Ritterfürst des französischen Herzogtums Burgund, den man wegen seiner Unerschrockenheit Karl den Kühnen nannte, im Jahre 1476 mit einem solchen gepanzerten Ritterheer die Schweiz erobern wollte, fielen die freien Bauern und Bürger der Schweiz bei der Stadt Murten zu Fuß über diese unbeweglichen eisernen Männer her, warfen sie vom Pferd, schlugen sie nieder und erbeuteten all die prunkvollen, kostbaren Zelte und Teppiche, die das

Ritterheer auf seinem Eroberungszug mit sich geführt hatte. Du kannst sie heute noch in Bern, in der Hauptstadt der Schweiz, sehen. Die Schweiz blieb frei, und mit den Rittern ging es zu Ende.

Den deutschen Kaiser, der um 1500 regierte, nennt man darum auch den letzten Ritter. Er hieß Maximilian und war aus der Familie der Habsburger, deren Macht und Reichtum seit König Rudolf von Habsburg immer mehr gewachsen war. Seit 1438 war diese Familie nicht nur in ihrem eigenen Land Österreich mächtig, sondern überhaupt so einflußreich, daß nur noch Habsburger zu deutschen Kaisern gewählt wurden. Doch hatten die meisten, wie auch Maximilian, der letzte Ritter, viel Kampf und Sorge mit den deutschen Vornehmen und Fürsten, die ja fast unumschränkt in ihren Lehen herrschten und die dem Kaiser oft nicht einmal mehr in den Krieg folgen wollten, wenn er es ihnen befahl.

Seit es Geld und Städte und Schießpulver gab, war das Verleihen von Ländern mit hörigen Bauern als Belohnung für Kriegsdienste ebenso veraltet wie das Rittertum überhaupt. Darum nahm Maximilian auch bei seinen Kriegen, die er mit dem französischen König um Besitzungen in Italien führte, nicht mehr seine Ritteruntertanen mit ins Feld, sondern er bezahlte Soldaten, die nur in den Krieg zogen, um Geld zu verdienen. Solche Soldaten nannte man Landsknechte. Es waren wilde, rohe Gesellen in den unglaublichsten, prahlerischsten Trachten, Menschen, die sich am meisten freuten, wenn es was zum Plündern gab. Sie kämpften ja nicht für ihre Heimat, sondern für Geld, und sie gingen zu dem, der ihnen mehr zahlte. Darum brauchte der Kaiser viel Geld. Da er keines hatte, mußte er es sich von reichen Kaufleuten in den Städten ausleihen. Dafür mußte er auch wieder freundlich zu den Städten sein, und das ärgerte die Ritter, die sich immer überflüssiger vorkamen.

Maximilian hatte gar nicht gern mit all diesen verwickelten Sorgen zu tun. Viel lieber wäre er, wie die Ritter der alten Zeit, auf Turniere geritten und hätte der Dame seines Herzens seine Abenteuer in schönen Reimen geschildert. Er war ein merkwürdiges Gemisch aus Altem und Neuem. Denn die neue Kunst gefiel ihm sehr, und er bat den größten deutschen Maler, Albrecht Dürer, der viel von den Italienern gelernt hatte, aber noch mehr von sich selbst, immer wieder, Bilder und Druckwerke zu seinem Ruhm zu verfertigen. Und so schildert uns der erste neue deutsche Künstler in seinen herrlichen Bildern, wie der letzte Ritter in Wirklichkeit ausgesehen hat. Seine Bilder sowie die Bilder und Bauten der großen Künstler Italiens, das sind die »Trompeter«, die den Menschen zugerufen haben: »Hallo, eine neue Zeit hat begonnen!« Und wenn wir das Mittelalter eine Sternennacht genannt haben, so müssen wir diese neue, wache Zeit, die in Florenz angefangen hat, als hellen, klaren Morgen betrachten.

27 Eine neue Welt

Was wir bisher Weltgeschichte genannt haben, war ja kaum die Geschichte der halben Welt. Das meiste hat sich um das Mittelländische Meer herum abgespielt, in Ägypten, Mesopotamien, Palästina, Kleinasien, Griechenland, Italien, Spanien oder Nordafrika. Oder höchstens ganz nahe davon: in Deutschland, Frankreich und England. Nach Osten haben wir manchmal den Blick geworfen, nach China, dem wohlbehüteten Reich, und nach Indien, das in der Zeit, von der wir sprechen, von einer mohammedanischen Königsfamilie regiert wurde. Aber was westlich vom alten Europa, jenseits von England liegt, darum haben wir uns nicht gekümmert. Niemand hatte sich darum gekümmert. Nur einige nordische Seefahrer hatten auf ihren Wikingerzügen einmal weit im Westen ein rauhes Land gesehen, waren aber bald wieder abgezogen, da es dort nichts zu holen gab. So kühne Seefahrer wie die Wikinger hat es aber nicht viele gegeben. Und wer wagte sich auf den unbekannten, vielleicht endlosen Ozean, der sich da westlich von England, Frankreich und Spanien dehnte?

Ein solches Wagnis wurde erst durch eine neue Erfindung möglich. Und auch diese haben wir – fast hätte ich gesagt »natürlich« – von den Chinesen. Es ist die Entdeckung, daß ein freibeweglich aufgehängtes Magneteisen sich immer nach Norden richtet, immer nach Norden zeigt: Es ist der Kompaß. Die Chinesen hatten solche Kompasse schon lange auf ihren Fahrten durch die Wüste verwendet, und nun sickerte die Kenntnis dieses Zauberwerkzeuges über die Araber zu den Europäern, die es während der Kreuzzüge um 1200 kennengelernt haben. Damals aber ist der Kompaß nur wenig verwendet worden. Man hat sich vor ihm gefürchtet. Er war den Menschen unheimlich. Erst allmählich ist die Neugierde größer geworden als die Angst. Und nicht nur die Neugierde. Drüben in den fernen Ländern konnte es ja Schätze geben, fremdartige Reichtümer, die man von dort holen konnte. Aber noch immer wagte sich niemand auf das westliche Meer hinaus. Es war zu groß und unbekannt. Wohin kam man, wenn man da hinausfuhr?

Da hatte ein armer, abenteuerlustiger, ehrgeiziger Italiener aus Genua, der sich Kolumbus nannte und der viel über alten Erdbeschreibungen gesessen hatte, einen Einfall, von dem er wie behext war. Wohin man käme? Wenn man immer nach Westen führe, müsse man schließlich im Osten ankommen! Die Erde ist doch rund! Ist eine Kugel. So stand es in manchen Büchern aus dem Altertum geschrieben. Und wenn man so, immer nach Westen segelnd, um die halbe Welt herum, im fernen Osten landete, so war man im reichen China, im märchenhaften Indien. Dort gab es Gold und Elfenbein und seltene Gewürze. Wieviel einfacher wäre das doch, mit dem Kompaß über den Ozean hinzusegeln, als durch all die Wüsten und über die schrecklichen Gebirge zu ziehen, wie es einst Alexander der

Große getan hatte und wie es damals noch die Handelskarawanen machten, die Seide aus China nach Europa brachten. In ein paar Tagen, so meinte Kolumbus, müßte man auf seinem neuen Weg in Indien sein, statt, wie auf dem alten Weg, in vielen Monaten. Allen Menschen erzählte er von diesem Plan, und alle lachten ihn aus. Ein Narr! Aber er ließ nicht locker. »Gebt mir Schiffe, gebt mir *ein* Schiff, ich versuch's und bring' euch Gold aus dem Wunderland Indien!«

Er wandte sich nach Spanien. Dort hatten sich damals, im Jahre 1479, zwei christliche Königreiche durch Heirat ihrer Herrscher vereinigt und drängten nun in einem erbitterten Kampf die Araber (die, wie du weißt, seit mehr als 700 Jahren in Spanien herrschten) aus ihrer herrlichen Hauptstadt Granada und trieben sie ganz aus dem Land. Kolumbus fand an den Königshöfen von Portugal und auch von Spanien gar keine Begeisterung für seine Idee. Immerhin ließ man sie von der berühmten Universität Salamanka prüfen, und die erklärte sie für undurchführbar. Sieben weitere Jahre hat er verzweifelt gewartet und gebeten: »Gebt mir Schiffe!« Endlich wollte er aus Spanien fort, nach Frankreich. Da traf er unterwegs durch einen Zufall einen Mönch, der der Beichtvater der spanischen Königin Isabella von Kastilien war. Diesem Beichtvater leuchtete der Gedanke des Kolumbus ein. Er erzählte seiner Königin davon, und die ließ Kolumbus endlich wieder zu sich rufen. Da hätte er sich's fast noch einmal verdorben. Denn was er von ihr forderte, wenn sein Plan gelingen sollte, war keine Kleinigkeit. Er wollte adelig werden, er wollte Vertreter des Königs in allen entdeckten indischen Ländern sein, er wollte Admiral werden und den zehnten Teil aller Steuern der entdeckten Länder für sich behalten und noch vieles andere. Als man ihm das abschlug, wandte er sich fort. Nach Frankreich. Dann wären die Länder, die er entdecken wollte, aber dem französischen König untertan geworden. Davor hatten die Spanier Angst. Man rief ihn zurück und bewilligte ihm, was er verlangte. Man gab ihm zwei schlechte Segelschiffe. Wenn sie untergehen, dachte man, ist nicht viel verloren. Ein drittes mietete er noch.

So fuhr er auf den Ozean hinaus nach Westen und immer weiter nach Westen, um ins östliche Indien zu kommen. Am 3. August des Jahres 1492 war er aus Spanien weggesegelt. Auf einer Insel mußte er sich lange aufhalten, um eines seiner Schiffe wieder instand zu setzen. Dann ging es weiter, weiter, weiter, nach Westen. Immer noch kein Indien! Seine Leute wurden ungeduldig, dann verzweifelt. Sie wollten umkehren. Kolumbus zeigte ihnen nicht, wie weit sie in Wirklichkeit schon von ihrer Heimat weg waren. Er log sie an. Endlich, endlich, am 11. Oktober 1492 um 2 Uhr nachts gab ein Kanonenschuß von einem seiner Schiffe das Zeichen: Land!

Kolumbus war selig und stolz. Indien! Die friedlichen Leute, die da am Strand waren, das waren also Indier oder, wie man sagte, Indianer! Nun weißt du ja, daß das ein Irrtum war. Kolumbus befand sich gar nicht in Indien. Sondern auf Inseln in der Nähe von Amerika. Noch heute nennt man ja Amerikas Ureinwohner Indianer, und die Inseln, bei denen Kolumbus landete, heißen zum Andenken an seinen Irrtum Westindien. Das wirkliche Indien lag noch unendlich weit. Viel weiter vor ihnen, als Spanien hinter ihnen lag. Kolumbus hätte noch mindestens zwei Monate weitersegeln müssen, er wäre mit allen seinen Leuten elend zugrunde gegangen und hätte das wirkliche Indien nie erreicht. Aber damals glaubte er sich in Indien und ergriff von dem Land im Namen des Königs von Spanien Besitz. Und auch späterhin, auf seinen weiteren Reisen hat er immer daran festgehalten, daß es Indien sei, was er entdeckt hatte. Er hätte nie zugegeben, daß die große Idee, die ihn damals gepackt hatte, unrichtig war. Daß die Erde viel größer ist, als er es sich vorgestellt hatte. Daß es auf dem Landweg viel näher nach Indien ist als auf dem Seeweg über den ganzen Atlantischen und Indischen Ozean. Er wollte Vizekönig von Indien sein, dem Land seiner Träume.

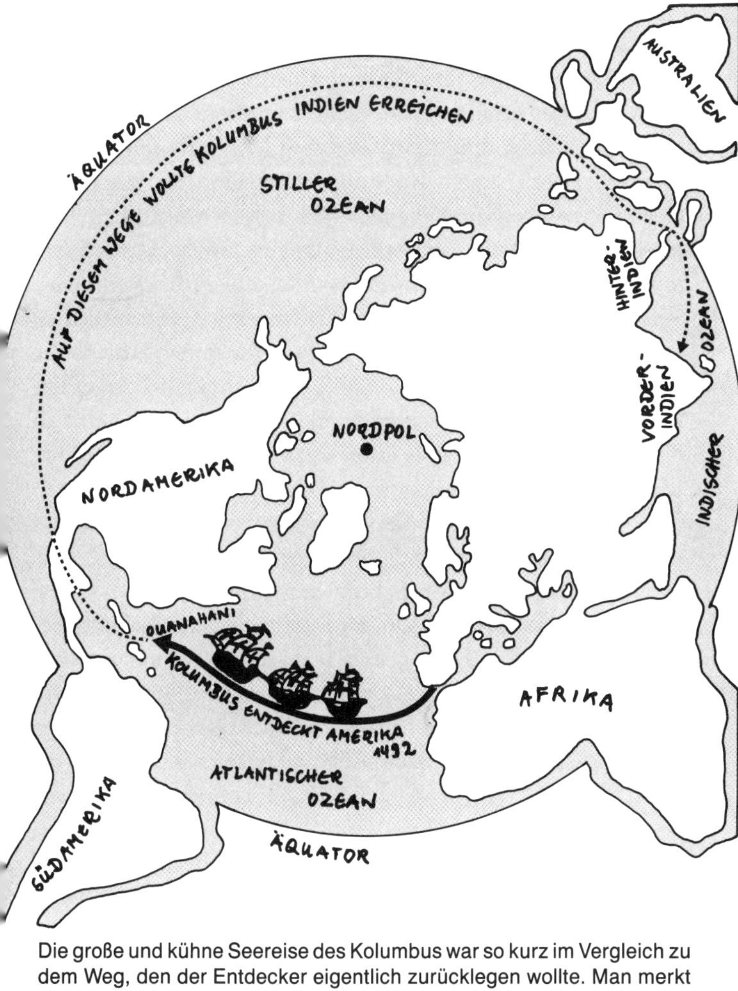

Die große und kühne Seereise des Kolumbus war so kurz im Vergleich zu dem Weg, den der Entdecker eigentlich zurücklegen wollte. Man merkt das besonders, wenn man sich die Erdkugel einmal genau von Norden aus ansieht.

Du weißt vielleicht, daß man von diesem Jahr, 1492 nach Christi Geburt an, in dem der phantastische Abenteurer Christoph Kolumbus durch Zufall Amerika entdeckte, weil es ihm sozusagen im Weg lag, die Neuzeit rechnet. Es ist ein noch zufälligeres Datum als das Jahr 476 nach Christi Geburt, in dem man das Mittelalter beginnen läßt. Denn damals stürzte doch wirklich das weströmische Reich und sein letzter Kaiser mit dem merkwürdigen Namen Romulus Augustulus. Im Jahre 1492 aber wußte überhaupt niemand, auch Kolumbus nicht, daß diese Fahrt mehr bedeuten würde als neues Gold aus unbekannten Ländern. Kolumbus wurde zwar bei seiner Rückkunft nach Spanien ungeheuer gefeiert, aber bald machte er sich auf seinen weiteren Fahrten durch seinen Ehrgeiz und seinen Stolz, seine Habgier und sein phantastisches Wesen so unbeliebt, daß der König diesen seinen Vizekönig und Admiral verhaften und in Ketten aus Westindien heimbringen ließ. Diese Ketten hat Kolumbus sein Leben lang aufbewahrt, auch als er wieder zu Gnade, Ehre und Reichtümern gekommen war. Er konnte und wollte eine solche Kränkung nie vergessen.

Die ersten spanischen Schiffe mit Kolumbus und seinen Gefährten hatten nur Inseln entdeckt, mit einer gutmütigen, ärmlichen, einfachen Indianerbevölkerung. Das einzige, was die spanischen Abenteurer von ihnen wissen wollten, war, wo sie den Goldschmuck her hatten, den manche von ihnen an der Nase trugen. Sie zeigten nach Westen. Und so kam man erst ins richtige Amerika. Denn dieses Goldland suchten ja die Spanier. Sie hatten die unglaublichste Vorstellung davon und erwarteten Städte mit Dächern aus Gold. Es waren wilde Kerle, die da aus Spanien in die unentdeckten Länder zogen, um sie für den spanischen König zu erobern und um Beute zu machen. Grausame Räuberhauptleute eigentlich, von unerhörter Rücksichtslosigkeit, Falschheit und Hinterlist gegen die Eingeborenen, von einer wilden Habsucht vorwärtsgetrieben in immer phantastischere Abenteuer. Kein Abenteuer erschien ihnen unmöglich, kein Mittel war ihnen zu schlecht, wenn es um Gold ging. Sie waren unbegreiflich tapfer und unbegreiflich unmenschlich. Das Traurigste ist, daß diese Menschen sich nicht nur Christen nannten, sondern auch immer behaupteten, all diese Greueltaten an den Heiden für das Christentum zu begehen.

Besonders einer der Eroberer, ein ehemaliger Student, Fernando Cortez, war von unerhörtem Ehrgeiz. Er wollte ins Innere des Landes ziehen und alle sagenhaften Schätze erbeuten. Im Jahre 1519 zog er mit 150 spanischen Soldaten, 13 Reitern und ein paar Kanonen von der Küste los. Die Indianer hatten noch nie weiße Menschen gesehen. Auch noch nie Pferde. Die Kanonen jagten ihnen schreckliche Furcht ein. Sie hielten die spanischen Räuber für mächtige Zauberer, wenn nicht für Götter. Trotzdem wehrten sie sich oft tapfer und überfielen den Reiterzug bei Tag und das Lager bei Nacht. Aber Cortez rächte sich gleich im Anfang furchtbar, zündete die Dörfer der Indianer an und brachte Tausende um.

Bald kamen ihm Gesandte eines mächtigen, fernen Königs entgegen, mit prachtvollen Geschenken von Gold und von bunten Federn. Sie baten ihn umzukehren. Aber Cortez wurde durch diese kostbaren Geschenke nur neugieriger und raublustiger. So zog er unter unerhörten Abenteuern weiter und zwang viele Indianer, mit ihm zu ziehen, wie es die großen Eroberer immer gemacht haben. Endlich kam er in das Reich des mächtigen Königs, der die Gesandten und Geschenke geschickt hatte. Der König hieß Montezuma und sein Land, wie seine Hauptstadt, Mexiko. Montezuma erwartete Cortez und dessen kleine Truppe ehrfürchtig vor der Stadt, die mitten zwischen Seen lag. Die Spanier staunten, als sie über einen langen Damm in die Stadt eingezogen waren, über all die Pracht, Schönheit und Macht dieser gewaltigen Hauptstadt, die so groß war wie die größte, die sie in Europa kannten. Sie hatte gerade Straßen und viele Kanäle und Brücken. Viele Plätze und große Märkte, wo täglich Zehntausende kamen, um zu kaufen und zu verkaufen.

Cortez schreibt in seinem Bericht an den spanischen König: »Dort handelt man mit Lebensmitteln jeder Art, mit Klein-

Über die Steindämme zieht Cortez mit seiner Kampftruppe im herrlichen Mexiko ein. König Montezuma begrüßt ihn am Tor.

odien von Gold, Silber, Blech, Messing, Knochen, Muscheln, Hummerschalen und Federn, mit behauenen und unbehauenen Werksteinen, Kalk und Ziegelsteinen, mit rohem und zugerichtetem Bauholz.« Er schildert, wie in manchen Straßen alle Vogelarten und Tiere, in manchen alle Pflanzengattungen verkauft würden, wie es Apotheker, Barbiere, Gasthäuser gab, seltene Gartenpflanzen und Früchte, Malerfarben, Geschirr und Bäckerei. Wie auf dem Markt ständig zehn Richter saßen, die jeden Streit sofort zu entscheiden hatten. Dann schildert er die gewaltigen Tempel der Stadt, die selbst so groß waren wie ganze Städte, mit vielen hohen Türmen und bunten Räumen, mit schrecklichen, riesigen Götterbildern, denen furchtbare Menschenopfer dargebracht wurden. Er schildert auch voll Erstaunen die großen Häuser der Stadt mit ihren weiten Gemächern und hübschen Blumengärten, die Wasserleitung, die Wächter und Zollbeamten.

Der Palast des Montezuma machte ihm besonderen Eindruck. Er sagt, daß Spanien nichts Ähnliches besitze. Es gab da einen sehr schönen Garten, darüber erhoben sich auf Säulen und Platten von Jaspis mehrere Stockwerke, von denen man eine weite Aussicht hatte, geräumige Säle, Vogelteiche und einen riesigen zoologischen Garten, in dem Tiere aller Art in Käfigen gehalten wurden. Um Montezuma scharte sich ein prächtiger Hofstaat von hohen Beamten, die ihm die größten Ehren erwiesen. Er selbst kleidete sich täglich viermal auf verschiedene Art, jedesmal in ganz neue Gewänder, die er nie ein zweites Mal anzog. Man nahte ihm mit gesenktem Haupt, und das Volk mußte sich zur Erde werfen und durfte ihn nicht ansehen, wenn er in einer Sänfte durch die Straßen von Mexiko getragen wurde.

Diesen mächtigen Herrscher ließ Cortez mit List gefangennehmen. Montezuma war wie gelähmt von soviel Unehrerbietigkeit und Frechheit. Er wagte nichts gegen die weißen Eindringlinge zu tun, denn es gab eine alte Sage in Mexiko, daß einmal Söhne der Sonne, weiße Götter, von Osten kommen würden, um das Land in Besitz zu nehmen. Für diese weißen Götter hielt man die Spanier. Dabei waren es eher weiße Teufel. Sie überfielen bei einem Tempelfest alle vornehmen Mexikaner und ermordeten die Wehrlosen. Als ein furchtbarer Aufstand losbrach, wollte Cortez Montezuma zwingen, seinem Volk vom Dach des Palastes aus Ruhe zu befehlen. Aber das Volk ließ sich nichts mehr sagen. Man warf mit Steinen nach dem eigenen König, und Montezuma sank tödlich getroffen um. Nun entstand ein entsetzliches Gemetzel, bei dem Cortez seinen ganzen Mut zeigte, denn es ist wirklich ein Wunder, daß es dem kleinen Heerhaufen der Spanier gelang, aus der empörten Stadt zu fliehen und durch das ganze feindliche Land mit allen Kranken und Verwundeten die Küste wieder zu erreichen. Natürlich kam er bald mit neuen Soldaten wieder, zerstörte und verbrannte die ganze blühende Stadt, und die Spanier fingen an, dort und in anderen Gegenden Amerikas das alte, kultivierte Volk der Indianer in der scheußlichsten Weise auszurotten. Dieses Kapitel in der Geschichte der Menschheit ist so entsetzlich und so beschämend für uns Europäer, daß ich lieber davon schweige.

Inzwischen hatten die Portugiesen den wirklichen Seeweg nach Indien gefunden und hausten dort nicht viel besser als die Spanier unter den Indianern. All die Weisheit der alten Inder war ihnen gänzlich gleichgültig. Auch sie wollten Gold und wieder Gold. Aber durch dieses Gold aus Indien und Amerika kam soviel Geld nach Europa, daß die Bürger immer reicher und die Ritter und Grundbesitzer immer ärmer wurden. Vor allem aber wurden nun, da die Schiffe nach Westen fuhren und vom Westen kamen, die westlichen Häfen Europas mächtig und wichtig. Nicht nur in Spanien, sondern auch in Frankreich, England und Holland. Deutschland hat sich an diesen Eroberungen jenseits des Meeres nicht beteiligt. Es hatte damals zu viel mit sich selbst zu tun.

28 Ein neuer Glaube

Du erinnerst dich, daß nach dem Jahre 1500 in Rom Päpste herrschten, denen ihr Priestertum weniger wichtig war als Pracht und Macht. Daß sie herrliche Kirchen von berühmten Künstlern errichten ließen. Besonders seit zwei Päpste aus der Familie der Medici zur Herrschaft gekommen waren, aus der Familie, die sich schon in Florenz so sehr um Kunst und Pracht bemüht hatte, da wuchsen in Rom die wunderbarsten Riesenbauten in die Höhe. Die alte Peterskirche, die Konstantin der Große gegründet haben soll und in der einst Karl der Große zum Kaiser gekrönt worden war, erschien ihnen nicht prunkvoll genug. Man war dabei, eine neue Kirche zu bauen von gewaltigem Ausmaß und nie gesehener Schönheit. Aber das kostete sehr viel Geld. Woher man es bekam, war den Päpsten damals nicht so wichtig, wie daß sie es überhaupt bekamen und daß die herrliche Kirche fertig wurde. Und so sammelten manche Priester und Mönche, um dem Papst zu gefallen, Geld auf eine Weise ein, die mit den Lehren der Kirche nicht übereinstimmte. Sie ließen die Gläubigen für Vergebung der Sünden zahlen. Man nannte das Ablaß. Zwar lehrte die Kirche, daß nur dem reuigen Sünder vergeben werden kann, aber diese Ablaßhändler hielten sich nicht daran.

Da gab es nun in Wittenberg in Deutschland einen Mönch aus dem Orden der Augustiner. Er hieß Martin Luther. Als im Jahre 1517 ein solcher Ablaßhändler nach Wittenberg kam, um Geld für die neue Peterskirche einzuheimsen, deren Bau in diesem Jahr gerade von dem berühmtesten Maler der Welt, von Raffael, geleitet wurde, da wollte Luther auf diesen unkirchlichen Mißbrauch aufmerksam machen. Er schlug eine Art Plakat mit 95 Lehrsätzen an die Kirchentüre, worin er diese Art des Handelns mit der göttlichen Gnade der Vergebung bekämpfte. Denn das war Luther das Schrecklichste: daß man die göttliche Gnade der Sündenvergebung durch Geld erlangen sollte. Er hatte sich immer als Sünder gefühlt, der, wie jeder Sünder, Gottes Zorn fürchten müsse. Nur eines, so fühlte er, konnte vor Gottes Strafe retten. Das war Gottes unendliche Gnade. Und die, so meinte Luther, kann ein Mensch nicht kaufen. Könnte man das, so wäre sie ja keine Gnade. Auch ein guter Mensch ist doch vor Gott, der alles sieht und kennt, ein Sünder, der Strafe verdient. Nur sein Glaube an Gottes schenkende Gnade kann ihn retten. Sonst nichts.

In dem erbitterten Streit, der jetzt um den Ablaß und seinen Mißbrauch entbrannte, hat Luther das bald noch deutlicher und unbedingter betont. Er lehrte und schrieb: Alles ist überflüssig außer dem Glauben. Also auch die Priester und die Kirche, die den Gläubigen im Gottesdienst an der Gnade Gottes teilhaben läßt. Diese Gnade läßt sich nicht vermitteln. Nur das feste Vertrauen und der Glaube des Einzelnen an seinen Gott kann ihn retten. Der Glaube an die großen Geheimnisse der Lehre, der Glaube, daß wir Christi Leib im Heiligen Abendmahl essen und sein Blut im Kelche trinken. Niemand kann dem anderen zu Gottes Gnade verhelfen. Jeder Gläubige ist sozusagen sein eigener Priester. Der Priester der Kirche ist nicht mehr als ein Lehrer und Helfer. Darum kann er auch leben wie alle anderen Menschen und auch heiraten. Der Gläubige muß die Lehre der Kirche nicht annehmen. Er muß selbst in der Bibel nach Gottes Meinung forschen. Nur was in der Bibel steht, das gilt, war Luthers Meinung.

Luther war nicht der erste Mensch, der solche Gedanken hatte. Hundert Jahre vor ihm schon hatte ein Priester namens Hus in Prag Ähnliches gelehrt. Man hatte ihn vor eine Kirchenversammlung in Konstanz geladen und entgegen dem Versprechen des Kaisers im Jahre 1415 als Ketzer verbrannt. Seine vielen Anhänger wurden in blutigen, wilden Kriegen ausgerottet, und dabei wurde halb Böhmen verwüstet.

Luther und seinen Anhängern wäre es vielleicht auch so ähnlich gegangen, aber die Zeiten hatten sich geändert. Schon dadurch, daß die Buchdruckerkunst erfunden war. Luthers Schriften, die kräftig und packend geschrieben waren, freilich oft auch sehr derb, wurden überall in Deutschland gekauft und gelesen. Viele Menschen gaben ihm recht. Als der Papst davon erfuhr, drohte er, Luther zu bannen. Aber Luther hatte schon so viele Anhänger, daß er sich nichts daraus machte. Er verbrannte den Brief des Papstes öffentlich und wurde nun wirklich gebannt. Da sagte er sich und seine Anhänger ganz von der Kirche los. Es gab eine gewaltige Aufregung in Deutschland, und viele traten auf seine Seite, denn der Papst mit seiner Prachtliebe und seinem Reichtum war in Deutschland nicht beliebt. Auch hatten manche deutschen Fürsten gar nichts dagegen, daß die Macht der Bischöfe und Erzbischöfe abnehmen und der große Grundbesitz der Kirche nun ihnen gehören sollte. Darum schlossen sie sich der »Reformation« an, wie man Luthers Versuch der Wiedererweckung der alten christlichen Frömmigkeit nannte.

Nun war zu jener Zeit, im Jahre 1519, Kaiser Maximilian, der letzte Ritter, gestorben, und sein Enkel, der Habsburger Karl V., der auch ein Enkel Isabellas von Kastilien, der spanischen Königin, war, wurde nun deutscher Kaiser. Er war damals erst 19 Jahre alt und war nie in Deutschland gewesen, immer nur in Belgien, Holland und Spanien, die auch zu seinen Erblanden gehörten. Als spanischer König herrschte er nun auch über das neu entdeckte Amerika, in dem gerade Cortez auf seine Eroberungen auszog. Und so konnten Schmeichler von ihm sagen, daß in seinem Reich die Sonne nicht untergehe. Denn in Amerika ist es Tag, wenn bei uns gerade Nacht ist. Wirklich hatte sein gewaltiges Reich, zu dem die alten habsburgischen Erblande Österreich und das Erbe Karls des Kühnen von Burgund, also die Niederlande, dann Spanien und schließlich das deutsche Kaiserreich gehörten, nur einen ernsten Nebenbuhler in Europa, das war Frankreich. Frankreich war zwar lang nicht so groß wie das Reich Karls V., aber unter seinem tüchtigen König Franz I. war es einheitlicher, reicher und gefestigter. Diese beiden Könige stritten nun in entsetzlich wirren und langen Kämpfen um die Macht in Italien, dem reichsten Land Europas. Die Päpste unterstützten abwechselnd den einen und den anderen, und schließlich wurde 1527 Rom von den Landsknechten des Kaisers geplündert und Italiens Reichtum vernichtet.

Als Karl V. im Jahre 1519 zur Herrschaft kam, stand er aber als sehr frommer, junger Mensch noch gut mit dem Papst. So wollte er eiligst, nachdem er in Aachen gekrönt worden war, die Sache mit dem Ketzer Luther in Ordnung bringen. Am liebsten

Der Mönch Martin Luther erscheint vor dem Wormser Reichstag und legt der großen Versammlung, der Kaiser Karl V. vorsitzt, seinen Standpunkt dar.

hätte er ihn einfach verhaften lassen, aber der Fürst über Luthers Stadt Wittenberg, der Herzog von Sachsen, den man Friedrich den Weisen nannte, ließ es nicht zu. Er war auch späterhin der große Beschützer Luthers und ließ ihn nicht umkommen.

Nun gab Karl V. Auftrag, den widerspenstigen Mönch vor den ersten Reichstag zu laden, den er in Deutschland hielt. Es war in Worms im Jahre 1521. Dort versammelten sich alle Fürsten und Großen des Reiches in einer feierlichen, prunkvollen Reichsversammlung. Vor diese trat nun Luther in seiner Mönchskutte. Er hatte sich bereit erklärt, seine Lehre zu widerrufen, wenn man ihm aus der Bibel beweise, daß sie falsch sei. Du weißt, daß Luther nur die Bibel als Gotteswort anerkannte. Der Reichstag aber, die Fürsten und Vornehmen, wollten sich nicht mit diesem gelehrten, eifrigen Doktor in einen Wortstreit einlassen. Der Kaiser verlangte, er solle seine Lehre widerrufen. Luther erbat sich einen Tag Bedenkzeit. Er war ganz entschlossen, an seinem Glauben festzuhalten und hat damals einem Freund geschrieben: »Wirklich, ich werde nicht einmal ein Strichlein widerrufen und vertraue auf Christus.« So trat er am nächsten Tag vor den versammelten Reichstag und hielt eine längere Rede in lateinischer und deutscher Sprache, in der er seinen Glauben erklärte und sagte, es täte ihm leid, wenn er im Eifer des Kampfes jemanden beleidigt habe. Aber widerrufen könne er nicht. Der junge Kaiser, der wahrscheinlich kein Wort verstanden hat, ließ ihm sagen, er solle schon endlich kurz und bündig antworten. Und so wiederholte Luther mit kräftigen Worten, daß nur Gründe aus der Bibel ihn dazu zwingen könnten zu widerrufen: »Mein Gewissen ist in Gottes Wort gefangen, und darum kann und will ich nichts widerrufen, weil gegen das Gewissen zu handeln gefährlich ist. Gott helfe mir, Amen.«

Da erließ der Reichstag ein Gesetz, nach dem Luther als ein Ketzer in die Acht getan wurde, das heißt, es durfte niemand ihm zu essen geben, niemand ihm helfen, niemand ihn beherbergen. Wer es täte, würde auch geächtet werden. Auch wer seine Bücher kaufte oder besäße. Jeder sollte ihn ungestraft erschlagen dürfen. Er war »vogelfrei«, wie man es nannte. Da ließ ihn sein Beschützer, Friedrich der Weise von Sachsen, heimlich fangen und auf sein Schloß, die Wartburg, bringen, wo er verkleidet unter einem falschen Namen lebte. Dort in dieser freiwilligen Gefangenschaft hat Luther die Bibel ins Deutsche übertragen, damit jeder sie lesen und darüber nachdenken könne. Das war aber nicht so leicht. Denn Luther wollte ja, daß alle Deutschen seine Bibel lesen sollten. Damals gab es aber noch kein gemeinsames Deutsch für alle. Die Bayern schrieben bayerische Mundart, die Sachsen sächsische. Luther bemühte sich nun, eine Sprache zu finden, die für alle gleich verständlich wäre. Und so schuf er wirklich in seiner Bibelübersetzung ein

Deutsch, das noch heute, nach mehr als 400 Jahren, sehr wenig verändert unsere Schriftsprache ist.

Luther blieb so lange auf der Wartburg, bis er von einer Wirkung seiner Reden und Schriften erfuhr, die ihm gar nicht gefiel. Seine Anhänger waren noch viel wildere Lutheraner geworden als Luther selbst. Sie warfen die Bilder aus den Kirchen und lehrten, daß es ein Unrecht sei, Kinder zu taufen, da ja jeder Mensch frei bestimmen müsse, ob er getauft sein wolle. Darum nannte man sie auch Bilderstürmer und Wiedertäufer. Besonders den Bauern hatte eine Lehre Luthers tiefen Eindruck gemacht, die sie in ihrem Sinn verstanden. Luther hatte doch gelehrt, daß jeder Mensch nur seinem Gewissen gehorchen müsse und sonst niemandem. Daß er ganz selbständig, als einzelner, freier Mensch um Gottes Gnade ringen müsse. Diese Lehre vom freien Menschen, der niemandem untertan sei, verstanden die hörigen, geknechteten und leibeigenen Bauern so, daß sie nun auch frei sein dürften. Sie rotteten sich zusammen, mit Dreschflegeln und Sensen bewaffnet, erschlugen die Grundherren und zogen gegen Klöster und Städte. Gegen alle diese Bilderstürmer, Wiedertäufer und Bauern kämpfte nun Luther mit der ganzen Macht seiner Predigten und Schriften, wie er vorher gegen die Kirche gekämpft hatte, und half mit, die Bauernkämpfer zu unterdrücken und zu strafen. Und gerade diese Uneinigkeit unter den Protestanten, wie man Luthers Anhänger nannte, war ein gewaltiger Vorteil für die große, einheitliche katholische Kirche.

Denn Luther war nicht der einzige gewesen, der in diesen Jahren derartige Gedanken hatte und predigte. In Zürich war der Pfarrer Zwingli ganz ähnliche Wege gegangen, in Genf hatte ein anderer Gelehrter namens Calvin sich von der Kirche losgesagt. Aber so ähnlich diese Lehren untereinander auch waren, ihre Anhänger konnten sich nicht einigen oder vertragen.

Nun kam aber ein neuer, schwerer Verlust für das Papsttum dazu. In England regierte nämlich damals König Heinrich VIII.

Der war mit einer Tante des Kaisers Karl V. verheiratet. Sie gefiel ihm aber nicht. Er hätte lieber ihre Hofdame Anna Boleyn geheiratet. Das konnte nun der Papst als höchster Priester nicht erlauben. So löste Heinrich VIII. im Jahre 1533 sein Land von der römischen Kirche los und gründete eine eigene Kirche, die ihm die Scheidung bewilligte. Die Anhänger Luthers verfolgte er allerdings weiterhin, aber England war für alle Zeiten der römisch-katholischen Kirche verloren. Bald wurde dem König Heinrich VIII. aber auch Anna Boleyn zu langweilig, und so ließ er sie köpfen. Elf Tage darauf heiratete er wieder, doch diese Frau starb, ehe er sie umbringen konnte. Von der vierten ließ er sich ebenfalls scheiden und heiratete eine fünfte, die er wieder köpfen ließ. Die sechste ist erst nach ihm gestorben.

Kaiser Karl V. aber hatte an seinem Riesenreich, in dem es so verworren zuging und in dem immer wilder im Namen des Glaubens gekämpft wurde, keine Freude. Er führte abwechselnd Krieg gegen deutsche Fürsten, die Anhänger Luthers waren, und gegen den Papst, gegen die Könige von Frankreich und von England und gegen die Türken, die schon 1453, vom Osten herkommend, die Hauptstadt des oströmischen Reiches Konstantinopel erobert hatten. Die Türken verwüsteten Ungarn und drangen bis Wien vor, das sie im Jahre 1529 vergeblich belagerten.

Schließlich hatte dieser Herrscher genug von seinem Reich samt der Sonne, die dort nicht unterging. Er setzte seinen Bruder Ferdinand als Herrscher von Österreich und Kaiser von Deutschland ein, seinem Sohn Philipp gab er Spanien und die Niederlande, er selbst aber ging als alter, gebrochener Mann im Jahre 1556 in das spanische Kloster Sankt Just. Dort soll er sich damit beschäftigt haben, Uhren zu reparieren und zu regulieren. Er wollte sie dazu bringen, daß alle gleichzeitig die Stunde schlügen. Als ihm das nicht gelang, soll er gesagt haben: »Was hab' ich mich vermessen, all die Menschen meines Reiches zusammenbringen zu wollen, wo ich nicht einmal imstande bin, einige Uhren in Übereinstimmung zu bringen.« Einsam und enttäuscht ist er gestorben. Aber die Uhren seines einstigen Reiches schlugen immer verschiedener und verschiedener die Stunde der Zeit.

29 Die kämpfende Kirche

In einem der Kämpfe zwischen Kaiser Karl V. und dem französischen König Franz I. war ein junger spanischer Edelmann schwer verwundet worden. Er hieß Ignatius von Loyola. Auf seinem schmerzhaften, jahrelangen Krankenlager dachte er viel über sein bisheriges Leben als junger Adeliger nach und las viel in der Bibel und in dem Leben der Heiligen. Da kam ihm der Gedanke, sein Leben zu ändern. Er wollte zwar ein Kämpfer bleiben, wie er es gewesen war. Aber ein Kämpfer für die katholische Kirche, die durch Luther, Zwingli, Calvin und Heinrich VIII. in so schwere Gefahr geraten war.

Er zog jedoch, als er nun endlich gesund geworden war, nicht einfach in den Krieg, in einen der vielen Kämpfe, die zwischen Lutheranern und Katholiken ausgebrochen waren. Er zog auf die Universität. Er lernte und dachte und dachte und lernte, um sich für seinen Kampf zu rüsten. Wer herrschen will, muß sich beherrschen können. Das war ihm klar. So übte er sich in unerhörter Anstrengung, ganz seiner selbst Herr zu werden. Ähnlich, wie Buddha es verlangt hatte. Nur zu einem anderen Zweck. Auch Ignatius wollte alle Wünsche in sich abschaffen. Aber nicht dazu, um hier auf Erden vom Leiden erlöst zu sein, sondern um keinem anderen Willen und keinem anderen Zweck mehr zu gehorchen als der Kirche und ihren Zielen. In jahrelangen Übungen brachte er es dahin, daß er sich verbieten konnte, an irgend etwas Bestimmtes zu denken, daß er sich etwas anderes jeden Augenblick so deutlich vorstellen konnte, als sähe er es leibhaftig vor sich. Das war seine Vorschule. Von seinen Freunden verlangte er dasselbe. Und als alle so zu Herrschern ihrer eigenen Vorstellungen geschmiedet waren, gründete er mit ihnen zusammen einen Orden, der sich die Truppe Jesu nannte. Die Jesuiten.

Dieser kleine Trupp ausgesuchter, geschulter Menschen bot sich dem Papst als Streiter für die Kirche an, und der Papst nahm ihr Anerbieten im Jahre 1540 an. Und nun begannen sie ihren Kampf, bedachtsam und stark wie ein Heer. Sie fingen damit an, selbst gegen die Mißbräuche zu kämpfen, die den Streit mit Luther veranlaßt hatten. In einer großen Kirchenversammlung, die in den Jahren 1545 bis 1563 in Südtirol, in Trient, ihre Beratungen abhielt, wurden viele Veränderungen und Verbesserungen beschlossen, die die Macht und die Würde der Kirche hoben. Die Priester sollten wieder Priester sein und nicht nur prunkvolle Fürsten. Die Kirche sollte mehr für die Armen sorgen. Sie sollte vor allem daran arbeiten, das Volk zu unterrichten. Und hier, als Lehrer, haben die Jesuiten am meisten zu leisten verstanden. Sie waren gelehrt, geschult und unbedingte Diener der Kirche. So konnten sie als Lehrer ihre Gedanken im Volke und unter den Vornehmen bekanntmachen. Denn auch an Hochschulen wirkten sie. Aber nicht nur als Lehrer und als Prediger des Glaubens in fernen Ländern haben sie ihren Einfluß verbreitet. Sie wurden auch vielfach Beichtväter an den Höfen der Könige, und da sie gescheite, weitblickende Menschen und Kenner der menschlichen Seele waren, haben sie es verstanden, von dort aus oft die Beschlüsse und Entscheidungen der Könige zu lenken.

Diese Bestrebungen, die alte Frömmigkeit der Menschen nicht durch Lostrennung von der katholischen Kirche, sondern durch Erneuerung dieser Kirche selbst wiederzuerwecken und auf diese Art die Reformation wirksam zu bekämpfen, nennt man Gegenreformation. In der Zeit dieser Religionskämpfe waren die Menschen ernst und streng. Fast so ernst und streng wie Ignatius von Loyola selbst. Die Freude der Florentiner Bürger an allen kräftigen Prachtmenschen war vorbei. Man sah wieder darauf, ob ein Mensch fromm war und der Kirche dienen wollte. Die Vornehmen trugen nicht mehr bunte, freifallende Gewänder. Fast alle sahen mönchisch aus, in strengen, schwarzen, enganliegenden Kleidern mit weißen Halskrausen. Ihre Gesichter mit den schmalen Spitzbärten blickten ernst und finster drein. Jeder Vornehme hatte einen Degen umgegürtet, und wer seine Ehre beleidigte, den forderte er zum Zweikampf.

Diese Menschen mit ihren ruhigen, gemessenen Bewegungen und ihrer steifen Höflichkeit waren fast alle zähe Kämpfer. Und unerbittlich, wenn es um ihren Glauben ging. Nicht nur in Deutschland gab es damals Kriege zwischen den protestantischen und katholischen Fürsten, am ärgsten ging es in Frankreich zu, wo man die Protestanten Hugenotten nannte. Die französische Königin ließ im Jahre 1572 alle hugenottischen Vornehmen zu einem Hochzeitsfest bei Hof einladen und in der Bartholomäusnacht einfach umbringen. So erbittert und grausam wurde damals gekämpft.

Der Führer aller Katholiken, der ernsteste, strengste, unerbittlichste von allen war der spanische König, der Sohn Kaiser Karls V., Philipp II. An seinem Hof ging es steif und feierlich zu. Alles war durch Vorschriften geregelt: wer vor dem König niederknien mußte und wer sogar in Gegenwart des Königs den Hut auf dem Kopf behalten durfte. In welcher Reihenfolge man an der Hoftafel zu essen bekam und in welcher Reihenfolge die Vornehmen in die Kirche zur Messe gingen.

König Philipp selbst war ein ungewöhnlich fleißiger Herrscher, der jede Sache und jeden Brief mit eigener Hand erledigen wollte. So arbeitete er von früh bis spät mit seinen Räten, unter denen viele Geistliche waren. Der Kampf gegen jede Art Unglauben war ihm das Wichtigste in seinem Leben. Im eigenen Land ließ er Tausende Menschen als Ketzer verbrennen, nicht nur Protestanten, sondern auch Juden und heimliche Mohammedaner, die es noch aus der Zeit der Araberherrschaft in Spanien gab. Er fühlte sich jetzt als Schutzherr und Kämpfer für die Kirche wie früher der deutsche Kaiser. So bekämpfte er gemeinsam mit einer italienischen Flotte die Türken, die auch zur See immer mächtiger wurden, seit sie Konstantinopel erobert hatten. Er schlug sie im Jahre 1571 bei Lepanto vollständig und zerstörte ihre Flotte, so daß die Türken nie wieder zur See mächtig wurden.

Schlechter ging es ihm in seinem Kampf mit den Protestanten. Im eigenen Land, in Spanien, rottete er sie zwar wirklich aus. Aber damals gehörten auch (wie zur Zeit seines Vaters) die Niederlande, also Belgien und Holland, zu seinem Reich. Und besonders in den reichen Städten des Nordens gab es viele Protestanten unter den Bürgern. Er tat ihnen alles mögliche an, um ihnen ihren Glauben zu verleiden, aber sie gaben nicht nach. Da schickte er einen spanischen Vornehmen als seinen Stellvertreter hin, der noch eifriger, noch ernster, noch finsterer, härter und strenger war als König Philipp selbst. Er hieß Herzog Alba und war die richtige hagere, blasse Kämpfergestalt mit dem schmalen Bart und dem eisigen Gesicht, wie sie Philipp gerne hatte. Dieser Alba ließ viele Bürger und Vornehme der Niederlande kaltblütig hinrichten, aber schließlich ließ das niederländische Volk sich das nicht mehr gefallen. Es kam zu einem furchtbaren, wütenden Kampf, und das Ende war, daß die protestantischen Städte der Niederlande sich um 1579 von den Spaniern befreiten und ihre Truppen verjagten. Nun waren sie freie, reiche, unabhängige und unternehmende Handelsstädte, die auch jenseits der Meere in Indien und Amerika ihr Glück zu versuchen begannen.

Aber das war noch nicht einmal die ärgste Niederlage, die König Philipp II. von Spanien erlitt. Eine andere war noch schwerer. In England regierte damals eine Frau, die Tochter König Heinrichs VIII., des vielverheirateten. Diese Königin

Die Hinrichtung eines niederländischen Edeln durch die Spanier.

Elisabeth war eine eifrige Protestantin, sehr klug, willensstark, zielbewußt, aber auch eitel und grausam. Das Wichtigste war ihr, das Land gegen die Katholiken zu verteidigen, deren es auch in England noch viele gab. Sie verfolgte sie unerbittlich. Sie ließ die katholische Königin von Schottland, eine Frau von großer Schönheit und Anmut, Maria Stuart, die auch ein Recht zu haben glaubte, über England zu herrschen, gefangennehmen und hinrichten. Elisabeth half auch den protestantischen Bürgern der Niederlande bei ihrem Kampf gegen Philipp. Über diese Feindschaft gegen die katholische Kirche wurde Philipp von Spanien so wütend, daß er beschloß, England für den Katholizismus zu erobern oder es zu vernichten.

Er rüstete mit Unsummen Geldes eine gewaltige Flotte aus. 130 große Segelschiffe mit mehr als 2000 Kanonen und mehr als 20 000 spanischen Soldaten. Das liest sich so sehr schnell. Aber versuch nur, dir 130 Schiffe auf dem Meer vorzustellen. Es war die große Armada, das heißt, die große Kriegsflotte. Als sie im Jahre 1588 von Spanien fortsegelte, mit all den Gewappneten, mit allen Waffen und Nahrungsmitteln für sechs Monate, da schien es fast unmöglich, daß die kleine Insel England sich gegen eine so furchtbare Macht verteidigen können sollte.

Es war aber nicht viel anders als seinerzeit bei den Perserkriegen. Diese großen, schwerbeladenen Schiffe waren unbeweglich und schwerfällig im Kampf. Die Engländer ließen es gar nicht zu einer richtigen Schlacht kommen. Sie fuhren mit ihren kleinen, schnellen Fahrzeugen heran, beschossen die Flotte – und waren auch schon davon. Dann ließen sie brennende, menschenleere Schiffe gegen die spanische Flotte lossegeln und brachten solche Verwirrung in ihre gewaltige, gedrängte Masse, daß die Spanier sich in dem fremden Meer bei England verirrten, sich zerstreuten und schließlich zum großen Teil in schweren Stürmen zugrunde gingen. Kaum die Hälfte aller Schiffe kam in Spanien wieder an und auch diese, ohne überhaupt in England gelandet zu sein. Philipp ließ sich aber diese tiefe Enttäuschung nicht anmerken. Er soll dem Befehlshaber der Flotte freundschaftlich gedankt und gesagt haben: »Ich habe dich ja gegen Menschen und nicht gegen Wind und Wellen ausgeschickt.«

Die Engländer aber verfolgten nun die spanischen Schiffe nicht nur in ihren Gewässern. Auch an den Küsten von Amerika und Indien griffen englische Handelsschiffe spanische an, und bald hatten die Engländer und Holländer die Spanier aus vielen reichen Häfen in Indien und Amerika verdrängt. Sie

Der Sturm bringt die große spanische Kriegsflotte in Seenot. Leere brennende englische Schiffe fahren zwischen die spanischen und vernichten sie vollends.

begannen im Norden der spanischen Kolonie, in Nordamerika, Handelsniederlassungen zu gründen, ganz ähnlich, wie es die Phönizier getan hatten. Und viele Engländer, die in den Religionskämpfen verfolgt oder vertrieben wurden, gingen dorthin, um ein freieres Leben zu führen.

In den indischen Häfen und Ansiedlungen herrschten eigentlich nicht die Staaten England und Holland. Es herrschten dort englische und holländische Kaufleute, die sich zusammengetan hatten, um Handel zu treiben und die Schätze Indiens nach Europa zu bringen. Diese Kaufmannsgesellschaften, die man Handelskompanien nannte, mieteten sich auch Soldaten, und wo die Inder nicht freundlich zu ihnen waren oder die Waren nicht billig genug hergeben wollten, zogen die Soldaten ins Land, um das Volk zu »strafen«. Das war nicht viel besser als bei den spanischen Kämpfen gegen die Indianer Amerikas. Und auch in Indien gelang die Eroberung der Küstenländer durch die englischen und holländischen Kaufleute so leicht, weil die indischen Fürsten untereinander nicht einig waren. Bald sprach man in Nordamerika und in Indien die Sprache der kleinen Insel nordwestlich von Frankreich: Englisch. Es entstand wieder einmal ein neues Weltreich. Und so wie seinerzeit durch das Römische Reich das Lateinische zur Weltsprache wurde, ist es heute das Englische.

30 Eine entsetzliche Zeit

Wenn ich wollte, könnte ich noch viele Kapitel von Kämpfen zwischen Katholiken und Protestanten schreiben. Aber ich will nicht. Es war eine entsetzliche Zeit. Und die Zustände wurden bald so verworren, daß die Menschen damals schon kaum mehr wußten, wofür und wogegen sie eigentlich kämpften. Die habsburgischen Kaiser von Deutschland, die manchmal in Prag, manchmal in Wien regierten und die eigentlich nur in Österreich und damals auch schon in einem Teil Ungarns wirkliche Macht hatten, waren fromme Männer, die die Herrschaft der katholischen Kirche in ihrem Reich wiederherstellen wollten. Zwar erlaubten sie im Anfang den Protestanten, Gottesdienste abzuhalten, aber bald kam es in Böhmen zum Kampf.

Unzufriedene Protestanten haben damals im Jahre 1618 drei Vertreter des Kaisers aus der Burg in Prag zum Fenster hinausgeworfen. Sie fielen auf einen Misthaufen, und so ist zweien von ihnen nicht viel geschehen. Trotzdem war es der Auftakt zu dem entsetzlichen Krieg, der jetzt ausbrach und der ganze 30 Jahre lang gedauert hat. 30 Jahre! Stell dir das vor! Wenn ein Mensch zehn Jahre alt war, als er von dem Fenstersturz erfahren hatte, war er ein Mann von 40 Jahren, als er endlich den Frieden erlebte. *Falls* er ihn erlebte! Denn es war bald gar kein Krieg mehr, sondern ein greuliches Gemetzel von schlechtbezahlten, wilden Soldatenhorden aller Länder, denen es hauptsächlich auf das Rauben und Plündern ankam. Das roheste und grausamste Gesindel aus allen Gegenden trat in jenes Heer ein, mit dem man am meisten Beute zu machen hoffte. Längst war der Glaube vergessen. Protestanten traten in katholische Heere,

Landsknechte, gedungene Soldaten in jedermanns Sold, sie steckten in bunten Phantasieuniformen.

Katholiken in protestantische. Sie waren für das Land, für das sie angeblich kämpften, fast ebenso entsetzlich wie für die Feinde. Denn wo sie ihre Zeltlager aufschlugen, da holten sie sich bei den Bauern der Umgebung zu essen und vor allem zu trinken. Gab es der Bauer nicht freiwillig, so zwang man ihn oder brachte ihn um. In ihren phantastischen Kostümen mit bunten Lappen und großen Federbüschen, den Degen umgeschnallt, die Pistole in der Hand, ritten sie sengend und mordend durchs Land und quälten die wehrlosen Menschen aus bloßer Schlechtigkeit und Roheit. Sie waren durch nichts zu halten. Nur ihrem Feldherrn folgten sie blind, wenn er sich bei ihnen beliebt gemacht hatte.

Ein solcher Feldherr auf der Seite des Kaisers war Wallenstein, ein armer Landedelmann von unerhörter Willenskraft und Klugheit. Er zog mit seinen Heeren bis nach Norddeutschland, um die dortigen protestantischen Städte zu erobern. Durch seine Kriegskunst und Geschicklichkeit war der Krieg schon fast für den Kaiser und die katholische Kirche entschieden. Da mischte sich ein neues Land in den Kampf. Es war Schweden unter seinem mächtigen und frommen protestantischen Herrscher Gustav Adolf. Der wollte den protestanti-

Wie die Landsknechte während des Dreißigjährigen Krieges in den Dörfern hausten.

schen Glauben retten und ein gewaltiges protestantisches Reich unter der Führung Schwedens gründen. Die Schweden eroberten auch wirklich Norddeutschland zurück und zogen gegen Österreich, als Gustav Adolf im Jahre 1632 (also schon im 14. Jahre dieses gräßlichen Krieges) in einer Schlacht fiel. Manche Teile des schwedischen Heeres kamen aber noch bis vor Wien und hausten dort fürchterlich.

Auch Frankreich zog damals in den Krieg. Nun wirst du glauben, daß die Franzosen als Katholiken in diesem Religionskrieg auf Seiten des Kaisers gegen die Protestanten in Norddeutschland und Schweden gekämpft haben? Aber es war eben längst kein Religionskrieg mehr. Jedes Land suchte in dem allgemeinen Wirrwarr seinen Vorteil herauszuschlagen. Und weil der Kaiser von Deutschland und die Spanier die größten Mächte in Europa darstellten, so wollten die Franzosen unter ihrem wunderbar gescheiten Minister, dem Kardinal Richelieu, sie bei dieser Gelegenheit kleinkriegen und so Frankreich zum mächtigsten Land in Europa machen. Darum kämpften also die französischen Soldaten *gegen* die des Kaisers.

Inzwischen war Wallenstein als Feldherr des Kaisers überaus mächtig geworden. Ihn verehrte ja das Heer, für ihn und seine Pläne kämpften die Soldaten. Der Kaiser war diesen wilden Truppen gänzlich gleichgültig. Der katholische Glaube auch. Und so mußte sich Wallenstein immer mehr als der eigentliche Herrscher fühlen. Ohne ihn und seine Truppen war der Kaiser machtlos. Er begann auf eigene Faust mit dem Feind über die Möglichkeit eines Friedens zu unterhandeln. Auf die Befehle des Kaisers gab er nichts mehr. Da wollte ihn der Kaiser verhaften lassen, aber Wallenstein wurde schon vorher von einem ehemaligen Freund im Jahre 1634 ermordet.

Der Krieg aber ging noch volle 14 Jahre immer wilder und regelloser weiter. Ganze Dörfer wurden verbrannt, Städte geplündert, Frauen und Kinder ermordet, geraubt und gestohlen, ohne daß ein Ende abzusehen war. Die Soldaten trieben den Bauern das Vieh weg und zertrampelten ihre Felder; Hungersnot, schreckliche ansteckende Krankheiten, gewaltige Rudel wilder Wölfe machten weite Strecken Deutschlands zu trostlosen Einöden. Und nach all diesen grauenhaften Leiden einigten sich die Gesandten der verschiedenen Herrscher endlich in langwierigen, verwickelten Beratungen im Jahre 1648 auf einen Frieden, der ungefähr darauf hinauslief, daß alles so blieb, wie es vor dem Dreißigjährigen Krieg gewesen war. Was protestantisch gewesen war, sollte so bleiben, der eigentliche Machtbereich des Kaisers, Österreich, Ungarn und Böhmen, blieb weiterhin katholisch. Schweden hatte nach dem Tod Gustav Adolfs seinen Einfluß fast wieder verloren, behielt aber einige der in Norddeutschland und an der Ostsee eroberten Landstriche. Nur die Gesandten des französischen Ministers Richelieu setzten es durch, daß Frankreich viele deutsche Festungen und

Städte in der Nähe des Rheins bekam. Er war der eigentliche Sieger in dem Kampf, der ihn gar nichts angegangen hatte.

Deutschland war fast eine Wüste geworden. Kaum die Hälfte aller Einwohner waren am Leben, und die lebten in schrecklicher Not. Manche wanderten nach Amerika aus, andere versuchten, in fremde Heere einzutreten, da sie ja nichts als kämpfen gelernt hatten.

Zu all diesem Unglück und zu dieser Verweiflung kam noch ein entsetzlicher Wahnsinn, der damals immer mehr Leute packte. Es war die Angst vor bösem Zauber, die Angst vor Hexerei und vor Hexen. Du weißt, daß man auch im Mittelalter abergläubisch war und an alle möglichen Gespenster glaubte. Aber damals war es doch noch nicht so schlimm.

Schlimmer wurde es schon unter den macht- und prachtliebenden Päpsten der Zeit, die wir die Renaissance nannten, in der Zeit der neuen Peterskirche und des Ablaßhandels rund um das Jahr 1500. Diese Päpste waren nicht fromm, aber dafür waren sie um so abergläubischer. Sie fürchteten sich vor dem Teufel und vor aller möglichen Zauberei. Jeder der Päpste um 1500, die ihren Namen durch herrliche Kunstwerke für alle Zeiten berühmt gemacht haben, hat auch grimmige Befehle ausgesandt, die Zauberer und Hexen, besonders in Deutschland, recht eifrig zu verfolgen.

Du wirst fragen, wie man etwas verfolgen konnte, was es doch gar nicht gibt oder gab. Aber das war eben das Entsetzliche. Wenn irgendeine Frau im Dorf unbeliebt war, wenn sie den Menschen unheimlich oder unbequem wurde, hat es plötzlich geheißen: »Sie ist eine Hexe! Sie ist schuld am Hagelwetter oder ist schuld an den Rückenschmerzen des Bürgermeisters.« Rückenschmerzen nennt man ja auch heute noch »Hexenschuß«. Und nun wurde sie verhaftet und gefragt, ob sie mit dem Teufel im Bund sei. Natürlich sagte sie ganz entsetzt nein. Aber da quälte und marterte man sie so lange in der gräßlichsten Art, bis sie halbtot vor Schmerzen und Verzweiflung alles zugab, was man ihr vorhielt. Und das war das Ende. Denn nun hatte sie ja gestanden, daß sie eine Hexe sei. Und so wurde sie lebendig verbrannt. Gewöhnlich fragte man sie auch während der Marterung, die man Folter nannte, ob sie sonst noch Hexen im Dorf wisse, mit denen sie zusammen gezaubert habe. Da gaben manche in ihrer Schwäche irgendwelche Namen an, die ihnen gerade einfielen, nur damit die Marter aufhören sollte, und nun wurden auch die anderen verhaftet, man erpreßte ihnen ebenso ein Geständnis, und dann verbrannte man sie auch. Am ärgsten wurde aber die Angst vor dem Teufel und der Hexerei in der schrecklichen Zeit nach dem Dreißigjährigen Krieg. Hunderte und Tausende wurden verbrannt in allen Teilen des Landes, in katholischen wie in protestantischen Gegenden. Es hat wenig geholfen, daß manche Jesuitenpriester vor diesem Wahnsinn warnten. Die Menschen lebten damals in ständiger, entsetzlicher Angst vor unbekannten Zaubermächten und vor den Künsten des Teufels, und nur diese Angst kann all die Scheußlichkeiten begreiflich machen, die an vielen, vielen Tausenden unschuldigen Menschen damals verübt wurden.

Das Merkwürdigste ist aber, daß es in derselben Zeit, in der das Volk so abergläubisch war, einige Menschen gegeben hat, die die Gedanken des Leonardo da Vinci und der anderen großen Florentiner nicht vergessen hatten. Die sich weiter bemühten, die Augen aufzumachen und die Welt so zu erkennen, wie sie wirklich ist. Und diese fanden das wirkliche Zaubermittel, mit dem man erkennen kann, was sein wird und was gewesen ist, mit dem man herausbekommt, aus welchen Stoffen ein Stern besteht, der Milliarden von Kilometern von uns entfernt ist, oder wann genau eine Sonnenfinsternis stattfinden wird und von wo auf der Erde sie sichtbar sein wird.

Dieses Zaubermittel war das Rechnen. Nicht das Rechnen zwar haben diese Menschen erfunden, das konnten die Kaufleute schon immer. Aber sie haben immer klarer erfaßt, wieviel in der Natur sich ausrechnen läßt. Wie jeder Pendel, der 98 cm und 1 mm lang ist, genau eine Sekunde zu einer Schwingung braucht und womit das zusammenhängt. Das nannte man Naturgesetze. Schon Leonardo da Vinci hat gewußt: »Die Natur bricht ihr Gesetz nicht.« Und so wußte man mit Bestimmtheit, daß jedes Naturereignis, das man einmal genau gemessen und beschrieben hatte, immer und immer wieder nur so und nicht anders ablaufen *konnte*. Das war eine unerhörte Entdeckung und eine größere Zauberei als alles, was man den armen Hexen zuschrieb. Denn jetzt war die ganze Natur, die Sterne und die Wassertropfen, die fallenden Steine, die schwingenden Saiten einer Geige kein wilder, unerklärlicher Wirrwarr mehr, der den Menschen nur Angst machte. Wer die richtige Rechenformel wußte, hatte die Zauberformel für alle Dinge. Er konnte zur Violinsaite sagen: »Wenn du ein a tönen lassen willst, mußt du 435 mal in der Sekunde hin- und herschwingen und mußt so lang und so gespannt sein.« Und die Saite muß es auch.

Der erste Mensch, der ganz erkannt hat, was für eine unerhörte Zauberkraft im Berechnen der Natur steckt, war ein Italiener, Galileo Galilei. Er hat viele Jahre lang diese Dinge erforscht, untersucht und beschrieben, und plötzlich hat ihn jemand angezeigt, daß in seinen Schriften auch der Satz vorkam, den Leonardo ohne Erklärung aufgezeichnet hatte: daß sich die Sonne nicht bewegt, daß sich die Erde um die Sonne dreht und die Planeten mit ihr. Diese Erkenntnis hatte kurz nach Leonardos Tod im Jahre 1543 ein polnischer Gelehrter namens Kopernikus nach jahrelanger Rechenarbeit veröffentlicht, als er schon selbst im Sterben lag, aber katholische wie protestantische Priester hatten die Lehre als unchristlich und ketzerisch verworfen. Es gibt nämlich im Alten Testament eine Stelle von dem großen Kämpfer Josua, der Gott bittet, er solle nicht Abend werden lassen, ehe die Feinde ganz vernichtet seien. Es heißt dort, auf dieses Gebet seien Sonne und Mond stillgestanden, bis alle Gegner Josuas erschlagen oder gefangen waren. Weil es aber in der Bibel heißt, die Sonne sei stillgestanden, meinten die Leute, sie müsse sich doch sonst bewegt haben. Und darum sei eine Lehre, daß die Sonne immer stillstehe, ketzerisch und gegen den Sinn der Bibel. So kam Galilei nach einem langen Forscherleben im Jahre 1632 als fast 70jähriger Mann vor das geistliche Gericht, und man stellte ihn vor die Wahl, als Ketzer verbrannt zu werden oder seine Meinung über die Bewegung der Erde um die Sonne abzuschwören. So unterschrieb er denn, daß er ein armer Sünder sei, weil er gelehrt habe, daß die Erde sich um die Sonne drehe, und wurde nicht verbrannt, wie es manchem seiner Vorgänger wirklich geschehen war. Man erzählt aber, daß er, nachdem er seine Unterschrift unter das Aktenstück gesetzt hat, leise gesagt haben soll: »Und sie bewegt sich doch.«

Und wirklich haben alle vorgefaßten Meinungen nicht verhindern können, daß die Gedanken und Arbeitsweisen, die Forschungsergebnisse und Pläne Galileis immer mehr Leuten Eindruck machten. Und wenn wir heute durch diese rechnerischen Formeln die Natur zwingen können, zu tun, was wir wollen, wenn wir unsere Flugzeuge, unsere Raketen, unser Radio und überhaupt unsere Technik haben, so verdanken wir das Menschen wie Galileo Galilei, die in einer Zeit nach den rechnerischen Gesetzen der Natur geforscht haben, als das noch fast so gefährlich war, wie zu Neros Zeit ein Christ zu sein.

31 Ein unglücklicher und ein glücklicher König

England war das einzige mächtige Land, das nicht im Dreißigjährigen Krieg mitgekämpft hatte. Die glücklichen Engländer, wirst du sagen. Aber auch sie hatten damals ihre wilde Zeit, die freilich nicht so schrecklich geendet hat wie die deutsche. Du erinnerst dich vielleicht daran, daß der englische König Johann im Jahre 1215 seinen Adeligen feierlich in einem großen Brief, der *Magna Charta*, versprechen mußte, daß er und seine Nachfolger nie etwas tun würden, ohne die Vornehmen und Grafen vorher um ihr Einverständnis gefragt zu haben. Ungefähr 400 Jahre lang haben sich die englischen Könige auch daran gehalten. Aber dann kam einer, ein Enkel der geköpften Maria Stuart, König Karl I., der sich nicht daran halten wollte. Er fragte die Adeligen und die im Parlament versammelten Bürger nicht gerne um ihre Meinung. Er wollte lieber regieren, wie es ihm gefiel, und es gefiel ihm vor allem, viel Geld auszugeben.

Dem englischen Volk paßte das gar nicht. Dort gab es viele besonders strenge, fromme Protestanten, die man Puritaner, das heißt ungefähr: die Reinen, nannte. Ihnen war jeder Prunk und jedes Wohlleben von vornherein verhaßt. Ihr Führer im Kampf gegen den König war ein armer Adeliger, Oliver Cromwell, ein ungewöhnlich frommer und tapferer Krieger von gewaltiger Willenskraft und auch Rücksichtslosigkeit. Er nahm mit seinen streng gedrillten und tiefgläubigen Truppen König Karl I. nach langen Kämpfen gefangen und ließ ihn vor ein Kriegsgericht stellen. Der König wurde zum Tode verurteilt und im Jahre 1649 geköpft, weil er die Versprechungen der Könige nicht gehalten und seine Macht mißbraucht hatte. Seitdem herrschte Cromwell in England. Nicht als König, sondern als »Beschützer des Landes«, wie er sich nannte. Und er nannte sich nicht nur so, er war es auch. All das, was Elisabeth begonnen hatte, die englischen Kolonien in Amerika und die Handelsniederlassungen in Indien, die tüchtige Flotte und der große Seehandel, waren auch für ihn das Wichtigste. Er richtete seinen ganzen Scharfsinn und seine ganze Willenskraft darauf, Englands Macht in all diesen Dingen zu stärken und die benachbarten Holländer möglichst zu schwächen. Als nach seinem Tod bald wieder Könige in England zur Herrschaft kamen (seit 1688 war es ein holländisches Königshaus), war das Regieren nicht mehr schwer. Es ging immer weiter aufwärts. Aber bis heute hat es kein König mehr gewagt, die alten Versprechungen des großen Briefes zu brechen.

Die französischen Könige hatten es leichter. Dort gab es keinen großen Brief. Auch hatten sie ein wohlhabendes, volkreiches Land zu beherrschen, das nicht einmal die schrecklichen Religionskriege ganz zugrunde richten konnten. Vor allem aber war ja zur Zeit des Dreißigjährigen Krieges der wunderbar gescheite Minister Kardinal Richelieu der eigentliche Herrscher von Frankreich gewesen, der für das Land mindestens soviel tat wie Cromwell für England. Vielleicht noch mehr. Er verstand es nämlich, den Rittern und Vornehmen jede Möglichkeit zu nehmen mitzureden. Durch Geschicklichkeit und Schlauheit hat er diesen Mächtigen des Landes allmählich ihre Macht aus der Hand gespielt. Er war wie ein guter Schachspieler, der jede Stellung auszunützen versteht und aus einem kleinen Vorteil gleich einen größeren herausholt. So hat er allmählich die ganze Macht zu sich hingespielt und, wie du gesehen hast, auch die Macht für Frankreich in Europa. Denn da er im Dreißigjährigen Krieg den deutschen Kaiser überwinden half, da Spanien verarmt, Italien zerstückelt und England noch nicht so mächtig war, war Frankreich beim Tod Richelieus das einzige Land, das damals zählte. Kurz nach dem Tod des Kardinals kam im Jahre 1643 König Ludwig XIV. zur Herrschaft. Er war damals fünf Jahre alt und hält bis heute den Weltrekord im Dauerregieren. Denn er regierte bis 1715, also 72 Jahre. Und dabei hat er wirklich regiert. Natürlich nicht als Kind; aber kaum war sein Vormund, Kardinal Mazarin, der in der Art Richelieus weiterregiert hatte, gestorben, beschloß er, selbst zu herrschen. Er gab den Befehl, daß nicht einmal ein Reisepaß an irgendeinen Franzosen ausgestellt werden dürfe, ohne daß er selbst die Bewilligung erteilt hätte. Der ganze Hof lachte und meinte, das sei so eine Laune des jungen Herrschers. Es wird ihm schon bald zuwider werden, meinten sie. Aber es wurde ihm nicht zuwider. König sein, war für ihn mehr als der Zufall einer königlichen

lichen Geburt. Es war wie eine große Rolle in einem Theaterstück, die er nun sein Leben lang spielen mußte. Und kaum ein Mensch vor ihm oder nach ihm hat diese Rolle so genau studiert und mit solcher Würde und mit solchem Pomp zu Ende gespielt, ohne müde zu werden.

Alle Macht, die die Minister Richelieu und Mazarin besessen hatten, nahm er nun an sich. Die Adeligen hatten keine anderen Rechte, als ihm zusehen zu dürfen, wie er seine Rolle spielte. Das feierliche Schauspiel, das sogenannte Lever, fing schon um 8 Uhr früh an, wenn er geruhte, sich zu erheben. Da kamen mit dem Kammerdiener und dem Arzt die Prinzen der Familie in sein Schlafzimmer, man reichte ihm feierlich kniend zwei große, gepuderte Lockenperücken, die wie wallende Mähnen aussahen. Er wählte die aus, zu der er gerade Lust hatte, zog einen kostbaren Schlafrock an und setzte sich neben das Bett. Nun durften schon die höchsten Adeligen, die Herzöge, ins Schlafzimmer kommen, und während der König rasiert wurde, kamen seine Sekretäre, Offiziere und andere Beamte. Dann wurden die Türen geöffnet und ein Schwarm prunkvoller Würdenträger, Marschälle, Statthalter, hohe Kirchenfürsten und persönliche Günstlinge erschienen, um staunend bei der feierlichen Handlung zugegen zu sein, wenn Seine Majestät der König sich anzog.

Das war alles geregelt bis ins Kleinste. Die höchste Ehre war es, dem König das Hemd reichen zu dürfen, das vorher sorgfältig gewärmt worden war. Diese Ehre hatte der Bruder des Königs, und wenn er nicht anwesend war, der Nächsthöchste im Rang. Der Kammerdiener hielt einen Ärmel, ein Herzog den anderen, und so schlüpfte seine Majestät hinein. In dieser Art ging es weiter, bis der König angekleidet dastand mit seinen bunten Seidenstrümpfen und seiner kurzen Seidenhose, mit einem farbigen Atlaswams, der lichtblauen Schärpe, dem Degen und seinem gestickten Rock mit der Halsbinde aus Spitzen, die ihm der hohe Beamte, der königliche Halsbindenver-

Ehrfürchtig und entzückt betrachteten die Vornehmsten des Hofes, wie seine Majestät, König Ludwig XIV. von Frankreich, sich ankleiden läßt.

wahrer, auf einem silbernen Tablett überreichte. Dann trat der König mit Federhut und Stock, lächelnd und gewandt, aus seinem Schlafzimmer in den großen Saal, hatte für jeden eine gedrechselte Freundlichkeit bereit, während ihn die Leute angafften und demütig in gespreizten Reden verkündeten, er sei heute schöner als der griechische Sonnengott Apoll und kräftiger als der griechische Held Herkules, ja, er sei wie Gottes Sonne selbst, die durch ihre Strahlen und ihren Glanz alles Leben erhält. Du siehst, das war fast wie beim Pharao, der der Sohn der Sonne hieß, aber ein großer Unterschied ist da doch. Die alten Ägypter hatten das wirklich geglaubt. Bei Ludwig XIV. war es nur eine Art Spiel, von dem er selbst so gut wie die anderen wußte, daß es eine feierliche, gut einstudierte und wunderbar anzusehende Aufführung war.

Im Vorzimmer also verkündete der König nach seinem Morgengebet das Programm des Tages. Und da kamen wirklich viele Stunden Regierungsarbeit vor, die er auch täglich einhielt, da er sich ja um alles im Staate kümmern wollte. Außerdem gab es viele Jagden, Bälle, Theateraufführungen großer Dichter und Schauspieler, an denen sein Hof sich vergnügte und zu denen auch er immer erschien. Genauso mühsam und feierlich wie das Aufstehen war jede Mahlzeit, und sogar das Schlafengehen war zu einer verwickelten, ballettartigen Aufführung geworden. Es gab da die komischsten Übertreibungen. So mußte sich zum Beispiel jeder vor dem Bett des Königs verneigen wie der Gläubige vor dem Altar, auch wenn der König gar nicht darin lag. Wenn der König Karten spielte und sich unterhielt, stand immer ein Schwarm von Menschen in ehrfürchtiger Entfernung um ihn herum und lauschte seinen geschickten, geistvollen Gesprächen, als wären es Offenbarungen.

Angezogen zu sein wie der König, in seiner Art den Stock zu tragen und den Hut aufzusetzen, zu sitzen und zu gehen, das war das Ziel aller Männer bei Hof. Ihm zu gefallen, das Ziel aller Frauen. Auch sie trugen Spitzenkragen und rauschende, weite Gewänder aus den kostbarsten Stoffen und mit dem kostbarsten Schmuck. Das ganze Leben spielte sich in den großartigsten Schlössern ab, die man bisher je gesehen hatte. Denn Schlösserbauen war die große Leidenschaft Ludwigs XIV. So baute er sich außerhalb von Paris ein Schloß, Versailles, das fast so groß ist wie eine Stadt; mit unendlichen Sälen voller Gold und Damast, mit Kristallüstern und tausenden Spiegeln, mit geschwungenen Möbeln, mit Samt und Seide, voller prunkvoller Gemälde, auf denen man immer wieder Ludwig sah, wie ihm als Apollo von allen Völkern Europas gehuldigt wird. Das Großartigste war aber nicht einmal das Schloß selbst, sondern der Park. Der war genau so feierlich und abgezirkelt und verspielt wie das ganze Leben dort. Kein Baum durfte wachsen, wie er wollte, kein Busch durfte seine natürliche Form behalten. Alles Grün wurde gestutzt und zugeschnitten zu schnurgeraden Blätterwänden und runden Buchshecken, zu weiten Rasen mit schnörkelhaften Blumenbeeten, zu Alleen mit kreisrunden Plätzen, mit Statuen, Teichen und Springbrunnen. Dort wanderten nun die ehemals mächtigen Herzoge mit ihren Damen auf dem weißen Kies auf und ab und unterhielten sich in zierlichen, hübsch

Auf der Gartenterrasse des Königsschlosses konnten die prachtvoll geputzten Damen und Herren des Hofes zierlich plaudern.

geformten Sätzen über die Art, wie der schwedische Gesandte neulich seine Verbeugung gemacht hatte, und über ähnliche Dinge.

Du kannst dir denken, was so ein Schloß und so ein Leben gekostet hat. Der König selbst hatte 200 Diener, und in diesem Stil ging es weiter. Aber Ludwig XIV. hatte kluge Minister, meist Menschen einfacher Herkunft, denen er wegen ihrer großen Fähigkeit diese Macht verliehen hatte. Die verstanden es, Geld aus dem Land herauszuholen. Vor allem, indem sie auf den Handel mit dem Ausland sahen und das französische Handwerk und das französische Gewerbe möglichst begünstigten. Dafür wurden die Bauern damals schrecklich durch Steuern und Abgaben geschunden, und während man bei der Hoftafel die ausgesuchtesten Speisen von Silber- und Goldschüsseln aß, lebten die Bauern buchstäblich von Abfällen und Unkraut.

Dabei war das Hofleben noch gar nicht das Kostspieligste. Das Allerkostspieligste waren die Kriege, die Ludwig XIV.

unausgesetzt führte, meist ohne jeden anderen Grund, als um seine Macht zu vergrößern und den Nachbarstaaten etwas wegzunehmen. Er hatte ein riesiges, gut ausgerüstetes Heer, und mit dem fiel er in Holland oder Deutschland ein und nahm den Deutschen zum Beispiel Straßburg weg, ohne auch nur nach einem richtigen Vorwand zu suchen. Er hielt sich für den Herrn von ganz Europa. Und in gewissem Sinn war er es auch. Alle Großen ahmten ihn nach. Bald hatte jeder deutsche Fürst, auch wenn er nur ein winziges, armes Land beherrschte, ein riesiges Schloß in der Art von Versailles, mit Gold und Damast, mit gestutzten Alleen, mit Herren in großen Perücken und gepuderten Damen in weiten Gewändern, mit Schmeichlern und gewandten Rededrechslern.

In all dem ahmten sie ihn nach. Nur in einem nicht: Sie *waren* das, was Ludwig XIV. spielte: glänzend ausstaffierte, ein bißchen komische, gespreizte Königspuppen. Ludwig XIV. selbst war mehr. Und damit du mir das nicht nur glauben mußt, wiederhole ich hier einiges aus dem Brief, den er für seinen Enkel geschrieben hat, als dieser nach Spanien ging, um dort König zu werden: »Begünstige nie die Menschen, die Dir am meisten schmeicheln, sondern halte etwas auf die, die um des Guten willen Dir zu mißfallen wagen. Vernachlässige nie Deine Geschäfte um des Vergnügens willen, entwirf Dir eine Lebensordnung, die die Zeit bestimmt, welche der Erholung und Zerstreuung gehören soll. Wende alle Deine Aufmerksamkeit den Regierungsgeschäften zu. Höre im Anfang möglichst viel zu, ehe Du etwas entscheidest. Tue alles, was Dir möglich ist, um die hervorragenden Männer genau kennenzulernen, damit Du sie verwenden kannst, wenn Du sie brauchst. Sei freundlich gegen jedermann, sage niemandem etwas Kränkendes.« Und das waren wirklich die Grundsätze König Ludwigs XIV. von Frankreich, dieses merkwürdigen Gemisches aus Eitelkeit, Anmut, Verschwendung, Würde, Rücksichtslosigkeit, Verspieltheit und Fleiß.

32 Was mittlerweile im Osten Europas geschah

Während Ludwig XIV. in Paris und Versailles Hof hielt, kam ein neues Unglück über Deutschland: die Türken. Du weißt, daß sie schon mehr als 200 Jahre früher (im Jahre 1453) Konstantinopel erobert hatten und nun ein großes mohammedanisches Reich errichteten, zu dem Ägypten, Palästina, Mesopotamien, Kleinasien und Griechenland gehörten. Also das ganze alte oströmische Reich, von dessen Glanz und Pracht allerdings nur wenig übrig war. Dann waren sie donauaufwärts weiter vorgedrungen und hatten im Jahre 1526 das ungarische Heer geschlagen. Fast alle ungarischen Adeligen, auch der König, waren gefallen. Die Türken hatten den größten Teil Ungarns erobert und sich auch an Wien versucht, waren aber bald wieder abgezogen. Wie du dich erinnerst, wurde ihre Seemacht 1571 von König Philipp II. von Spanien und den verbündeten Venezianern vernichtet, aber sie blieben ein mächtiger Staat, und in Budapest herrschte ein türkischer Pascha. Nun waren viele Ungarn, die seit dem Tod des ungarischen Königs unter der Herrschaft des Kaisers standen, Protestanten und bekämpften daher in den Religionskämpfen den Kaiser. Es kam auch nach dem Dreißigjährigen Krieg zu mehreren Aufständen der ungarischen Vornehmen, und endlich riefen sie ihre türkischen Nachbarn zu Hilfe.

Der Sultan, so heißt der türkische Herrscher, nahm diese Bitte um Hilfeleistung gern und gnädig auf. Er hatte sich schon lange einen Krieg gewünscht, denn seine Soldaten und Krieger wurden ihm daheim zu mächtig. Er hatte Angst, sie würden ihm über den Kopf wachsen, und war froh, sie fortschicken zu können. Würden sie siegen, um so besser. Würden sie fallen – so war er sie mindestens los. Du siehst, er war ein gemütlicher Herr. So rüstete er im Jahre 1683 ein riesiges Heer aus allen Teilen seines Landes. Die Paschas von Mesopotamien und Ägypten brachten ihre Soldaten, Tataren, Araber, auch Griechen,

Ungarn, Rumänen sammelten sich in Konstantinopel und zogen unter der Führung des Oberministers oder Großwesirs Kara Mustafa gegen Österreich. Es waren mehr als 200 000 Menschen, gut bewaffnet, in bunten fremden Trachten, mit Turban und Fahnen, auf denen ihr Zeichen, der Halbmond, zu sehen war.

Die Heere des Kaisers, die in Ungarn standen, konnten diesen Waffen nicht standhalten. Sie zogen sich zurück und ließen die Türken bis Wien herankommen. Wien hatte damals, wie jede Stadt, seine Befestigungen. Die wurden nun in aller Eile notdürftig instand gesetzt und Kanonen und Lebensmittel hereingeschafft. 20 000 Soldaten sollten die Stadt solange verteidigen, bis der Kaiser mit seinen Verbündeten ihr zu Hilfe käme. Der Kaiser selbst zog sich mit seinem Hof eiligst nach Linz und dann nach Passau zurück. Als die Wiener in der Ferne die Dörfer und Vorstädte brennen sahen, die von den Türken angezündet worden waren, flohen ungefähr 60 000 Menschen aus der Stadt, unendliche Reihen von Wagen und Karossen.

Und schon waren die türkischen Reiter da. Das riesige Heer lagerte sich um Wien herum und begann, die Mauern mit Kanonen zu beschießen oder von unten her zu sprengen. Die Wiener verteidigten sich mit aller Kraft. Sie wußten, worum es ging. Aber ein Monat verstrich, während die Türken immer wieder gegen die Stadt stürmten und ihre Sprengungen immer gefährlichere Breschen in die Mauern rissen, und noch immer kam keine Hilfe. Das Schrecklichste waren ansteckende Seuchen, die in der Stadt ausbrachen und an denen fast noch mehr Leute starben als an den Kugeln der Türken. Auch der Mangel an Lebensmitteln wurde immer größer, wenn es auch den Truppen manchmal in kühnen Ausfällen glückte, ein paar Ochsen in die Stadt zu bringen. Schließlich zahlte man in Wien für eine Katze 20 bis 30 Kreuzer, das war damals sehr viel Geld für einen so unangenehmen Braten. Die Mauern waren schon kaum mehr zu halten. Da rückten endlich die kaiserlichen Truppen zur

Hilfe heran. Wie die Wiener da aufgeatmet haben! Nicht nur die kaiserlichen Truppen aus Österreich und Deutschland kamen zu Hilfe. Auch der Polenkönig Johann Sobieski, mit dem der Kaiser schon vorher ein Bündnis gegen die Türken geschlossen hatte, hatte sich gegen große Zugeständnisse bereit erklärt, bei dem Kampf mitzuhelfen. Allerdings wollte er dafür auch die Ehre des Oberbefehls haben, die auch der Kaiser gerne gehabt hätte, und mit diesen Verhandlungen verging kostbare Zeit. Endlich aber hatte das Heer unter Sobieskis Führung sich auf den Höhen bei Wien aufgestellt und rückte nun gegen die Türken vor. Nach schweren Kämpfen flohen die Türken und nahmen sich nicht einmal Zeit, ihr Zeltlager abzubrechen und mitzunehmen. Das konnten nun die kaiserlichen Soldaten plündern. Es bestand aus 40 000 Zelten, war also eine richtige kleine Stadt mit geraden Gassen und sah sehr prunkvoll aus.

Die Türken zogen sich immer mehr zurück. Hätten sie damals gesiegt und Wien erobert, so wäre das fast so schlimm gewesen, wie wenn die mohammedanischen Araber fast 1000 Jahre früher bei Tours und Poitiers gesiegt hätten, als Karl Martell sie zurückschlug.

Nun aber verfolgten die kaiserlichen Truppen sie immer weiter, während Sobieskis Leute nach Hause zogen. Ein ausgezeichneter französischer Feldherr, den Ludwig XIV. wegen seiner unscheinbaren Gestalt nicht ins Heer aufnehmen wollte, Prinz Eugen von Savoyen, wurde der berühmte Führer der österreichischen Armee und eroberte in den nächsten Jahren immer mehr von den Ländern türkischer Herrschaft. Ganz Ungarn mußte der Sultan herausgeben, es kam nun an Österreich. Der Kaiserhof in Wien hatte viel Macht und Geld gewonnen, und man baute nun auch in Österreich prachtvolle Schlösser und viele schöne Klöster in einem neuen, glanzvollen Stil, den man den Barockstil nennt. Mit der Macht der Türken ging es damals abwärts. Denn auch im Rücken bekamen sie nun einen mächtigen Feind: Rußland.

Ein Pascha des Türkenheeres mit seiner morgenländischen Leibwache vor Wien.

Von Rußland haben wir bisher nichts gehört. Es war ein weites, wildes Waldland mit gewaltigen Steppen im Norden. Die Grundherren herrschten über die armen Bauern mit furchtbarer Grausamkeit und der König über die Grundherren womöglich mit noch größerer. Ein russischer Herrscher aus der Zeit um 1580 führte den Namen Iwan der Schreckliche. Und das mit Recht. Gegen ihn war ein Nero noch milde. Um Europa und das, was dort vorging, kümmerten sich die Russen nicht viel. Sie hatten genug untereinander zu streiten und sich gegenseitig umzubringen. Zwar waren sie Christen, aber sie unterstanden nicht dem Papst, sondern dem Bischof oder Patriarchen des oströmischen Reiches in Konstantinopel. So hatten sie wenig Beziehung zum Westen.

Da kam im Jahre 1689 (also sechs Jahre nach der Türkenbelagerung Wiens) ein neuer Herrscher auf den Thron. Er hieß Peter, Peter der Große. Er war nicht weniger wild und grausam als seine Vorgänger. Er trank nicht weniger gern und hatte nicht weniger Vergnügen an Gewalttaten. Aber er hatte sich in den Kopf gesetzt, aus seinem Reich einen Staat zu machen, wie es die westlichen Staaten, Frankreich, England oder das Deutsche Reich, waren. Er wußte, was dazu notwendig war: Geld, Handel, Städte. Er wollte herausbekommen, wie die anderen Länder das erworben hatten. So reiste er hin. Er sah in Holland die großen Hafenstädte mit ihren gewaltigen Schiffen, die bis nach Indien und Amerika segelten, um Handel zu treiben. Solche Schiffe wollte er auch haben. Er wollte lernen, wie sie gemacht wurden. So trat er, ohne viel zu überlegen, als einfacher Schiffszimmermann in die Lehre eines holländischen Schiffsbaumeisters und lernte wirklich dessen Kunst. Dann kehrte er bald mit einer Schar von Handwerkern zurück, die Schiffe bauen sollten.

Es fehlte nur die Hafenstadt. So befahl er, eine Hafenstadt zu errichten. Eine Stadt am Meer, genau wie die holländischen Städte es waren, die er gesehen hatte. Dort am Meer, im Norden von Rußland, gab es aber nur öde Sumpfländer. Auch gehörte diese Gegend eigentlich zu Schweden, mit dem Peter der Große im Krieg lag. Das war ihm alles gleichgültig. Man trieb die Bauern aus dem weiten Umkreis zusammen, sie mußten den Sumpf trockenlegen und Pfähle einrammen. 80 000 Arbeiter ließ er dort schuften, und bald stand wirklich eine Hafenstadt da. Er nannte sie St. Petersburg. Nun sollten auch die Russen richtige Europäer werden. Sie durften nicht mehr in ihrer einheimischen Tracht mit langem Haar, langem Bart und langem Kittel gehen, sie mußten sich anziehen wie Franzosen oder Deutsche. Wem das nicht paßte oder wer gegen Peters Neuerungen etwas sagte, den ließ er auspeitschen und hinrichten. Sogar seinen eigenen Sohn. Ein gemütlicher Herr war er nicht, aber er hat erreicht, was er wollte. Die Russen wurden zwar nicht so schnell Europäer, aber seit damals hat Rußland in dem blutigen europäischen Spiel um die Macht mitgespielt.

Schon Peter der Große fing damit an. Es ging gegen Schweden, das noch immer seit Gustav Adolfs Eroberungen im Dreißigjährigen Krieg der mächtigste Staat im Norden Europas war. Zu Peters des Großen Zeit herrschte dort kein so klar blickender frommer Mann wie Gustav Adolf, sondern seit dem Jahre 1697 einer der phantastischsten jungen Abenteurer, die es je gegeben hat: König Karl XII. Er könnte in einem Buch von Karl May vorkommen oder in einer ähnlich wüst-schönen Geschichte. Es klingt ganz unwirklich, was er alles gemacht hat. Dabei war er ebenso unvernünftig wie tapfer, und das wollte schon etwas heißen. Er kämpfte mit seinem Heer gegen Peter den Großen und schlug eine fünffache Übermacht. Dann eroberte er Polen und drang immer weiter nach Rußland vor, ohne auch nur zu warten, bis ihm ein anderes schwedisches Heer, das unterwegs war, zu Hilfe kam. Immer tiefer ist er ins weite Rußland eingedrungen, immer seinem Heer vorausgeritten, durch Ströme gewatet und durch Sümpfe gestapft, aber die russischen Kosaken haben sich ihm nirgends entgegengestellt. Es wurde Herbst und Winter, die eisige Kälte Rußlands kam, und noch immer hatte Karl XII. keine Gelegenheit gehabt, dem Feind seine Tapferkeit zu beweisen. Endlich, als sein Heer fast vollständig verhungert, erfroren und erschöpft war, tauchten die Russen auf und besiegten ihn im Jahre 1709 gründlich. Er mußte fliehen und floh in die Türkei. Dort blieb er fünf Jahre und versuchte, die Türken zum Kampf gegen Rußland aufzu-

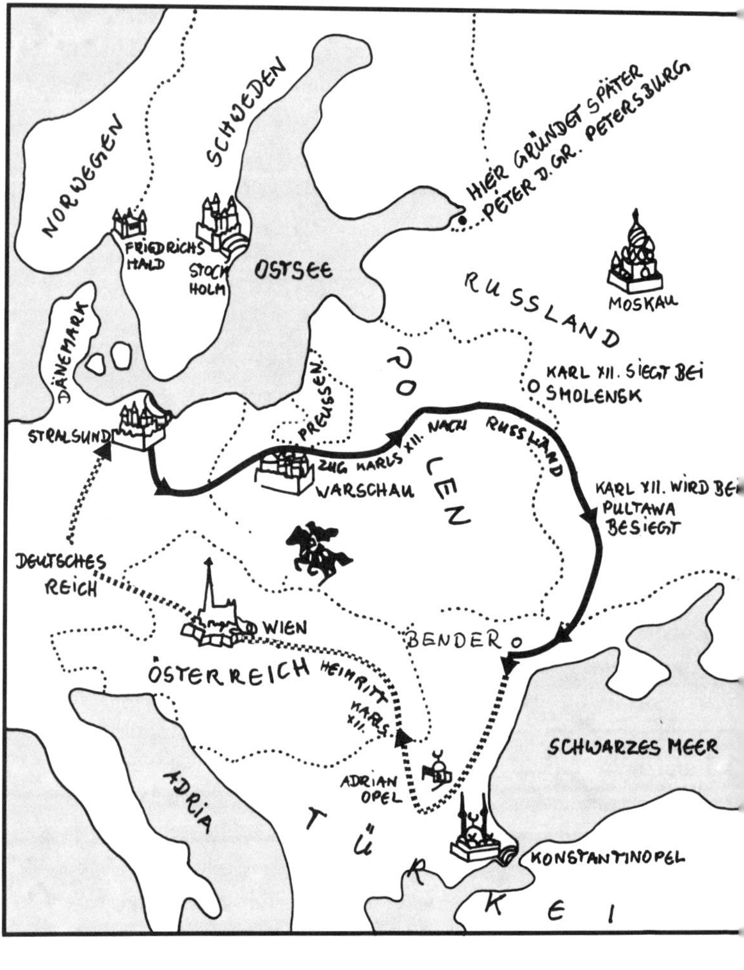

So zog der stolze Abenteurer, der Schwedenkönig Karl XII., kühn und ruhelos durch Europa, bis er an Dänemarks Grenze den Tod fand.

stacheln. Er hatte nicht viel Glück damit. Endlich, im Jahre 1714, hörte er aus seinem Heimatland Schweden, daß man dort nichts mehr von einem König wissen wolle, der in der Türkei auf Abenteuer ausgehe und daß die Großen des Reiches einen anderen König wählen wollen.

Da zog er die Kleider eines deutschen Offiziers an und ritt und fuhr mit einem einzigen Begleiter Tag und Nacht, bei Tag zu Pferd, bei Nacht schlafend im Postwagen, in irrsinniger Hetzjagd unter den abenteuerlichsten Gefahren durch Feindesland durch, in 16 Tagen von der türkischen Grenze bis nach Stralsund in Norddeutschland, das damals zu Schweden gehörte. Der Kommandant der Festung, den er in der Nacht wecken ließ, traute seinen Augen kaum, als da plötzlich sein König vor ihm stand, den man weiß Gott wo in der Türkei geglaubt hatte. Die Stadt war begeistert von diesem Husarenstück, Karl XII. aber legte sich ins Bett und schlief und schlief. Seine Füße waren von dem langen Ritt so angeschwollen, daß man ihm die Schuhe herunterschneiden mußte. Aber niemand dachte mehr daran, einen anderen König zu wählen. Da begann Karl XII., kaum daß er in Schweden war, schon wieder ein neues Kriegsabenteuer. Er machte sich England, Deutschland, Norwegen und Dänemark zu Feinden. Zuerst wollte er Dänemark bekämpfen. Während der Belagerung einer dänischen Festung ist er im Jahre 1718 gefallen, und manche Leute sagen, einer seiner eigenen Untertanen habe ihn erschossen, weil das Land all die Kriege einfach nicht mehr ertragen wollte.

Aber so war Peter der Große diesen Gegner los, und die Macht seines russischen Reiches, zu dessen Kaiser oder Zaren er sich ernannt hatte, wuchs nach allen Richtungen, gegen Europa und gegen die Türkei, gegen Persien und die asiatischen Länder.

33 Die wirklich neue Zeit

Wenn du mit einem Menschen aus der Zeit der Türkenbelagerung reden könntest, würdest du dich sehr über ihn wundern. Über seine Art zu sprechen, über die vielen französischen und lateinischen Wörter, die er gebrauchen würde, über die gedrechselte und gewundene Manier und Umständlichkeit seiner Erklärungen, über die Art, wie er sich gravitätisch verbeugen würde und wie er bei jeder Gelegenheit ein lateinisches Zitat einflechten würde von dem weder du noch ich wüßten, wo es herstammt. Dabei hättest du wahrscheinlich das Gefühl, daß unter dieser würdigen Perücke ein Kopf steckt, der gern an gutes Essen und Trinken denkt und daß der ganze Herr in Spitzen, Stickerei und Seide unter seinem Parfüm – mit Verlaub zu sagen – stinkt, weil er sich fast nie wäscht.

Aber wie würdest du erst staunen, wenn er anfinge, seine Ansichten auszubreiten: daß man Kinder prügeln soll; daß junge Mädchen fast noch als Kinder an Männer verheiratet werden sollen, die sie gar nicht kennen; daß der Bauer nur zum Arbeiten auf der Welt ist und sich nicht mucksen darf; daß man Bettler und Landstreicher öffentlich auspeitschen soll und dann am Marktplatz anketten und verspotten; daß Diebe aufgehängt und Mörder öffentlich in Stücke gehackt zu werden haben; daß man Hexen und andere schädliche Zauberer, die ihr gefährliches Unwesen so häufig treiben, verbrennen muß und Andersgläubige verfolgen, verjagen oder in ein finsteres Gefängnisloch werfen; daß der Komet, den man neulich am Himmel sah, böse Zeiten bedeutet und daß es gegen die nächste Seuche, die schon in Venedig viele Opfer gekostet hat, sehr gut sein soll, eine rote Armbinde zu tragen, daß der Herr Soundso, ein englischer Freund, seit langem großartige Geschäfte damit macht, Neger aus Afrika als Sklaven nach Amerika zu verkaufen und was für ein guter Einfall des sehr ehrenwerten Herrn das sei, da die gefangenen Indianer nicht zur Arbeit taugen.

Und solche Ansichten würdest du nicht vielleicht von irgendeinem Rohling hören, sondern auch von den gescheitesten und auch frömmsten Menschen aller Stände und Nationen. Erst nach 1700 wird es allmählich anders. Das viele und gräßliche Elend, das die traurigen Glaubenskämpfe über Europa brachten, hat manchen Leuten zu denken gegeben: Kommt es denn wirklich nur darauf an, welche Artikel im Katechismus einer für wahr hält? Ist es nicht wichtiger, daß er ein guter, anständiger Mensch ist? Wäre es nicht besser, wenn die Menschen sich vertrügen, auch solche, die verschiedene Meinungen und verschiedenen Glauben haben? Wenn sie sich gegenseitig achteten und die Überzeugungen anderer duldeten? Das war der erste und wichtigste Gedanke, der da nun ausgesprochen wurde: der Gedanke der Duldung. Meinungsverschiedenheiten, so meinten die Menschen, die so sprachen, kann es doch nur in Glaubenssachen geben. Daß $2 \times 2 = 4$ ist, darüber sind sich alle vernünftigen Menschen einig. Und darum ist die Vernunft (der gesunde Menschenverstand, wie man auch sagte) das, was alle Menschen verbinden könnte und sollte. Im Reich der Vernunft kann man mit Gründen streiten und den anderen überzeugen, den Glauben des anderen aber, der jenseits aller Vernunftgründe liegt, soll man achten und dulden.

Die Vernunft war also das zweite, was diesen Menschen wichtig war. Das klare, bewußte Denken über den Menschen und die Natur. Hierüber fanden sie wieder viel in den Werken der alten Griechen und Römer und in denen der Florentiner aus der Zeit der Renaissance. Am meisten aber fanden sie in den Werken der kühnen Männer, die, wie Galilei, auf die Suche nach der rechnerischen Zauberformel der Natur gegangen waren. In diesen Dingen gab es keine Glaubensunterschiede. Da gab es nur Versuch und Beweis. Die Vernunft entschied, wie die Natur aussah und wie es in der Sternenwelt zuging. Die Vernunft, die allen Menschen, arm und reich, weiß, gelb oder rot, gleichermaßen gegeben ist.

Weil aber die Vernunft allen Menschen gegeben ist, so sind alle Menschen im Grunde gleich viel wert, lehrte man weiter. Du weißt, daß das schon die Lehre des Christentums war: daß alle Menschen vor Gott gleich sind. Aber die Prediger der Duldung und der Vernunft gingen weiter: Sie lehrten nicht nur, daß die Menschen im Grunde gleich sind, sie forderten auch, daß man alle gleich behandeln müsse. Daß jeder Mensch, als von Gott geschaffenes, vernunftbegabtes Wesen, Rechte habe, die ihm niemand nehmen könne und dürfe. Daß jeder Anspruch darauf habe, seinen Beruf, sein Leben selbst zu bestimmen, daß jeder frei sein müsse, zu tun und zu lassen, was seine Vernunft und sein Gewissen ihm raten. Daß man auch Kinder nicht mit dem Stock erziehen solle, sondern mit Vernunft, indem man sie verstehen lehrte, warum dies gut und jenes schlecht ist. Daß auch Verbrecher Menschen sind, die zwar gefehlt haben, die man aber bessern kann. Daß es entsetzlich ist, einem Menschen, der einmal Unrecht getan hat, mit einem glühenden Eisen ein unvergängliches Brandzeichen in die Stirn oder Wange zu drücken, damit jeder immer sehe: Das ist ein Verbrecher. Daß es eine Menschenwürde gibt, die es zum Beispiel verbietet, einen Menschen öffentlich zu verspotten.

Alle diese Gedanken, die nach 1700, vor allem in England und dann in Frankreich, verbreitet wurden, nennt man »Aufklärung«, weil sie gegen die große Finsternis des Aberglaubens mit der Klarheit der Vernunft streiten wollten.

Manche Menschen finden, daß diese Aufklärung nur Selbstverständlichkeiten lehrte und daß man damals viele große Geheimnisse der Natur und der Welt sich allzu einfach vorgestellt hat. Das ist richtig. Aber du mußt bedenken, daß diese Selbstverständlichkeiten damals noch gar nicht selbstverständlich waren und wieviel Mut, Opfer und Ausdauer dazugehörten, diese Gedanken den Menschen so oft vorzusagen, daß sie uns heute wirklich als selbstverständlich gelten. Auch mußt du bedenken, daß die Vernunft freilich nicht alle Geheimnisse lösen kann und nie lösen wird, aber daß sie doch vielem auf die Spur gekommen ist.

Man hat in den letzten 200 Jahren seit der Aufklärung über die Geheimnisse der Natur mehr erforscht und erfahren als in den 2000 Jahren vorher. Vor allem aber darfst du nicht vergessen, was die Duldung, Vernunft und Menschlichkeit, die die drei hauptsächlichsten Glaubensartikel der Aufklärung sind, im Leben bedeuten. Daß ein Mensch, der in Verdacht steht, ein Verbrechen begangen zu haben, nicht mehr auf diesen bloßen Verdacht hin in unmenschlichster Art auf der Folter gemartert wird, bis er besinnungslos alles zugibt, was man will, daß die Vernunft uns gelehrt hat, daß Hexerei unmöglich ist und daß darum keine Hexen mehr verbrannt werden. (Die letzte Hexe wurde in Deutschland im Jahre 1749 verbrannt, 1783 sogar noch eine in der Schweiz.) Daß man Krankheiten nicht durch abergläubische Mittelchen, sondern hauptsächlich durch Reinlichkeit und wissenschaftliche Erforschung ihrer Ursachen bekämpft. Daß es keine Leibeigenen oder hörigen Bauern mehr gibt und keine Sklaven. Daß alle Menschen in einem Staat nach denselben Gesetzen behandelt werden und daß auch die Frauen dieselben Rechte haben wie die Männer. All das ist das Werk der mutigen Bürger und Schriftsteller, die es gewagt haben, für diese Gedanken einzutreten. Und es *war* ein Wagnis. Daß sie dabei manchmal im Kampf gegen das Alte, Althergebrachte verständnislos und ungerecht gewesen sind, ist richtig, aber es war auch ein schwerer und gewaltiger Kampf, den sie für Duldung, Vernunft und Menschlichkeit zu kämpfen hatten.

Dieser Kampf hätte viel länger gedauert und viel schwerere Opfer gekostet, wenn es nicht damals in Europa einige Herrscher gegeben hätte, die in diesem Kampf in der vordersten Reihe für die Ideen der Aufklärung kämpften. Einer der ersten war der Preußenkönig Friedrich der Große.

Du weißt, daß das ererbte Kaisertum der Habsburger damals fast nur mehr ein ehrwürdiger Titel war. Wirklich herrschten die Habsburger nur über Österreich, Ungarn und Böhmen, in Deutschland aber herrschten die einzelnen Landesfürsten von Bayern, Sachsen und vielen anderen großen und kleinen Staaten. Besonders die protestantischen Länder im Norden kümmerten sich seit dem Dreißigjährigen Krieg kaum mehr um den katholischen Kaiser in Wien. Der mächtigste unter diesen protestantischen Fürstenstaaten in Deutschland war Preußen, das seit seinem großen Herrscher Friedrich Wilhelm I., der von 1640 bis 1688 regierte, den Schweden immer mehr Land in Norddeutschland weggenommen hatte. 1701 hatten sich die preußischen Fürsten sogar zu Königen gemacht. Es war ein strenger Kriegerstaat, dessen Adelige keine größere Ehre kannten, als Offiziere in der ausgezeichneten Armee des Königs zu sein.

Über Preußen herrschte nun seit 1740 als dritter König Friedrich II., aus der Familie der Hohenzollern. Man nennt ihn Friedrich den Großen. Und wirklich war er einer der gebildetsten Menschen seiner Zeit. Er war befreundet mit vielen der französischen Bürger, die in ihren Schriften die Gedanken der Aufklärung predigten, und er selbst schrieb auch viele solche Schriften in französischer Sprache. Denn obwohl er König von Preußen war, verachtete er die deutsche Sprache und deutsche Sitte, die durch das Unglück des Dreißigjährigen Krieges wirklich heruntergekommen waren. Aber er fühlte sich verpflichtet, seinen deutschen Staat zum Musterstaat zu machen und den Wert der Gedanken seiner französischen Freunde zu beweisen. Er fühlte sich, wie er oft gesagt hat, als erster Diener, ja als erster Bedienter seines Staates, nicht als sein Besitzer. Als solcher Diener kümmerte er sich um jede Kleinigkeit und versuchte überall, die neuen Gedanken durchzusetzen. Eine seiner ersten Taten war, die entsetzliche Folter abzuschaffen. Auch die schweren Dienste der Bauern für ihre Grundherren erleichterte er. Er sorgte immer dafür, daß alle Menschen in seinem Staat, die ärmsten wie die mächtigsten, von den Gerichten genau

Nicht mehr in wilden Haufen, sondern in streng gedrillten Trupps, so stürmten die preußischen Soldaten Friedrichs aufs Schlachtfeld, als wär es ein Exerzierplatz.

gleich behandelt wurden. Das war damals gar nicht selbstverständlich.

Vor allem aber wollte er Preußen zum mächtigsten Staat Deutschlands machen und die Macht der Kaiser aus Österreich ganz ausschalten. Er glaubte, daß das nicht schwer sein würde. Denn in Österreich regierte seit 1740 eine Frau, die Kaiserin Maria Theresia. Als sie mit nur 23 Jahren an die Regierung kam, meinte Friedrich, daß das eine gute Gelegenheit sei, dem Kaisertum ein Land wegzunehmen, fiel mit seinem guten Heer in der Provinz Schlesien ein und eroberte sie. Seit damals kämpfte er fast sein Leben lang gegen die deutsche Herrscherin von Österreich. Seine Truppen wurden ihm das Wichtigste. Er drillte sie unnachsichtig und machte sie zum besten Heer der Welt.

Maria Theresia aber war eine größere Gegnerin, als er am Anfang gemeint hatte. Zwar war sie gar nicht kriegerisch, sie war eine besonders fromme Frau und eine richtige Familienmutter. Sie hat 16 Kinder gehabt. Obwohl Friedrich ihr Gegner war, hat sie ihn doch in vielem zum Vorbild genommen und seine Verbesserungen auch in Österreich eingeführt. Auch sie schaffte die Folter ab, erleichterte das Leben der Bauern und sorgte vor allem für guten Unterricht in ihrem Lande. Sie fühlte sich wirklich als Mutter ihres ganzen Landes und hatte nicht

Familienmutter und Landesmutter zugleich kann man Maria Theresia nennen, die 16 Kinder zur Welt brachte, von denen zehn sie überlebten.

den falschen Ehrgeiz, alles selbst besser wissen zu wollen. Die tüchtigsten Leute machte sie zu ihren Ratgebern, und unter diesen fanden sich solche, die dem großen Friedrich auch in den langen Kriegen gewachsen waren. Nicht nur auf dem Schlachtfeld. Sie verstand es auch, durch ihre Gesandten alle Höfe Europas für sich zu gewinnen. Sogar Frankreich, das doch seit Jahrhunderten bei jeder Gelegenheit gegen das deutsche Kaisertum gekämpft hatte, wurde gewonnen, und Maria Theresia gab dem Thronfolger von Frankreich ihre Tochter Maria Antoinette als Pfand der neuen Freundschaft zur Frau.

Nun hatte Friedrich ringsherum Feinde: Österreich, Frankreich, Schweden und das mächtige, riesige Rußland. Er wartete nicht auf ihre Kriegserklärung, sondern besetzte Sachsen, das ihm auch feindlich gesinnt war, und kämpfte nun sieben Jahre lang in einem erbitterten Krieg, bei dem nur die Engländer ihn unterstützten. In seiner Tüchtigkeit brachte er es aber so weit, daß er den Krieg gegen diese große Übermacht nicht verlor und daß man ihm Schlesien lassen mußte.

Seit 1765 herrschte Maria Theresia in Österreich nicht mehr allein. Ihr Sohn Josef regierte zugleich mit ihr als Kaiser (Josef II.) und wurde nach ihrem Tod Herrscher in Österreich. Er war ein noch eifrigerer Kämpfer für die Gedanken der Aufklärung als Friedrich und auch als seine Mutter. Duldung, Vernunft, Menschlichkeit waren wirklich das einzige, worum es ihm ging. Er schaffte die Todesstrafe ab. Auch die Leibeigenschaft der Bauern. Er erlaubte den Protestanten in Österreich, wieder Gottesdienst zu halten und nahm sogar der katholischen Kirche einiges von ihrem Grundbesitz und ihren Reichtümern weg, obwohl er ein guter Katholik war. Er war krank und hatte das Gefühl, daß er nicht lange werde herrschen können. So tat er das alles mit solchem Eifer, mit solcher Ungeduld und Eile, daß es seinen Untertanen zu schnell und unerwartet und viel zu viel auf einmal war. Viele bewunderten ihn, aber das Volk liebte ihn weniger als seine bedächtigere und frommere Mutter.

In der gleichen Zeit, als in Österreich und Deutschland die Gedanken der Aufklärung gesiegt hatten, weigerten sich in Amerika die Bürger vieler englischer Kolonien, englische Untertanen zu bleiben und Steuern nach England zu zahlen. Ihr Führer in dem Kampf um die Unabhängigkeit war Benjamin Franklin, ein einfacher Bürger, der sich viel mit der Naturwissenschaft beschäftigt und dabei den Blitzableiter erfunden hat. Er war ein ungewöhnlich rechtlich denkender, aber auch nüchterner, einfacher Mann. Unter seiner Führung und unter der eines anderen Amerikaners, George Washington, bildeten die englischen Pflanzersiedlungen und Handelsstädte in Amerika einen Staatenbund und trieben nach langen Kämpfen die englischen Truppen aus dem Land. Nun wollten sie ganz nach den Grundsätzen der neuen Gedankenrichtung leben und erklärten 1776 die heiligen Menschenrechte der Freiheit und Gleichheit für die Grundgesetze ihres neuen Staates. Aber auf ihren Pflanzungen ließen sie auch weiterhin Negersklaven arbeiten.

34 Umwälzung mit Gewalt

In allen Ländern hat man die Ideen der Aufklärung für richtig und gut gehalten und danach regiert. Sogar die Kaiserin von Rußland, Katharina die Große, war in ständigem Briefwechsel mit den französischen Predigern der Aufklärung. Nur die Könige von Frankreich haben getan, als wüßten sie von nichts und als ginge das Ganze sie gar nichts an. Ludwig XV. und Ludwig XVI., die Nachfolger des großen Sonnenkönigs, waren unfähige Menschen, die nur die Äußerlichkeiten ihres großen Vorgängers nachmachten, also den Pomp und den Prunk, den riesigen Aufwand an Geld für Feste und Opernaufführungen, für immer neue Schlösser und riesige Parks mit gestutzten Hecken, für Schwärme von in Seide und Spitzen gekleideten Dienern und Hofbeamten. Wo das Geld dazu herkam, war ihnen gleichgültig. Schwindler wurden Finanzminister und erpreßten und ergaunerten ungeheure Geldsummen. Die Bauern mußten sich zu Tode rackern, die Bürger gewaltige Steuern zahlen, während die Adeligen das Geld dann bei Hof unter mehr oder weniger geistvollen Gesprächen verpraßten und verspielten.

Kam aber der adelige Grundherr einmal aus dem Königsschloß nach Hause auf sein Gut, so war das das größte Unglück für die Bauern. Denn nun hetzte er mit seinem Gefolge auf der Jagd hinter Hasen und Füchsen drein und zertrampelte mit seinen Pferden die mühsam geackerten Felder seiner Bauern. Aber wehe dem Bauern, wenn er sich beklagte! Es war ein Glück, wenn ihm dann der Herr nur höchstpersönlich mit der Reitpeitsche ins Gesicht schlug. Denn der adelige Gutsherr war zugleich der Richter über seine Bauern und konnte sie strafen, wie es ihm einfiel. Wenn solch ein Herr beim König beliebt war, dann schenkte dieser ihm einen Zettel, wo nichts daraufstand als: »Herr ... ist ins Gefängnis zu werfen.« Unterschrift: König Ludwig XV. Den Namen durfte der Adelige selbst eintragen und konnte so jeden, der ihm aus irgendeinem Grund nicht paßte, einfach verschwinden lassen.

Bei Hof waren diese Herren aber zierlich und geputzt, gepudert und parfümiert und raschelten vor lauter Seide und Spitzen. Der steife Prunk aus der Zeit Ludwigs XIV. war ihnen schon zu mühsam. Man war für zierlichere, ungezwungenere Unterhaltungen. Man trug auch keine so schweren Perücken mehr, sondern leichte, weißgepuderte, an denen hinten ein

»Schäfer und Schäferin« in einem Tanzspiel der Rokokozeit. Besonders vornehme Zuschauer durften solchen Schauspielen von der Bühne her zusehen.

Zöpfchen baumelte. Sich verneigen und tanzen konnten diese Herren wunderbar und ihre Damen noch besser. Die Damen gingen in ganz enggeschnürten Miedern und riesigen runden Röcken, die wie Glocken aussahen. Das waren die Reifröcke. So lustwandelten die Damen und Herren durch die Heckenalleen der königlichen Schlösser und ließen dafür ihre Landgüter verfallen und ihre Bauern hungern. Weil ihnen aber das gezierte, unnatürliche Leben oft selbst langweilig war, so haben sie damals etwas Neues erfunden: Sie spielten Einfachheit und Natur, wohnten in reizend eingerichteten Schäferhütten im Schloßpark und nannten sich bei erfundenen Schäfernamen aus griechischen Gedichten. Das war so der Gipfelpunkt ihrer Natürlichkeit und Einfachheit.

In all dieses bunte, elegante, zierliche, überfeinerte Getriebe kam die Tochter Maria Theresias, Maria Antoinette, mitten hinein. Sie war ein ganz junges Mädchen von etwas über 14 Jahren, als sie die Frau des späteren französischen Königs wurde. Natürlich glaubte sie, daß alles so sein müsse, wie sie es vorfand. Sie war die eifrigste bei all den zauberhaften Maskenfesten und Opern, sie spielte selbst Theater, sie war eine entzückende Schäferin und fand das Leben in den französischen Königsschlössern wunderbar. Ihr Bruder freilich, Maria Theresias ältester Sohn, Kaiser Josef II., hat sie, ebenso wie ihre Mutter, ständig ermahnt, einfach zu leben und nicht durch den Aufwand und Leichtsinn das arme Volk noch mehr zu erbittern. Kaiser Josef schrieb ihr im Jahre 1777 einen langen, ernsten Brief, in dem die Worte stehen: »So kann es auf die Dauer nicht fortgehen, und die Revolution wird furchtbar sein, wenn Du ihr nicht vorbeugst.«

Es ging noch ganze zwölf Jahre so fort. Aber die Revolution war dann wirklich um so furchtbarer. Der Hof hatte schon alles Geld des Landes vergeudet. Es war nichts mehr da, wovon der riesige tägliche Luxus hätte bezahlt werden können. Da berief König Ludwig XVI. endlich im Jahre 1789 eine Versammlung der Vertreter der Adeligen, Geistlichen und Bürger, also der drei Stände, ein. Die sollten ihm raten, wie er wieder zu Geld kommen könne.

Da ihm die Vorschläge und Forderungen der Stände nicht gefielen, wollte sie der König nun durch seinen Zeremonienmeister wieder nach Hause schicken. Dem aber antwortete ein Mann namens Mirabeau, ein gescheiter und leidenschaftlicher Mensch: »Gehen Sie und sagen Sie Ihrem Herrn, wir sind hier durch die Macht des Volkes versammelt, und die wird man uns nicht entreißen, außer durch die Macht der Bajonette.«

So hatte noch niemand zum König von Frankreich gesprochen. Der Hof wußte nicht, was er anfangen sollte. Während er überlegte, berieten die versammelten Adeligen, Geistlichen und

Bürger weiter, wie man die Mißwirtschaft verkleinern könnte. Niemand dachte daran, den König abzusetzen, man wollte nur ähnliche Verbesserungen durchsetzen, wie sie damals in allen Staaten schon eingeführt waren. Aber der König war nicht gewohnt, sich etwas vorschreiben zu lassen. Er war selbst ein schwacher, unschlüssiger Mensch, dessen Lieblingsbeschäftigung das Basteln war, dem es aber ganz selbstverständlich schien, daß es niemand wagen durfte, sich seinem Willen zu widersetzen. So berief er Truppen, um die Versammlung der drei Stände auseinanderjagen zu lassen. Darüber war das Volk in Paris empört. Es hatte seine letzte Hoffnung in diese Versammlung gesetzt. Die Leute liefen zusammen und drängten gegen das Staatsgefängnis, die Bastille, wo früher viele Prediger der Aufklärung eingesperrt gewesen waren und wo, wie man glaubte, eine Menge unschuldiger Menschen gefangen war. Der König wagte nicht gleich, in sein Volk hineinschießen zu lassen, um die Leute nicht noch mehr zu empören. So wurde die mächtige Festung vom Volk erstürmt und die Besatzung umgebracht. Jubelnd zogen die Leute durch die Straßen von Paris und schleppten die befreiten Gefangenen im Triumph durch die Stadt, obwohl es sich herausstellte, daß diesmal nur wirkliche Verbrecher dort eingekerkert waren.

Inzwischen hatten die versammelten Stände unerhörte Dinge beschlossen: Sie wollten die Grundsätze der Aufklärung ganz durchsetzen. Den Grundsatz vor allem, daß alle Menschen als Vernunftwesen gleich sind und von dem Gesetz gleich behandelt werden müssen. Die versammelten Adeligen gingen mit einem großartigen Beispiel voran und verzichteten in der allgemeinen Begeisterung freiwillig auf alle ihre Vorrechte. Jeder Mensch in Frankreich sollte jedes Amt bekommen dürfen, jeder sollte im Staate gleiche Pflichten und gleiche Rechte haben, die *Menschenrechte,* wie man es nannte. Das Volk, so verkündete man, sei der eigentliche Herrscher, der König nur sein Beauftragter.

Du kannst dir denken, was die Versammlung der Stände damit gemeint hat: daß der Herrscher für das Volk da ist und nicht umgekehrt, das Volk für den Herrscher. Daß er seine Macht nicht mißbrauchen darf. Aber die Pariser, die das in den Zeitungen lasen, haben diese Lehre von der Herrschaft des Volkes noch anders aufgefaßt. Sie haben gemeint, daß nun die Leute auf der Straße und auf den Märkten, die man so das Volk nennt, herrschen sollten. Und als der König noch immer nicht vernünftig wurde und mit ausländischen Höfen verhandelte, damit sie ihm gegen sein eigenes Volk helfen sollten, da zogen die Marktweiber und Kleinbürger von Paris zu dem Schloß Versailles hinaus, erschlugen die Wache, stürzten in die prunkvollen Säle mit den herrlichen Kristallüstern, Spiegeln und Damasttapeten und zwangen den König und seine Frau Maria Antoinette, samt Kindern und Gefolge nach Paris zu kommen. Dort standen sie nun wirklich unter der Aufsicht des Volkes.

Einmal versuchte der König ins Ausland zu fliehen. Aber da er das mit aller Umständlichkeit und Förmlichkeit unternahm, als würde es sich um eine Fahrt zu einem Maskenfest bei Hof handeln, wurde er erkannt und zurückgeholt und mit seiner Familie unter strenge Bewachung gestellt. Die Versammlung der Stände, die sich jetzt (wo ja die Stände abgeschafft waren) Nationalversammlung nannte, hatte inzwischen noch viele Neuerungen beschlossen. Man nahm der katholischen Kirche allen Grundbesitz weg. Ebenso sämtlichen Adeligen, die aus Furcht vor der Revolution ins Ausland geflohen waren. Dann bestimmte man, daß das Volk nun neue Vertreter wählen solle, die jetzt die einzelnen Gesetze zu bestimmen hätten.

So kam im Jahre 1791 eine große Zahl junger Menschen aus allen Teilen Frankreichs zusammen, um in Paris zu beraten. Aber die auswärtigen Könige und Herrscher Europas wollten nicht länger zusehen, wie da die Macht eines Königs immer stärker beschränkt und gebrochen wurde. Allzu eifrig waren sie allerdings nicht darin, Ludwig XVI. zu unterstützen, denn erstens hatte er sich durch sein Benehmen nicht sehr viel Achtung erworben, und zweitens war es den auswärtigen Mächten ja gar nicht in jeder Richtung unangenehm, wenn Frankreichs Macht geschwächt wurde. Immerhin schickten Preußen und Österreich einige Truppen gegen Frankreich, um den König zu schützen. Das machte aber das Volk rasend vor Wut. Das ganze Land erhob sich gegen diese ungebetene Einmischung von draußen. Vor allem witterte man nun in jedem Adeligen oder Anhänger des Königs einen Hochverräter, der mit diesen fremden Helfern des Königshofes in Verbindung stand. Tausende Vornehme wurden von wütenden Volkshaufen des Nachts in ihrer Wohnung aufgesucht, gefangen und ermordet. Immer wilder ging es zu. Alles Althergebrachte wollte man ausrotten und vernichten.

Mit der Tracht fing man an. Die Anhänger der Revolution trugen keine Perücken und keine Kniehosen und Seidenstrümpfe. Sie setzten sich rote Zipfelmützen auf und zogen lange Hosenröhren an, wie wir sie heute noch tragen. Das war einfacher und billiger. So stürmten sie durch die Straßen und riefen: »Tod den Adeligen! Freiheit, Gleichheit, Brüderlichkeit!« Mit der Brüderlichkeit war es allerdings bei den Jakobinern, so nannte man die wildeste Partei, nicht allzu weit her. Sie bekämpften nicht nur die Adeligen, sondern jeden, der anderer Meinung war als sie. Und wen sie bekämpften, den ließen sie köpfen. Es wurde eine eigene Maschine erfunden, die Guillotine, die das Köpfen einfach und schnell besorgte. Es wurde ein eigenes Gericht gegründet, das Revolutionstribunal, und das verurteilte Tag für Tag Menschen zum Tod, die dann auf den Plätzen von Paris durch die Guillotine starben.

Die Führer dieser aufgeregten Volksmassen waren merkwürdige Leute. Einer von ihnen, Danton, war ein leidenschaftlicher Redner und ein kühner, rücksichtsloser Mann, der mit seiner gewaltigen Stimme das Volk zu immer neuen Kämpfen gegen die Anhänger des Königs aufrief. Der andere hieß Robespierre

»Freiheit, Gleichheit, Brüderlichkeit!« war der Kriegsruf der französischen Revolutionäre, die ihre Gegner unbarmherzig auf die Guillotine schickten.

und war gerade das Gegenteil von Danton. Ein steifer, nüchterner, trockener Rechtsanwalt, der endlos lange Reden hielt, in denen immer die Helden aus der Zeit der Griechen und Römer vorkommen mußten. Immer pedantisch angezogen, mit abgezirkelten Bewegungen, wie ein komischer, gefürchteter Schullehrer, so stieg er auf das Rednerpult der Nationalversammlung.

Und sprach von Tugend und wieder von Tugend, von der Tugend des Cato und von der Tugend des Themistokles, von der Tugend des menschlichen Herzens im allgemeinen und von dem Haß gegen das Laster. Und weil man das Laster hassen müsse, müsse man die Feinde Frankreichs köpfen lassen. Dann würde die Tugend triumphieren. Und die Feinde Frankreichs, das waren alle, die nicht seiner Meinung waren. So ließ er im Namen der Tugend des menschlichen Herzens Hunderte seiner Gegner umbringen. Du brauchst aber nicht zu glauben, daß er ein Heuchler war. Er meinte es wahrscheinlich wirklich so. Er ließ sich durch kein Geschenk bestechen und durch keine Träne rühren. Er war schrecklich. Und Schrecken wollte er auch verbreiten. Schrecken unter den Feinden der Vernunft, wie er meinte.

Auch den König Ludwig XVI. stellte man nun vor das Gericht des Volkes und verurteilte ihn zum Tode, weil er Fremde gegen sein eigenes Volk zu Hilfe gerufen hatte. Bald wurde auch Maria Antoinette geköpft. Im Sterben bewiesen beide mehr Würde und Größe, als sie im Leben gezeigt hatten. Über die Hinrichtung nun war das Ausland wirklich entsetzt. Und viele Truppen zogen gegen Paris. Aber das Volk ließ sich seine Freiheit nicht mehr nehmen. Alle Männer des Landes wurden zu den Waffen gerufen, und die deutschen Armeen wurden zurückgeschlagen, während die Herrschaft des Schreckens in Paris und vor allem in den Provinzstädten immer ärger tobte.

Robespierre und die Abgeordneten hatten das Christentum für einen alten Aberglauben erklärt und Gott durch ein Gesetz abgeschafft. Statt seiner sollte man die Vernunft anbeten. Und man führte die junge Braut eines Buchdruckers als Göttin der Vernunft in weißem Gewand mit blauem Mantel unter festlicher Musik durch die Stadt. Bald war auch das Robespierre nicht tugendhaft genug. Man erließ ein neues Gesetz, daß Gott existiert und daß die Seele des Menschen unsterblich ist. Als Priester dieses »höchsten Wesens«, wie man nun Gott nannte, erschien jetzt Robespierre selbst mit einem Federschmuck auf dem Kopf und einem Blumenstrauß in der Hand. Er muß furchtbar komisch gewesen sein bei diesem feierlichen Fest, und viele sollen damals gelacht haben. Bald ging es nun mit Robespierres Macht zu Ende. Danton hatte genug von dem täglichen Köpfen, er verlangte Gnade und Mitleid. Sofort hieß es bei Robespierre: »Nur Verbrecher fordern Mitleid für Verbrecher.« Danton wurde also auch geköpft, und Robespierre siegte das letztemal. Als er aber bald darauf wieder eine endlose Rede hielt, in der er behauptete, daß man sozusagen mit den Hinrichtungen jetzt erst anfangen müsse, daß an allen Stellen noch Feinde der Freiheit säßen, daß das Laster triumphiere und das Vaterland in Gefahr sei, da geschah es das erstemal, daß niemand Beifall klatschte. Es blieb totenstill. Einige Tage darauf wurde auch er geköpft.

Die Feinde Frankreichs waren geschlagen, die Adeligen getötet, vertrieben oder freiwillig zu Bürgern geworden, die Gleichheit vor dem Gesetz war erreicht, die Güter der Kirche und der Vornehmen an die von der Leibeigenschaft befreiten Bauern verteilt, jeder Mann in Frankreich durfte jeden Beruf ergreifen und zu jedem Amt gelangen. Das Volk war jetzt des Kampfes müde und wollte in Ruhe und Ordnung die Früchte dieses riesigen Sieges genießen. Das Revolutionstribunal wurde abgeschafft und im Jahre 1795 eine Regierung von fünf Männern, ein Direktorium, gewählt, die das Land nach den neuen Grundsätzen verwalten sollten.

Inzwischen waren die Ideen der Revolution über Frankreich hinausgedrungen und hatten in den Nachbarländern große Begeisterung geweckt. Auch Belgien und die Schweiz bildeten Republiken nach den Grundsätzen der Menschenrechte und der Gleichheit, und alle diese Republiken wurden von der französischen Regierung mit Soldaten unterstützt. Unter diesen Hilfsarmeen diente auch ein Soldat, der stärker war als die ganze Revolution.

35 Der letzte Eroberer

Das Liebste an der Weltgeschichte war mir immer, daß sie wirklich wahr ist und daß alle diese merkwürdigen Dinge ebenso wirklich gewesen sind, wie du und ich heute sind. Dabei haben sich Dinge ereignet, die abenteuerlicher und bewundernswerter sind als alles, was man erfinden könnte. Eine dieser abenteuerlichsten und verwundernswertesten Geschichten, die so wirklich gewesen sind wie dein und mein Leben, werde ich dir jetzt erzählen. Es ist noch gar nicht so lange her, daß sich das alles ereignet hat. Mein eigener Großvater hat es sogar noch erlebt, als er so alt war, wie du heute bist.

Den Anfang freilich kaum. Der war so: Bei Italien gibt es eine gebirgige, sonnige, arme Insel, die heißt Korsika. Dort lebte ein Advokat mit seiner Frau und acht Kindern. Er hieß mit seinem italienischen Namen Buonaparte. Als sein zweiter Sohn, Napoleon, im Jahre 1769 geboren wurde, war die Insel gerade von den Genuesen an Frankreich verkauft worden. Ihre Bewohner, die Korsen, ließen sich das aber nicht gerne gefallen, und es gab viele Kämpfe mit den französischen Beamten. Der junge Napoleon sollte Offizier werden, und so schickte sein Vater ihn mit zehn Jahren auf eine Militärschule in Frankreich. Er war arm. Sein Vater konnte ihn kaum unterstützen. So war er ernst und traurig. Er spielte nicht mit seinen Mitschülern. »Ich hatte mir in der Schule einen Winkel ausgesucht«, erzählt er später, »in dem ich zu sitzen und nach Herzenslust zu träumen pflegte. Wenn meine Kameraden mir diese Ecke streitig machen wollten, wehrte ich mich mit aller Macht. Ich empfand bereits, daß mein Wille den Sieg davontragen müsse und das, was mir gefiel, mir auch zufallen werde.«

Er lernte viel und hatte ein wunderbares Gedächtnis. Mit 17 Jahren wurde er Unterleutnant in der französischen Armee. Da er sehr klein war, gab man ihm dort den Spitznamen: der kleine Korporal. Er litt fast Hunger. Er las eine Menge und merkte sich alles. Als drei Jahre später, 1789, die Revolution in Frankreich ausbrach, wollte Korsika sich von Frankreichs Herrschaft befreien. Napoleon fuhr hin und kämpfte gegen die Franzosen. Dann ging er aber doch nach Paris, denn »nur in Paris kann man es zu etwas bringen«, schrieb er damals in einem Brief. Er hatte recht. Er brachte es in Paris zu etwas. Zufällig diente ein Landsmann Napoleons als hoher Offizier in einer Armee, die von den Revolutionären gegen die widerspenstige Provinzstadt Toulon geschickt wurde. Der nahm den 25jährigen Leutnant mit und hatte es nicht zu bereuen. Napoleon gab dort so gute Ratschläge, wo man Kanonen aufstellen solle und wohin man schießen müsse, daß die Stadt bald eingenommen wurde. Dafür wurde er zum General ernannt. In dieser wüsten Zeit war das aber noch lange kein sicheres Anzeichen einer großen Laufbahn. Denn mit einer Partei befreundet hieß mit der anderen verfeindet sein. Als die Regierung, die ihn zum General ernannt hatte, die Freunde Robespierres, verjagt wurde, wurde auch Napoleon verhaftet. Zwar wurde er bald wieder freigelassen, aber zur Strafe für seine Freundschaft mit den Jakobinern abgesetzt und aus der Armee ausgeschlossen. Er war entsetzlich arm und ohne jede Hoffnung. Da wurde er, wieder durch einen Bekannten, dem Direktorium der fünf Männer in Paris empfohlen und dazu verwendet, einen gefährlichen Aufstand junger Adeliger niederzuwerfen. Napoleon ließ rücksichtslos in die Menge hineinschießen und vertrieb sie. Aus Dankbarkeit machte man ihn wieder zum General und gab ihm bald den Oberbefehl über eine kleine Armee, die nach Italien gehen sollte, um dort, wie in anderen Ländern, die Gedanken der französischen Revolution zu verbreiten.

Es war eine fast aussichtslose Sache. Die Armee war sehr elend ausgerüstet. Frankreich war ja damals arm und in furchtbarer Unordnung. Vor dem Feldzug, im Jahre 1796, richtete General Napoleon, der sich jetzt französisch Bonaparte schrieb, an seine Soldaten eine Ansprache. Er sagte nicht viel mehr als:

»Soldaten! Ihr seid nackt und hungrig, die Regierung ist euch viel schuldig und kann euch nicht bezahlen. Ich aber werde euch in die fruchtbarste Ebene der Welt führen. Reiche Provinzen und große Städte werden in eure Gewalt fallen; dort werdet Ihre Ehre, Ruhm und Reichtum finden. Soldaten Italiens! Wird es euch an Mut und Ausdauer fehlen?« So verstand er es, die Soldaten zu begeistern und die große Übermacht der Feinde mit solcher Klugheit anzugreifen, daß er überall siegte. Schon wenige Wochen nach seinem Aufbruch schreibt er in einem Befehl an seine Armee: »Soldaten! In vierzehn Tagen habt Ihr sechs Siege erfochten, 21 Fahnen und 55 Kanonen erobert – Ihr habt ohne Kanonen Schlachten gewonnen, ohne Brücken habt Ihr Flüsse überquert, ohne Schuhe weite Märsche zurückgelegt. Oft hattet Ihr nicht einmal Brot. Ich bin überzeugt, daß jeder von euch, wenn er einst in die Heimat zurückkehrt, stolz sein wird, sagen zu können: Auch ich war bei der Armee, die Italien eroberte.«

Und wirklich hatte sein Heer in ganz kurzer Zeit Oberitalien erobert und eine Republik in der Art Frankreichs oder Belgiens daraus gemacht. Wo ihm eines der herrlichen italienischen Kunstwerke gefiel, ließ er es nach Paris schicken. Dann zog er gegen Norden, nach Österreich, denn der Kaiser hatte ihn in Italien bekämpft. In der Steiermark, in der Stadt Leoben, kamen ihm die Abgesandten des Kaisers aus Wien entgegen. Man hatte im Beratungszimmer einen erhöhten Sessel für den kaiserlichen Gesandten vorbereitet. Napoleon sagte: »Stellt den Stuhl da weg, ich kann keinen Thron sehen, ohne Lust zu bekommen, mich draufzusetzen.« Er zwang den Kaiser, alle Teile von Deutschland, die jenseits des Rheins lagen, an Frankreich abzutreten. Dann kehrte er nach Paris zurück. In Paris war aber nichts für ihn zu tun. So schlug er der Regierung eine abenteuerliche Sache vor: Die größten Feinde Frankreichs waren damals die Engländer. England war in dieser Zeit schon ein mächtiges Land mit vielen Besitzungen in Amerika, Afrika, Indien und Australien. England selbst anzugreifen, war die französische Armee zu schwach. Auch gab es nicht genug gute Schiffe. Aber eine Besitzung Englands anzugreifen, das war schon eher möglich.

Und so ließ sich Napoleon mit einer Armee nach Ägypten schicken, das unter englischer Herrschaft stand. Er wollte, wie Alexander der Große, das ganze Morgenland erobern. Nicht nur Soldaten nahm er mit, sondern auch Gelehrte, die die Altertümer ansehen und untersuchen sollten. In Ägypten angekommen, sprach er zu den Mohammedanern Ägyptens, als wäre er ein Prophet wie Mohammed. Er verkündete ihnen feierlich, daß er alles wisse, was sie im innersten Herzen dächten, und daß sein Kommen schon jahrhundertelang prophezeit sei und auch im Koran stünde. »Erfahret, daß alle menschlichen Anstrengungen gegen mich nutzlos sind, denn alles, was ich unternehme, dem ist es bestimmt, zu gelingen.«

Im Anfang schien es auch, als sei es wirklich so. Er schlug die ägyptischen Heere in einer großen Schlacht bei den Pyramiden im Jahre 1798 und noch einige Male, denn er verstand sich ja wie niemand darauf, auf dem Land Schlachten zu gewinnen. Freilich, auf den Kampf zur See verstanden sich die Engländer noch immer besser, und so konnte der berühmte englische Admiral Nelson die französische Flotte vor Abukir an der ägyptischen Küste beinahe vernichten. Und als nun in Napoleons Heer Seuchen ausbrachen und die Nachricht ihn erreichte, daß die Regierung in Paris sich nicht einig sei, ließ er seine Soldaten im Stich und fuhr allein und heimlich zurück nach Frankreich. Als berühmter General kam er in Frankreich an. Alle hofften, er werde im eigenen Land so tüchtig sein wie in Feindesland. So konnte er es wagen, im Jahre 1799 seine Kanonen gegen die Regierungsgebäude von Paris zu richten, die gewählten Abgeordneten des Volkes von seinen Grenadieren aus dem Versammlungsgebäude hinaustreiben zu lassen und sich selbst die höchste Macht zu verleihen. Er nannte sich nach dem Muster der alten Römer: Konsul.

Als Konsul hielt er prächtig Hof im französischen Königsschloß und rief viele verbannte Adelige zurück. Vor allem aber beschäftigte er sich Tag und Nacht damit, Ordnung in Frankreich zu machen, und unter Ordnung verstand er, daß immer und überall nur das geschah, was er wollte. Das erreichte er auch. Er ließ ein Gesetzbuch nach den neuen Grundsätzen anlegen und nannte es mit seinem Namen. Bei einem neuen Kriegszug nach Italien schlug er Österreich noch einmal. Er wurde von den Soldaten vergöttert, und alle Franzosen verehrten ihn, weil er ihrem Land Ruhm und Eroberungen brachte. Sie ernannten ihn zum Konsul auf Lebenszeit. Das war aber Napoleon noch immer nicht genug. Er wollte mehr sein. Er machte sich im Jahre 1804 zum Kaiser. Zum Kaiser der Franzosen. Der Papst reiste eigens nach Paris, um ihn zu krönen. Bald darauf ließ er sich auch zum König von Italien ernennen. Die anderen Länder bekamen Angst vor diesem mächtigen, neuen Mann. Darum verbündeten sich England, Deutschland, Österreich, Rußland und Schweden gegen ihn. Napoleon ließ sich nicht schrecken. Vor gegnerischen Heeren hatte er keine Angst, auch wenn sie noch so groß waren. Er zog ihnen entgegen und schlug die verbündeten feindlichen Truppen im Winter 1805 bei dem mährischen Ort Austerlitz vollständig. Jetzt war Napoleon Herr über fast das ganze Europa. Er schenkte jedem seiner Verwandten, sozusagen als kleines Andenken, ein Königreich. Sein Stiefsohn bekam Italien, sein älterer Bruder Neapel, sein jüngerer Bruder Holland, sein Schwager einen Teil von Deutschland, seine Schwestern Herzogtümer in Italien. Es war eine ganz schöne Laufbahn für die Familie des korsischen Advokaten, die kaum 20 Jahre früher noch auf ihrer fernen Insel um den spärlich gedeckten Mittagstisch gesessen hatte.

Auch in Deutschland hatte Napoleon alle Macht, denn die deutschen Fürsten, denen der Kaiser in Wien doch schon längst nichts mehr zu sagen hatte, verbündeten sich nun mit dem mächtigen Napoleon. Daraufhin legte Kaiser Franz den Titel

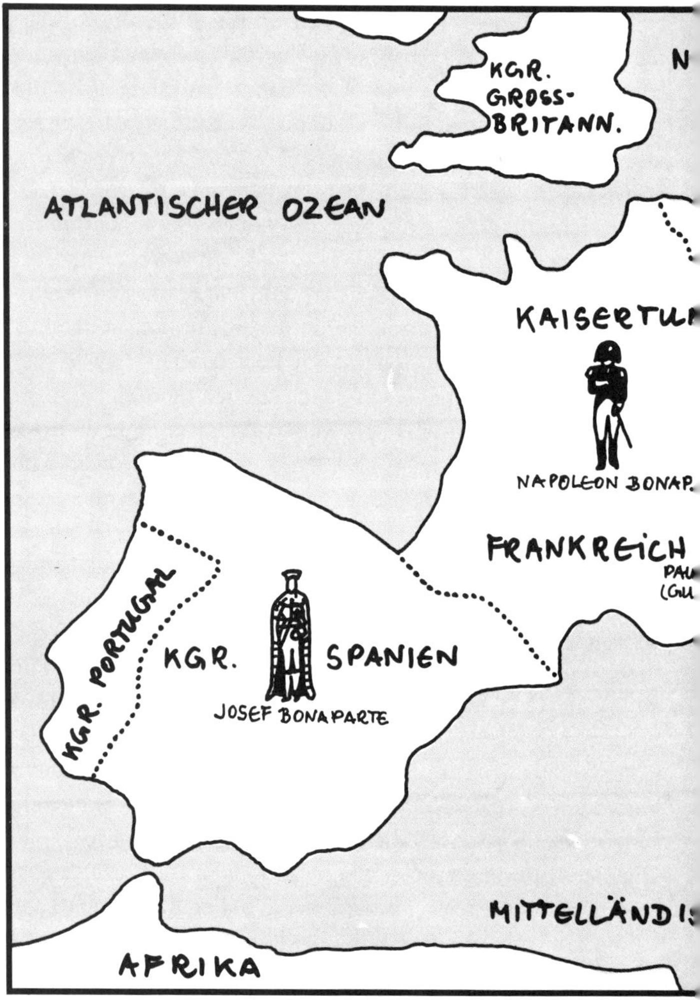

Deutlich sieht man hier die Macht des kleinen Mannes aus Korsika, der seine Verwandten als Herrscher über Europa verteilte wie ein Schachspieler die Figuren auf dem Brett.

OSTSEE
KAISER-
TUM
RUSS-
LAND
KGR. PREUSSEN
JÉROME
BONAP.
WESTFALEN
GRHZTM.
WARSCHAU
VERBÜND.
FÜRST
VERBÜNDETE
FÜRSTEN
KAISERTUM
ÖSTERREICH
KGR.
STIEFSOHN
EUGEN
ITALIEN
OSMAN. REICH
NAPOLEON B.
KÖNIG v. ROM
KGR.
NEAPEL
ANNUNZIATA BONAP.
u. GENERAL MURAT
MEER

eines deutschen Kaisers ab. Es ist das Ende des Heiligen Römischen Reiches Deutscher Nation, das mit Karls des Großen Krönung in Rom begonnen hat. Das war im Jahre 1806. Franz von Habsburg nannte sich nun nurmehr Kaiser von Österreich.

Bald zog Napoleon auch gegen die Hohenzollern und schlug die preußischen Heere in wenigen Tagen vollständig. Er zog 1806 in Berlin ein und erließ von dort seine Gesetze an Europa. Vor allem befahl er, daß niemand mehr in ganz Europa Waren von Frankreichs Feinden, den Engländern, kaufen oder etwas an sie verkaufen dürfe. Man nannte das die Kontinentalsperre. Er wollte England auf diese Weise zugrunde richten, da er keine Flotte hatte, um dieses mächtige Land militärisch zu besiegen. Als sich die Staaten wehrten, zog er noch einmal nach Deutschland und kämpfte gegen die Russen, die sich mit den Preußen verbündet hatten. Nun konnte er (1807) auch seinem jüngsten Bruder einen Teil Deutschlands als Königreich geben.

Jetzt kam Spanien an die Reihe. Er eroberte es und gab es seinem Bruder Josef als Königreich; Neapel bekam dafür einer seiner Schwäger. Aber endlos lassen sich die Völker nicht als Familiengeschenke behandeln. Die Spanier waren die ersten, die sich seit 1808 die Herrschaft der Franzosen nicht gefallen ließen. Sie kämpften nicht in regelrechten Schlachten, aber das ganze Volk war ständig im Kampf und ließ sich nicht zur Ruhe bringen, soviel Grausamkeiten die französischen Soldaten auch verübten. Der Kaiser von Österreich wollte sich ebenfalls Napoleons Befehlston nicht länger gefallen lassen. Es kam 1809 zu einem neuen Krieg. Napoleon rückte mit seinem Heer gegen Wien. Zwar wurde er in der Nähe von Wien, bei Aspern, durch den mutigen Feldherrn Erzherzog Karl das erste Mal im Leben geschlagen, aber wenige Tage darauf schlug er das österreichische Heer bei Wagram vollständig. Er zog in Wien ein, wohnte im kaiserlichen Schloß Schönbrunn und zwang Kaiser Franz sogar, ihm seine Tochter zur Frau zu geben. Das war kein leichter Entschluß für einen Habsburger Kaiser, dessen Familie schon mehr als 500 Jahre in Wien herrschte. Denn Napoleon war aus keiner Fürstenfamilie, sondern eigentlich ein kleiner Leutnant, der nur durch seine unerhörte Begabung der Herr und Befehlshaber von Europa geworden war.

Dem Sohn, den die Kaiserin Luise ihm gebar, gab Napoleon 1810 den Titel »König von Rom«. Sein Reich war jetzt schon viel größer als das Karls des Großen gewesen war. Denn all die Königreiche seiner Geschwister und Generale bestanden ja nur dem Namen nach. Er schrieb ihnen grobe Briefe, wenn ihm ihr Benehmen nicht gefiel. Seinem Bruder, dem König von Westfalen, schrieb er zum Beispiel: »Ich habe Deinen Tagesbefehl an die Soldaten gesehen, der Dir das Gelächter von Deutschland, Österreich und Frankreich eintragen wird. Hast Du denn keinen Freund in Deiner Nähe, der Dir einige Wahrheiten sagt? Du bist König und Bruder des Kaisers. Im Krieg sind das nur komische Eigenschaften. Da muß man Soldat sein, wieder Soldat und nochmals Soldat. Man darf keine Minister, keine Gesandten, keinen Prunk haben, man muß mit seinem Vortrupp im Lager übernachten, Tag und Nacht zu Pferd sein, mit dem Vortrupp marschieren, um Nachrichten zu haben.« Der Brief schließt: »– Und hab, zum Teufel, Geist genug, anständig zu schreiben und zu sprechen!« So behandelte der Kaiser seine Brüder, die Könige von Europa. Aber die Völker behandelte er noch schlechter. Was sie dachten und was sie fühlten, war ihm gleichgültig. Wenn sie ihm nur Geld und vor allem Soldaten lieferten. Die Völker aber ließen sich das immer weniger gefallen. Nach den Spaniern kämpften die Tiroler Bauern, die Napoleon dem Kaiser von Österreich weggenommen und an das Königreich Bayern verschenkt hatte, gegen die französischen und bayerischen Soldaten, bis Napoleon ihren Führer Andreas Hofer fangen und erschießen ließ.

Auch in Deutschland war das ganze Volk in unerhörter Erregung und Empörung gegen die Willkür und Gewalt des französischen Kaisers. Jetzt, seit die meisten deutschen Fürstentümer unter französischer Herrschaft standen, fühlten alle das erstemal in der Geschichte die Gemeinsamkeit ihres Schicksals: daß sie doch alle Deutsche seien und nicht Franzosen. Daß es wenig darauf ankomme, wie der König von Preußen mit dem König von Sachsen stehe oder ob der König von Bayern mit dem Bruder Napoleons verbündet sei, sondern daß das gemeinsame Erlebnis aller Deutschen, durch Fremde beherrscht zu werden, auch einen gemeinsamen Willen aller Deutschen erzeuge: den Willen zur Befreiung. Es ist das erstemal in der Weltgeschichte, daß alle Deutschen, Studenten und Dichter, Bauern und Adelige, sich gegen den Willen ihrer Fürsten zusammentaten, um sich zu befreien. Aber das war nicht so leicht. Napoleon war mächtig. Der größte deutsche Dichter, Goethe, sagte damals: »Schüttelt nur an euren Ketten; der Mann ist euch zu groß!« Und wirklich war gegen die Gewalt Napoleons lange Zeit aller Heldenmut und alle Begeisterung vergebens. Da stürzte ihn endlich sein unglaublicher Ehrgeiz. Seine Macht war ihm noch lange nicht groß genug. Er fand, es sei eigentlich erst der Anfang. Jetzt käme Rußland an die Reihe. Die Russen hatten sich nämlich nicht an seinen Befehl gehalten, keinen Handel mit den Engländern zu treiben. Das mußte bestraft werden!

Aus allen Teilen seines riesigen Reiches ließ Napoleon Soldaten kommen und brachte ein Heer von 600 000 Mann zusammen, also mehr als eine halbe Million Menschen. Ein ähnliches Heer wie diese große Armee hatte es noch nie in der Weltgeschichte gegeben, und diese Armee marschierte nun 1812 gegen Rußland. Immer weiter ins Innere des Landes, ohne daß es zu einer Schlacht kam. Die Russen wichen immer weiter zurück, ähnlich, wie sie es zur Zeit Karls XII. von Schweden gemacht hatten. Endlich, knapp vor den Toren Moskaus, stand die gewaltige russische Armee. Napoleon besiegte sie – natürlich, hätte ich fast gesagt, denn für ihn war eine Schlacht etwas ähnliches wie für einen tüchtigen Rätsellöser eine Rätselaufgabe. Er sah sich an, wie die Feinde standen und wußte auch schon, wo er seine Truppen hinzuschicken habe, um sie zu umgehen oder zu schlagen. So zog er in Moskau ein. Aber er fand die Stadt fast leer. Denn die meisten Bewohner waren geflüchtet. Es war Spätherbst, und Napoleon saß im Kreml, dem alten Kaiserschloß, und wartete, daß er seine Bedingungen diktieren könne. Da kam die Meldung, daß die Vorstädte von Moskau brannten. Moskau war damals noch vielfach aus Holzhäusern erbaut. Immer größere Teile der Stadt ergriff das Feuer, das wahrscheinlich die Russen selbst angezündet hatten, um die Franzosen in Bedrängnis zu bringen. Alle Versuche zu löschen waren vergebens.

Wo sollten nun die 600 000 Mann wohnen, wenn Moskau abbrannte? Wovon sollten sie leben? So entschloß sich Napoleon, mit seinem Heer umzukehren. Aber es war inzwischen Winter geworden und ganz entsetzlich kalt. Schon auf dem Hermarsch hatte die Armee alle Lebensmittel der Gegend geraubt und verzehrt. So wurde der Rückmarsch durch die weite, weite, eisige, menschenleere Ebene von Rußland zu etwas ganz Furchtbarem. Immer mehr Soldaten blieben erfroren und verhungert am Weg zurück. Tausende Pferde kamen um. Nun kamen die russischen Reiter, die Kosaken, und fielen der Armee in den Rücken und in die Flanke. Sie wehrte sich verzweifelt. Es gelang ihr sogar noch, im schrecklichsten Schneegestöber, umzingelt von den Kosaken, einen großen Fluß, die Beresina, zu überqueren, aber allmählich waren alle Kräfte erschöpft. Es herrschte nur Verzweiflung. Kaum der zwanzigste Teil aller Soldaten rettete sich aus dieser furchtbaren Niederlage und kam, vollständig kraftlos und todkrank, an der deutschen Grenze an. Napoleon war zum Schluß verkleidet in einem Bauernschlitten nach Paris vorausgeeilt.

Das erste, was er dort tat, war, neue Truppen zu verlangen, denn nun, da er so geschwächt war, erhoben sich alle Völker gegen ihn. Wirklich stellte er noch ein gewaltiges Heer junger

Endlos und trostlos war der Rückmarsch der großen Armee Napoleons, fort aus dem brennenden Moskau durch die eisige Ebene Rußlands.

Leute zusammen. Es waren die letzten Männer, Frankreichs Jugend, die er jetzt gegen die unterworfenen Völkerschaften schickte. So zog er nach Deutschland. Der Kaiser von Österreich schickte seinen Kanzler, Metternich, zu ihm, um mit ihm über einen Frieden zu verhandeln. Metternich sprach damals einen ganzen Tag mit Napoleon. Er sagte zu ihm: »Wenn diese jugendliche Armee, die Sie heute unter die Waffen rufen, dahingerafft sein wird, was dann?« Als Napoleon diese Worte hörte, übermannte ihn der Zorn, er ward bleich, und seine Züge verfärbten sich: »Sie sind kein Soldat«, fuhr er Metternich an, »und wissen nicht, was in der Seele eines Soldaten vorgeht. Ich bin im Felde aufgewachsen, und ein Mann wie ich pfeift auf das Leben von einer Million Menschen.« Mit diesem Ausruf, so erzählte Metternich später, warf er seinen Hut in die Ecke des Zimmers.

Metternich hob ihn nicht auf. Er blieb ganz ruhig und sagte: »Warum haben Sie mich gewählt, um mir das zwischen vier Wänden zu sagen? Öffnen Sie die Türen, und mögen Ihre Worte von einem Ende Frankreichs zum anderen ertönen.« Napoleon ging auf die Friedensbedingungen des Kaisers nicht ein. Er sagte zu Metternich, er müsse siegen, sonst könne er nicht Kaiser der Franzosen bleiben. So kam es 1813 in Deutschland bei Leipzig zur Schlacht, in der das Heer Napoleons gegen seine verbündeten Feinde kämpfte. Am ersten Tage hielt sich Napoleon. Als aber am zweiten die bayerischen Truppen, die auf der Seite Napoleons gestanden hatten, ihn plötzlich verließen, verlor er die Schlacht und mußte fliehen. Auf der Flucht schlug er noch ein großes Heer der Bayern, das ihn verfolgte, und zog nach Paris.

Er hatte recht gehabt: Da er geschlagen war, setzten ihn die Franzosen ab. Man gab ihm die kleine Insel Elba als Herzogtum, und dorthin zog er sich zurück. Die Fürsten und Kaiser aber, die ihn geschlagen hatten, kamen 1814 in Wien zusammen, um zu beraten und Europa unter sich zu verteilen. Die Grundsätze der Aufklärung, die Lehre von der Freiheit des Menschen schien ihnen die Ursache all der Unordnung und der Opfer, die die Kämpfe der Revolution und Napoleon für Europa bedeutet hatten. Sie wollten die ganze Revolution ungeschehen machen. Besonders Metternich wollte, daß alles so werden solle, wie es vor der Revolution gewesen war, und daß sich nie mehr ein ähnlicher Umsturz ereignen könne. Darum war es ihm besonders wichtig, daß man nichts in Österreich druckte oder schrieb, was nicht von der Regierung und dem Kaiser genehmigt war.

In Frankreich wurde die Revolution ganz ausgelöscht. Der Bruder des geköpften Ludwig XVI. kam als Ludwig XVIII. auf den Thron. (Als Ludwig XVII. zählt man den Sohn Ludwigs XVI., der schon während der Revolution starb.) Dieser neue Ludwig herrschte mit seinem Hof in Frankreich, wie wenn die 26 Jahre Revolution und Kaisertum nie gewesen wären, mit demselben Pomp und mit demselben Unverstand wie sein unglücklicher Bruder. Die Franzosen waren sehr unzufrieden. Als Napoleon das hörte, verließ er (1815) heimlich die Insel Elba und landete mit ein paar Soldaten in Frankreich. Ludwig schickte ihm seine Armee entgegen. Als die Soldaten aber Napoleon sahen, gingen sie alle zu ihm über. Und dasselbe taten auch alle anderen Soldaten. In wenigen Tagen zog er im Triumph als Kaiser nach Paris, und König Ludwig XVIII. floh.

Die Fürsten, die noch immer in Wien berieten, waren entsetzt. Man erklärte Napoleon für einen Feind der Menschheit. Unter dem Oberbefehl des englischen Herzogs von Wellington versammelte sich ein Heer in Belgien, das hauptsächlich aus Engländern und Deutschen bestand. Napoleon zog sofort gegen sie. Bei dem Ort Waterloo kam es zu einer furchtbaren Schlacht. Schon schien es, als ob Napoleon wieder gesiegt habe, da zeigte es sich, daß einer seiner Generäle einen Befehl nicht verstanden hatte und in eine falsche Richtung marschiert war. Der Befehlshaber der Preußen, General Blücher, sammelte sein erschöpftes und geschlagenes Heer. Er sagte: »Es geht eigentlich nicht, aber es muß doch gehen«, und führte die Truppen am Abend wieder in den Kampf. So wurde Napoleon das letzte Mal geschlagen. Er floh mit seinem Heer, wurde wieder abgesetzt und mußte Frankreich verlassen.

Nun flüchtete er auf ein englisches Schiff und begab sich damit freiwillig in die Gewalt seiner ältesten Feinde, der einzigen, die er nie besiegt hatte. Er hoffte auf ihre Großmut. Er sagte, er wolle unter den englischen Gesetzen als Privatmann leben. Aber Napoleon hatte selbst im Leben nicht allzu oft Großmut geübt. Nun erklärten ihn die Engländer als Gefangenen und schickten ihn mit dem Schiff, auf das er sich begeben hatte, weit, weit auf eine kleine, öde, einsame Insel im Ozean, auf St. Helena, damit er nie mehr zurückkommen könne. Dort lebte er noch sechs Jahre machtlos und verlassen, diktierte die

Erinnerungen an all seine Taten und Siege und kämpfte mit dem englischen Beamten, der ihm nicht einmal gestatten wollte, unbewacht auf der Insel spazierenzugehen. Das ist das Ende des kleinen, blassen Mannes mit der größten Willenskraft und dem klarsten Geist, den je ein Herrscher gehabt hat. Die großen Mächte der Vergangenheit aber, die alten frommen Fürstenhäuser, herrschten nun wieder über Europa, und der ernste, strenge Metternich, der Napoleons Hut nicht aufgehoben hatte, lenkte von Wien aus durch seine Gesandten die Schicksale Europas und versuchte, die Revolution ungeschehen zu machen.

36 Mensch und Maschine

Metternich und die frommen Herrscher von Rußland, Österreich, Frankreich und Spanien konnten zwar die Formen der Zeit vor der Französischen Revolution zurückrufen. Es gab wieder feierliche Höfe, an denen sich die Adeligen mit großen Ordenssternen auf der Brust zeigten und großen Einfluß hatten. Die Bürger durften nicht von Politik sprechen, und das war manchen sehr recht. Sie beschäftigten sich mit ihrer Familie, mit Büchern und vor allem mit Musik, denn in den letzten hundert Jahren war die Musik, die man früher fast nur als Begleitung zu Tänzen, Liedern und heiligen Gesängen gekannt hatte, zu *der* Kunst geworden, die den Menschen am allermeisten sagen konnte. Aber diese Ruhe und Muße, die man die Zeit des Biedermeier nennt, war doch nur die Vorderseite der Dinge. Einen Gedanken der Aufklärung konnte Metternich nicht mehr verbieten, und er dachte auch gar nicht daran. Es war die Idee Galileis von der vernünftigen, rechnerischen Betrachtung der Natur, die den Menschen zur Zeit der Aufklärung so gefallen hatte. Und gerade diese heimliche Seite der Aufklärung brachte die viel größere Revolution, die die alten Formen und

Einrichtungen viel wuchtiger zerschlug, als es die Pariser Jakobiner mit ihrer Guillotine getan hatten.

Denn durch die rechnerische Beherrschung der Natur lernte man nicht nur verstehen, wie es zuging, man lernte auch die Kräfte ausnutzen, die man erkannt hatte. Man spannte die Naturkräfte ein, und sie mußten für den Menschen arbeiten.

Die Geschichte all dieser Erfindungen ist nicht so einfach, wie man sie sich oft vorstellt. Die meisten Dinge wurden oft als möglich erkannt, dann versucht, erprobt, liegengelassen, von irgend jemandem aufgegriffen, und dann erst kam der sogenannte Erfinder, der Willenskraft und Ausdauer genug besaß, den Gedanken zu Ende zu denken und allgemein verwendbar zu machen. So ging es bei den Maschinen, die unser Leben verändert haben, bei Dampfmaschine, Dampfschiff, Lokomotive und Telegraph, die alle zu Metternichs Zeiten wichtig wurden.

Zuerst war die Dampfmaschine da. Der französische Gelehrte Papin hatte schon um das Jahr 1700 Versuche dafür gemacht. Aber erst 1769 ließ der englische Arbeiter Watt eine richtige Dampfmaschine patentieren. Zuerst verwendete man sie hauptsächlich für Pumpen in Bergwerken, aber bald dachte man auch an die Möglichkeit, Wagen oder Schiffe damit anzutreiben. Schon 1788 und 1802 machte ein Engländer einen Versuch mit Dampfschiffen, und 1803 baute der amerikanische Maler Fulton einen Raddampfer. Napoleon schrieb damals darüber, »daß das Projekt imstande ist, das Aussehen der Welt zu verändern«. 1807 fuhr das erste Dampfschiff mit einem großen Schaufelrad unter Rattern, Rauch und Lärm von New York nach einer Nachbarstadt.

Ungefähr zur selben Zeit versuchte man in England, auch Wagen mit Dampf zu betreiben. Aber erst im Jahre 1802, als man die Eisenschienen erfunden hatte, gelang eine brauchbare Maschine, und 1814 baute der Engländer Stephenson seine erste richtige Lokomotive. 1821 bereits wurde die erste Eisenbahnlinie zwischen zwei englischen Städten eröffnet, und zehn Jahre später gab es schon in Frankreich, Deutschland, Österreich, Rußland Eisenbahnen. Wieder zehn Jahre später gab es kaum ein Land in Europa ohne große Eisenbahnstrecken. Die Linien führten über Berge, durch Tunnels und über große Flüsse, und man reiste mindestens zehnmal so schnell wie früher mit der schnellsten Postkutsche.

Ganz ähnlich ging es mit der Erfindung des elektrischen Telegraphen. Auch da dachte schon 1753 ein Gelehrter an die Möglichkeit. Nach 1770 gab es viele Versuche, aber erst 1837 konnte der amerikanische Maler Morse seinen Freunden ein kurzes Telegramm vorführen, und wieder dauerte es nur wenig mehr als zehn Jahre, bis die Telegraphie in den verschiedenen Ländern eingeführt war.

Die erste Eisenbahn versuchte die Form der Postkutsche nachzuahmen, sie fuhr sehr bedächtig, und doch scheuten die Pferde und erschraken die Menschen beim Anblick des rauchenden Ungeheuers.

Noch mehr haben aber andere Maschinen die Welt verändert. Es sind die Maschinen, die die Naturkräfte so in ihren Dienst stellen, daß sie die menschliche Arbeitskraft ersetzen. Denk an das Spinnen und Weben. Früher taten das Handwerker. Als man mehr Stoffe brauchte (also ungefähr in der Zeit Ludwigs XIV.), gab es schon Fabriken, aber dort arbeiteten eben viele Gesellen mit der Hand. Erst allmählich kam man auf den Gedanken, auch da die Kenntnisse über die Natur auszunützen. Die Jahreszahlen sind wieder ganz ähnlich wie bei den anderen großen Erfindungen. Die Spinnmaschine versuchte man seit 1740, verbesserte sie seit 1783, aber erst 1825 war sie nach jeder Richtung hin brauchbar. Die Zeit des mechanischen Webstuhls beginnt fast zugleich. Auch diese Maschinen wurden zuerst in England hergestellt und verwendet. Für Maschinen und Fabriken, das weißt du, brauchte man Kohle und Eisen. Und so hatten mit einem Male jene Länder einen großen Vorsprung, die Kohle und Eisen besaßen.

Durch all diese Dinge kam eine gewaltige Bewegung unter die Menschen. Sie wurden durcheinandergerüttelt, daß kaum irgend etwas auf seinem alten Platz blieb. Denk doch, wie fest und geordnet alles in den Zünften der mittelalterlichen Stadt gewesen war! Diese Zünfte hatten sich bis zur Zeit der Französischen Revolution und länger noch gehalten. Zwar war es schon damals für einen Gesellen schwieriger, Meister zu werden, als im Mittelalter, aber er hatte doch die Möglichkeit und die Hoffnung. Nun wurde das mit einemmal ganz anders. Es gab Leute, die Maschinen besaßen. Um eine solche Maschine zu bedienen, muß man nicht viel gelernt haben. Sie macht ja alles allein. Es läßt sich in einigen Stunden leicht zeigen. Wer also eine Webmaschine hatte, der nahm sich ein paar Leute (es konnten sogar Frauen oder Kinder sein), und die konnten nun mit der Maschine mehr Arbeit verrichten als hundert gelernte Weber früher. Was sollten nun die Weber einer Stadt tun, wenn dort plötzlich eine solche Maschine aufgestellt wurde? Man brauchte sie nicht mehr. Was sie in jahrelanger Arbeit als Lehrlinge und Gesellen erlernt hatten, war ganz überflüssig geworden, die Maschine machte es schneller, auch besser und ganz unvergleichlich billiger. Denn die Maschine muß ja nicht essen und schlafen wie ein Mensch. Sie muß sich nie ausruhen. All das, was die hundert Weber zu einem angenehmen, glücklichen Leben gebraucht hätten, das sparte der Fabrikant durch seine Maschine, oder er konnte es für sich verwenden. Aber er brauchte doch auch Arbeiter, die die Maschinen bedienten? Sicher, die brauchte er. Aber erstens nur ganz wenige und zweitens keine gelernten.

Vor allem aber kam noch etwas dazu: Die hundert Weber der Stadt waren jetzt arbeitslos. Sie mußten verhungern, da eine Maschine für sie die Arbeit tat. Ehe ein Mensch aber mit seiner Familie verhungert, ist er natürlich bereit, alles zu tun. Auch für unbeschreiblich wenig Geld zu arbeiten, wenn er nur soviel bekommt, daß er gerade knapp noch leben und irgendwie arbeiten kann. So konnte der Fabrikant, der die Maschine besaß, sich die hundert verhungernden Weber kommen lassen und sagen: »Ich brauche fünf Leute, die auf meine Maschinen und meine Fabrik achtgeben. Um wieviel Geld werdet ihr das tun?« Auch wenn dann vielleicht einer sagte: »Ich will soviel, daß ich so glücklich leben kann wie früher«, sagte vielleicht ein Zweiter, »Mir genügt es, wenn ich mir täglich einen Laib Brot und ein Kilogramm Kartoffeln kaufen kann.« Der Dritte sah, daß ihm dieser nun die letzte Möglichkeit zu leben wegnahm und sagte: »Ich will es mit einem halben Laib Brot versuchen.« Vier andere sagten: »Wir auch.« – »Gut«, sagte der Fabrikant, »dann will ich es mit euch versuchen. Wie lange wollt ihr arbeiten am Tag?« – »Zehn Stunden«, sagte der Eine. »Zwölf«, der Zweite, damit es ihm nicht weggeschnappt würde. »Ich kann sechzehn arbeiten«, rief der Dritte. Es ging ja ums Leben. »Gut«, sagte der Fabrikant, »dann nehme ich dich. Aber was soll meine Maschine tun, während du schläfst? Sie muß ja nicht schlafen!« – »Da kann ich meinen achtjährigen Buben herschicken«, sagte der Weber verzweifelt. »Was soll ich ihm geben?« – »Gib ihm ein paar Kreuzer für ein Butterbrot.« – »Butter ist überflüssig«, sagte vielleicht der Fabrikant. Und so war das Geschäft gemacht. Aber die 95 übrigen arbeitslosen Weber mußten verhungern oder sehen, ob sie vielleicht ein anderer Fabrikant nehmen würde.

Nun mußt du nicht glauben, daß wirklich alle Fabrikanten so schlechte Kerle waren, wie ich es hier geschildert habe. Aber der schlechteste Kerl, der am wenigsten zahlte, konnte am billigsten verkaufen, und so hatte er den meisten Erfolg. Und darum mußten auch die anderen Menschen, gegen ihr Gewissen und gegen ihr Mitleid, die Arbeiter ähnlich behandeln.

Die Menschen wurden verzweifelt. Wozu etwas lernen, wozu sich um schöne, feine Handarbeit bemühen? Die Maschine machte dasselbe in einem Hundertstel der Zeit und oft noch gleichmäßiger und hundertmal so billig. So versanken die ehemaligen Weber, Schmiede, Spinner, Tischler in immer größeres Elend und liefen von Fabrik zu Fabrik, ob man sie für ein paar Groschen dort arbeiten ließe. Manche bekamen eine gewaltige Wut auf die Maschinen, die ihr Glück zerstört hatten, stürmten die Fabriken und zerschlugen die mechanischen Webstühle, aber es nutzte nichts. 1812 wurde in England auf die Zerstörung einer Maschine die Todesstrafe gesetzt. Und dann kamen neue und bessere, die nicht nur die Arbeit von 100, sondern von 500 Arbeitern leisten konnten und das allgemeine Elend noch vergrößerten.

Da gab es nun Menschen, die fanden, daß es so nicht weitergehen könne. Daß es ungerecht sei, wenn ein Mensch nur deshalb, weil er eine Maschine besaß, die er vielleicht geerbt hatte, alle anderen behandeln dürfe, wie kaum ein Adeliger seine Bauern behandelt hat. Sie meinten, daß eben Dinge wie Fabriken und Maschinen, deren Besitz eine so ungeheure Macht über das Schicksal anderer Menschen bedeute, nicht Einzelnen gehören dürften, sondern allen gemeinsam. Diese Meinung hieß Sozialismus. Man dachte sich viele Möglichkeiten aus, wie man das Ganze ordnen könnte, um durch eine sozialistische Arbeitsweise das Elend der verhungernden Arbeiter zu beseitigen. Man dachte, man müßte ihnen eben nicht die Löhne geben, die ihnen der einzelne Fabrikant bewilligte, sondern einen Anteil an dem großen Gewinn des Fabrikanten.

Von diesen Sozialisten, deren es in Frankreich und England um 1830 viele gab, wurde besonders ein Gelehrter aus Trier in Deutschland berühmt, der Karl Marx hieß. Seine Meinung war ein bißchen anders. Er lehrte: Es nützt nichts, sich auszudenken, wie es sein könnte, wenn die Maschinen all den Arbeitern gehörten. Die Arbeiter müßten sie sich eben erkämpfen. Freiwillig würde ihnen der Fabrikant nie seine Fabrik schenken. Um sie aber zu erkämpfen, sei es nutzlos, wenn einige Arbeiter sich zusammenrotteten, um einen Webstuhl zu zerschlagen, der nun einmal erfunden sei. Alle müßten zusammenhalten. Wenn die hundert Weber nicht jeder für sich Arbeit gewollt hätten, wenn sie sich vorher verabredet hätten: Wir gehen nicht für länger als für zehn Stunden in die Fabrik, und wir verlangen zwei Laib Brot und zwei Kilogramm Kartoffeln für jeden, dann hätte es der Fabrikant geben müssen. Zwar, das allein hätte vielleicht noch nicht ausgereicht, denn für die Webmaschinen brauchte er keinen gelernten Weber mehr, sondern nur irgendeinen, der um jeden Preis arbeitswillig war, weil er nichts hatte. Darauf also kam es an, daß diese alle sich zusammentäten, lehrte Marx. Schließlich hätte der Fabrikant einfach niemanden gefunden, der es billiger getan hätte. Also verabreden müßten sich die Arbeiter! Und nicht nur die Arbeiter einer Gegend. Auch nicht einmal nur die Arbeiter eines Landes, sondern die Arbeiter der ganzen Welt sollten sich vereinigen. Dann würden sie so stark sein, nicht nur zu sagen, was man ihnen zahlen solle, sondern auch schließlich die Fabriken und Maschinen selbst in Besitz zu nehmen und so eine Welt zu schaffen, in der es keine Besitzer und keine Besitzlosen mehr geben würde.

Denn wie die Dinge jetzt stünden, lehrte Marx, gäbe es ja eigentlich keine Weber, Schuster oder Schmiede mehr. Der Arbeiter braucht gar nicht zu wissen, was die Maschine erzeugt, an der er täglich 2000mal einen Hebel niederdrückt. Er merkt nur, daß er wöchentlich seinen Lohn ausbezahlt bekommt, gerade soviel, daß er nicht verhungert wie seine unglücklicheren Gefährten, die keine Arbeitsstelle gefunden haben. Und auch der Besitzer muß das Gewerbe, von dem er lebt, nicht gelernt haben, denn es ist kein Hand-Werk mehr, sondern ein Maschinen-Werk. Darum meinte Marx, es gäbe eigentlich keine Berufe mehr, sondern nur zwei Arten oder Klassen von Menschen: Besitzer und Besitzlose oder, wie er sagte – denn er liebte Fremdwörter –, Kapitalisten und Proletarier. Diese Klassen seien im ständigen Kampf miteinander, denn die Besitzer wollen immer möglichst viel und möglichst billig erzeugen, also den Arbeitern, den Proletariern, möglichst wenig zahlen, die Arbeiter aber wieder wollen den Kapitalisten oder Besitzer der Maschine zwingen, ihnen möglichst viel von seinem Gewinn abzugeben. Dieser Kampf der beiden Klassen von Menschen werde, so meinte Marx, schließlich so ausgehen müssen, daß die vielen Besitzlosen den wenigen Besitzern ihr Eigentum einmal wegnehmen würden, nicht um es nun selbst zu besitzen, sondern um das ganze Eigentum abzuschaffen. Dann würde es keine Klassen mehr geben. Das war sein Ziel, und er stellte sich die Verwirklichung recht einfach und nahe vor.

Dabei waren, als Marx im Jahre 1847 seinen großen Aufruf (das »Kommunistische Manifest«, wie er es nannte) an die Arbeiter erließ, die Zustände noch gar nicht so, wie er sie kommen sah. Und auch bis heute ist manches anders gekommen. Es herrschten ja damals noch gar nicht überall die Besitzer der Maschinen, es herrschten vielfach noch die Adeligen mit dem Ordensstern auf der Brust, denen Metternich wieder zur Macht verholfen hatte. Und diese Adeligen waren ja selbst große Gegner der reichen Bürger und Fabrikbesitzer. Sie wollten den festen, geordneten, geregelten Staat, in dem jeder seinen alten, angestammten Beruf hatte, wie es früher gewesen war. Und so gab es damals zum Beispiel in Österreich noch »erbuntertänige« Bauern, die dem Grundherrn nicht viel anders hörig waren als die Leibeigenen des Mittelalters. Auch gab es noch viele alte, strenge Regeln für Handwerker, und man behandelte die neuen Fabrikanten zum Teil noch nach diesen alten Zunftregeln. Die reich gewordenen Maschinenbesitzer, die Bürger, wollten sich aber nichts mehr von Adeligen oder vom Staat vorschreiben lassen. Sie wollten tun und lassen, was ihnen beliebte, denn dann, so meinten sie, würde es auf der Welt am besten gehen. Man müsse nur dem Tüchtigen freie Bahn lassen, sich durchzusetzen, ihn durch keine gesetzlichen Regeln oder Bedenken hindern, dann würde es mit der Zeit allen herrlich gehen auf der Welt. Die Welt läuft ganz von selbst, wenn man sie nicht stört, meinten sie. Und so machten die Bürger 1830 in Frankreich einen Umsturz und vertrieben die Nachkommen Ludwigs XVIII. vom Thron.

1848 kam es in Paris und dann auch in vielen anderen Ländern zu einer neuen Revolution, in der die Bürger versuchten, die ganze Macht im Staat zu erlangen, damit niemand ihnen mehr dreinreden könnte, was sie mit ihren Fabriken und Maschinen täten. Damals wurde in Wien Metternich vertrieben, und der regierende Kaiser Ferdinand mußte abdanken. Die alte Zeit hörte endgültig auf. Die Männer trugen schon fast genauso häßliche, lange schwarze Röhrenhosen und steife, weiße Kragen mit verwickelt geknoteten Krawatten, wie wir sie heute tragen müssen. Überall wurden nun unbeschränkt Fabriken gegründet, und die Eisenbahnen schafften immer größere Warenmengen von Land zu Land.

37 Jenseits der Meere

Durch die Eisenbahn und das Dampfschiff ist die Welt viel kleiner geworden. Es war kein ungewisses, abenteuerliches Wagnis mehr, zu Schiff nach Indien und China zu fahren. Amerika war fast nebenan. Darum kann man seit 1800 die Weltgeschichte noch viel weniger als europäische Geschichte anschauen. Wir müssen uns umsehen, wie es in den neuen Nachbarländern Europas aussah. Also vor allem in China, Japan und Amerika. Noch in der Zeit vor 1800 war China fast genau dasselbe Land, das es zur Zeit der Herrscher aus der Familie der Han in den Jahren um Christi Geburt und zur Zeit der großen Dichter um 800 nach Christus gewesen war: ein mächtiges, geordnetes, stolzes, volkreiches, friedliches Land mit fleißigen Bauern und Bürgern, großen Gelehrten, Dichtern und Denkern. Die Unruhe, die Religionskriege, die unaufhörliche Bewegung, die wir in Europa erleiden mußten, war den Chinesen damals etwas ganz Fremdes, Wildes, Unbegreifliches. Zwar herrschten nun fremde Kaiser über sie, die die Chinesen zwangen, zum Zeichen der Knechtschaft einen Zopf zu tragen, aber diese fremde, innerasiatische Herrscherfamilie, die Mandschus, hatten auch ganz die Gedanken und Gefühle der Chinesen, die Grundsätze des Konfuzius gelernt und aufgenommen, so daß das Reich in großer Blüte stand.

Manchmal kamen jesuitische Gelehrte als Prediger des Christentums nach China. Sie wurden meist freundlich aufgenommen, da der Kaiser von China von ihnen europäische Wissenschaft, vor allem Sternenkunde, lernen wollte. Europäische Händler brachten Porzellan aus China in ihre Heimat, und überall versuchte man, diese unendlich feine Mischung nachzuahmen, aber durch Jahrhunderte gelang es den Europäern nicht. Wie sehr sich damals das Chinesische Reich mit seinen vielen, vielen Millionen kultivierter Bürger Europa überlegen vorkam, kannst du aus einem Brief sehen, den der Kaiser von

China im Jahre 1793 an den König von England richtete. Die Engländer hatten nämlich gebeten, daß sie einen Gesandten an den chinesischen Hof schicken und mit China Handel treiben dürften. Der Kaiser Qian Long, ein berühmter Gelehrter und guter Herrscher, antwortete mit solchen Sätzen: »Ihr, o König, lebt jenseits von vielen Meeren. Trotzdem habt Ihr, veranlaßt durch Euren demütigen Wunsch, an den Segnungen unserer Kultur teilzuhaben, eine Gesandtschaft geschickt, die ehrerbietig Euer Schreiben überreichte. Wenn Ihr auch versichert, daß Eure Verehrung für unser himmlisches Herrscherhaus Euch mit dem Wunsch erfülle, Euch unsere Kultur anzueignen, so unterscheiden sich doch unsere Gebräuche und Sittengesetze so vollständig von den Euren, daß Ihr doch unmöglich unsere Sitten und Gebräuche auf Euren Boden verpflanzen könntet, selbst wenn Euer Gesandter imstande wäre, sich die Grundbegriffe unserer Kultur anzueignen. Wäre er ein noch so gelehriger Schüler, wäre doch nichts gewonnen.

Die weite Welt beherrschend, habe ich nur ein Ziel im Auge, nämlich: eine vollkommene Regierung zu führen und die Pflichten des Staates zu erfüllen. Seltsame und kostbare Gegenstände bekümmern mich nicht. Ich habe keine Verwendung für die Waren Eures Landes. Unser himmlisches Reich besitzt alle Dinge im Überfluß, und ihm mangelt nichts innerhalb seiner Grenzen. Deshalb besteht kein Bedürfnis, die Waren fremder Barbaren zum Austausch für unsere eigenen Erzeugnisse einzuführen. Da aber Tee, Seide und Porzellan, die das himmlische Reich erzeugt, unbedingte Notwendigkeit für europäische Völkerschaften und für Euch selbst sind, soll der beschränkte Handel, der bisher in meiner Provinz Kanton erlaubt war, weiter gestattet sein. Ich vergesse nicht die einsame Ferne Eurer Insel, die durch trennende Meeereswüsten von der Welt abgeschnitten ist, noch übersehe ich die entschuldbare Unwissenheit über die Gebräuche des himmlischen Reiches. Gehorche zitternd meinen Befehlen.«

So schrieb der Kaiser von China an den König der kleinen Insel England. Aber er hatte die Wildheit der Bewohner der fernen Insel unterschätzt. Besonders, als sie einige Jahrzehnte später mit Dampfschiffen daherkamen. Da war ihnen der beschränkte Handel in der Provinz Kanton lange nicht mehr genug. Vor allem, seit sie eine Ware entdeckt hatten, die das chinesische Volk nur allzu gern hatte. Es war ein Gift. Ein gefährliches Gift: Opium. Wenn man das verbrennt und den Rauch einatmet, hat man eine kurze Zeit schöne Träume. Aber man wird furchtbar krank davon. Wer es sich einmal angewöhnt hat, Opium zu rauchen, der kann es nicht lassen, es ist so ähnlich wie mit dem Schnapstrinken, nur noch viel gefährlicher. Solches Opium nun wollten die Engländer den Chinesen in Massen verkaufen. Die chinesischen Behörden sahen, wie gefährlich das für das Volk werden würde und verbaten es sich im Jahre 1839 energisch.

Da kamen die Engländer mit ihren Dampfschiffen wieder, und diesmal standen Kanonen darauf. Sie fuhren die chinesischen Flüsse aufwärts und beschossen die friedlichen chinesischen Städte, legten herrliche Paläste in Schutt und Asche. Die Chinesen waren fassungslos und machtlos. Sie mußten tun, was die Weißen ihnen befahlen, Unsummen Geldes zahlen und den unbeschränkten Handel mit Opium und allen anderen Dingen gestatten. Bald darauf war ein Aufstand in China ausgebrochen, den ein halb wahnsinniger Fürst angezettelt hatte, der sich Dai-Ping (Friedensherrscher) nannte. Die Europäer unterstützten ihn, Franzosen und Engländer zogen in China ein, beschossen Städte und demütigten Fürsten. Schließlich erzwangen sie sich 1860 den Einzug in die Hauptstadt Chinas, Peking, wo sie zur Rache für die Gegenwehr der Chinesen den herrlichen uralten Sommerpalast des Kaisers, der mit prächtigen Kunstwerken aus der ältesten Zeit des Reiches angefüllt war, plünderten und niederbrannten. Das weite, friedliche, jahrtausendealte Reich war in vollständige Auflösung und Verwirrung geraten und mußte sich nun den europäischen Händlern ganz ausliefern. So zahlten die Europäer den Chinesen zurück, daß sie sie die Papiererzeugung, den Gebrauch des Kompasses und leider auch die Erzeugung des Schießpulvers gelehrt hatten.

Dem japanischen Inselreich wäre es in diesen Jahren bald ebenso ergangen. In Japan war es damals sehr ähnlich wie in Europa während des Mittelalters. Die eigentliche Macht hatten die Adeligen und Ritter. Besonders eine vornehme Familie, die den Kaiser, den Mikado, ungefähr so beaufsichtigte, wie die Vorfahren Karls des Großen die Merowinger-Könige beaufsichtigt hatten. Bilder malen, Häuser bauen, dichten hatten die Japaner seit Jahrhunderten von den Chinesen gelernt, und sie verstanden es auch selbst, herrliche Sachen zu machen. Aber Japan war kein so friedliches, großes, sanftes Reich wie China. Die mächtigen Adeligen der verschiedenen Gegenden und Inseln kämpften miteinander in ritterlichen Fehden. Die Ärmeren unter ihnen taten sich um 1850 zusammen, um den Großen des Reiches ihre Macht zu nehmen. Aber wie sollte das möglich sein? Das ging nur, wenn ihnen der Kaiser, der Mikado, diese machtlose Puppe, die täglich einige Stunden auf dem Thron sitzen mußte, half. Und so kämpften die kleinen Adeligen gegen die mächtigen Besitzer des Landes im Namen des Kaisers, dem sie seine alte Macht, die er in grauer Vorzeit gehabt haben soll, wiedergeben wollten.

Es war das gerade die Zeit, als die ersten europäischen Gesandtschaften wieder nach Japan kamen, das durch mehr als 200 Jahre für jeden Fremden ein verbotenes Land gewesen war. Diesen weißen Gesandten kam das Treiben in den japanischen Millionenstädten mit ihren Häusern aus Bambus und Papier, mit ihren zierlichen Gärtchen, mit den hübschen Damen mit Turmfrisuren, mit den farbigen Wimpeln der Tempel, dem feierlich-ernsten und beherrschten Gehabe der schwerttragenden Ritter sehr hübsch und komisch vor. Sie trampelten mit ihren schmutzigen Straßenstiefeln auf den kostbaren Matten

In den leichtgebauten Hallen des japanischen Hauses spielt sich das Leben seit Jahrhunderten in Anmut nach strengen Regeln ab.

der Paläste herum, die die Japaner nur barfuß betreten, sie glaubten sich nicht verpflichtet, irgendeine der uralten Sitten dieser vermeintlichen Wilden, der Japaner, bei der Begrüßung oder beim Teetrinken einzuhalten. So waren sie bald verhaßt. Als eine amerikanische Reisegesellschaft eines Tages nicht höflich zur Seite trat, wie es dort Brauch war, wenn ein vornehmer Fürst in seiner Sänfte mit seinem Gefolge durch das Land zog, packte das Gefolge eine solche Wut, daß es auf die Amerikaner dreinschlug und eine Frau ermordete. Natürlich kamen gleich englische Kriegsschiffe, um die Stadt zu beschießen. Die Japaner sahen auch für sich das Schicksal der Chinesen voraus. Aber inzwischen war die Revolution gegen die Großen des Landes geglückt. Der Kaiser, den man in Europa Mikado nannte, hatte jetzt wirklich unumschränkte Macht. Und hat sie heute noch. Von klugen Ratgebern, die nie an die Öffentlichkeit traten, unterstützt, beschloß er, seine Macht dahin zu verwenden, das Land für alle Zukunft vor dem Hochmut der Fremden zu schützen. Die alte Kultur mußte man dazu nicht preisgeben. Man mußte nur die allerletzten Erfindungen der Europäer lernen. Und so öffnete er mit einemmal das Land den Fremden ganz.

Er berief deutsche Offiziere, die ein modernes Heer aufstellten, und berief Engländer, die eine moderne Flotte bauten. Er schickte Japaner nach Europa, damit sie die neue Heilkunde studierten und sich die übrigen Wissenschaften aneigneten, durch die Europa in den letzten Jahren so mächtig geworden war. Er führte nach dem Vorbild der Deutschen die allgemeine Schulpflicht ein, um das Volk zum Kampf zu rüsten. Die Europäer waren entzückt. Die Japaner waren doch ein vernünftiges Völkchen, daß sie ihr Land so ganz aufschlossen. Sie beeilten sich, den Japanern alles zu verkaufen, was sie verlangten, und alles zu zeigen. In wenigen Jahrzehnten hatten die Japaner die europäischen Künste der Kriegs- und Friedensmaschinen gelernt. Und als sie fertig waren, komplimentierten sie die Europäer in aller Höflichkeit wieder vor die Türe. »Jetzt können wir, was Ihr könnt. Jetzt werden *unsere* Dampfschiffe auf Handelsunternehmungen und auf Eroberungen ausfahren und *unsere* Kanonen friedliche Städte beschießen, wenn jemand es dort gewagt haben sollte, einen Japaner zu kränken.« Die Europäer machten verdutzte Gesichter und machen sie heute noch. Denn die Japaner sind die besten Schüler der ganzen Weltgeschichte.

In denselben Jahren, da Japan sich frei zu machen begann, geschahen auch in Amerika drüben die allerwichtigsten Dinge. Du erinnerst dich, daß sich die englischen Handelsniederlassungen, die Hafenstädte an der Ostküste von Amerika, im Jahre 1776 von England losgesagt hatten, um einen freien Staatenbund zu gründen. Die englischen und spanischen Ansiedler drangen im Kampf gegen die Indianerstämme immer weiter nach Westen vor. Wie es dabei zuging und wie die Farmer ihre Blockhäuser zimmerten, die dichten Wälder rodeten und wie sie kämpften, wie die Cowboys die riesigen Herden hüteten

Tausende von Negersklaven arbeiteten auf den Plantagen im Süden der Vereinigten Staaten von Amerika unter der unbarmherzigen Peitsche des Aufsehers.

und wie der wilde Westen von Goldsuchern und Abenteurern besiedelt wurde, das weißt du vielleicht aus Indianerbüchern. Immer neue Staaten wurden in den Landstrichen gegründet, die man den Indianerstämmen wegnahm. Du kannst dir vorstellen, daß das zunächst keine sehr kultivierten Länder waren. Vor allem aber waren diese Staaten untereinander sehr verschieden. Die im Süden in tropischen Gegenden lagen, lebten von großen Pflanzungen oder Plantagen, auf denen Baumwolle und Zuckerrohr in gewaltigen Mengen angebaut wurden. Die Ansiedler hatten riesige Landstriche zu eigen. Die Arbeit besorgten Negersklaven, die man aus Afrika kaufte. Sie wurden sehr schlecht behandelt.

Weiter im Norden war das anders. Dort ist es nicht so heiß, und das Klima erinnert an das unsere. So gab es dort Bauern und Städte, nicht viel anders als in der englischen Heimat der Auswanderer, nur war alles viel größer. Sklaven brauchte man dort nicht. Es war leichter und billiger, die Arbeit selbst zu tun. So fanden die Bürger der Nordstaaten, die meist fromme Christen waren, daß es eine Schande für die Staatenvereinigung sei, die nach den Grundsätzen der Menschenrechte gegründet worden war, wenn dort Sklaven gehalten würden wie im heidnischen Altertum. Die Südstaaten erklärten darauf, sie brauchten die

Negersklaven, sie würden ohne sie einfach zugrunde gehen. Ein Weißer könne die Arbeit in dieser Hitze nicht leisten. Ein Neger sei nicht geboren, um frei zu sein, usw. Im Jahre 1820 kam es zu einem Ausgleich; die Staaten, die südlich einer bestimmten Linie lagen, durften Sklaven halten, dic nördlich davon nicht.

Auf die Dauer war aber die Schande der Sklavenwirtschaft doch unerträglich. Es schien zwar wenig dagegen zu machen zu sein, da die Staaten des Südens mit ihren riesigen Plantagen viel mächtiger und reicher waren als die nördlichen Bauerngegenden und da sie entschlossen waren, um keinen Preis nachzugeben. Schließlich fanden sie aber doch ihren Überwinder. Es war der Präsident Abraham Lincoln. Er hatte kein gewöhnliches Schicksal. Er ist selbst als einfacher Bauer im Innern des Landes aufgewachsen, hat im Jahre 1832 gegen einen Indianerhäuptling »Schwarzer Falke« gekämpft und wurde dann Postbeamter in einer kleinen Stadt. Dort beschäftigte er sich in seiner freien Zeit mit den Gesetzen des Landes und wurde Rechtsanwalt und Abgeordneter. Als solcher kämpfte er gegen die Sklaverei und machte sich bei den Plantagenbesitzern der Südstaaten sehr verhaßt. 1861 wurde er trotzdem zum Präsidenten gewählt, und das war für die Südstaaten Anlaß genug, sich überhaupt von den Vereinigten Staaten loszusagen und einen eigenen Bund von Sklavenstaaten zu gründen.

Sofort stellten sich 75 000 Männer Lincoln als Freiwillige zur Verfügung. Trotzdem stand die Sache für den Norden sehr schlecht, besonders da England die Sklavenstaaten unterstützte, obwohl es selbst auch in seinen Kolonien seit einigen Jahrzehnten die Sklaverei abgeschafft und geächtet hatte. Es kam zu einem furchtbar blutigen Bürgerkrieg. Aber schließlich siegte doch die Tapferkeit und Zähigkeit der Bauern des Nordens, und Lincoln konnte im Jahre 1865 zwischen jubelnden, befreiten Sklaven in die Hauptstadt der Südstaaten einziehen. Elf Tage darauf wurde er während einer Theatervorstellung von einem

Südstaatler ermordet. Aber sein Werk war getan. Die wiedergeeinten, freien Vereinigten Staaten von Amerika wurden bald eines der reichsten und mächtigsten Länder der Welt. Es scheint auch ohne Sklaven zu gehen.

38 Zwei neue Reiche in Europa

Ich habe noch viele Menschen gekannt, die Kinder waren, als es noch gar kein Deutschland und kein Italien gab. Das ist doch erstaunlich, nicht wahr? Diese großen, mächtigen Reiche, die eine so entscheidende Rolle spielen, sind gar nicht sehr alt. Nach der Bürgerrevolution von 1848, als überall in Europa neue Eisenbahnlinien gebaut und Telegraphendrähte gelegt wurden, als die Städte, die Fabrikstädte wurden, wuchsen und viele Bauern in die Stadt wanderten, als die Männer Zylinderhüte trugen und komische Zwicker mit schwarzen Schnüren daran, da war unser Europa noch ein Flickwerk vieler kleiner Herzogtümer, Königtümer, Fürstentümer, Republiken, die in verwickelter Art verbündet oder verfeindet waren.

Drei Mächte waren in diesem Europa wichtig, wenn wir England weglassen, das sich damals mehr um seine Kolonien in Amerika, Indien und Australien kümmerte als um das benachbarte Festland. Inmitten Europas lag das Kaisertum Österreich. Dort regierte seit 1848 Kaiser Franz Josef in der Hofburg in Wien. Als ich klein war, hab' ich ihn selbst noch als alten Mann durch den Park von Schönbrunn fahren sehen, und ich erinnere mich noch gut an sein feierliches Leichenbegängnis. Er war der richtige Kaiser im uralten Sinn. Er herrschte über ganz verschiedene Völker und Länder. Er war Kaiser von Österreich, aber auch König von Ungarn, gefürsteter Graf von Tirol und hatte noch endlos viele Titel aus der Vergangenheit, sogar den eines Königs von Jerusalem und Beschützers des Heiligen Grabes, noch aus der Zeit der Kreuzzüge her. Auch viele italienische Gebiete standen unter seiner Herrschaft, andere wieder unter der Herrschaft seiner Familie. Außerdem Kroaten, Serben, Tschechen, Slowenen, Slowaken, Polen und viele, viele andere Völker. Darum war auch auf den damaligen österreichischen Banknoten der Betrag, also zum Beispiel »Zehn Kronen«, in all diesen Sprachen zu lesen. Auch in den deutschen Fürstentümern hatte der Kaiser von Österreich dem Namen nach noch irgendwelche Macht, aber das war besonders verwickelt. Es gab ja kein Deutsches Reich mehr, seit Napoleon 1806 den letzten Rest des Heiligen Römischen Reiches Deutscher Nation zerschlagen hatte. Die verschiedenen Länder deutscher Sprache bildeten nur einen Bund, den Deutschen Bund, und zu diesem gehörte neben Preußen, Bayern, Sachsen, Hannover, Frankfurt, Braunschweig usw., usw. auch Österreich. Es war ein merkwürdig unübersichtliches Gebilde, dieser Deutsche Bund. Auf jedem Fleckchen Land regierte ein anderer Fürst, und jeder hatte andere Münzen, andere Briefmarken und eigene Beamtenuniformen. Das war schon immer unpraktisch gewesen, auch als man noch mit der Postkutsche tagelang von Berlin nach München reiste. Aber nun, seit die Eisenbahn keinen ganzen Tag dazu brauchte, war es kaum mehr zum Aushalten.

Ganz anders sah es rechts und links von Deutschland, Österreich und Italien aus. Da gab es kein solches Flickwerk auf der Landkarte.

Da lag im Westen Frankreich. Kurz nach der Bürgerrevolution von 1848 war es wieder ein Kaiserreich geworden. Ein Nachkomme des großen Napoleon hatte es dort verstanden, die Erinnerungen an den alten Ruhm wachzurufen, und so wurde er, obwohl er lange kein so großer Mann war, zuerst zum Präsidenten der Republik und bald zum Kaiser der Franzosen unter dem Namen Napoleon III. gewählt. Trotz aller Kriege und Revolutionen war damals Frankreich ein besonders reiches, mächtiges Land mit großen Fabrikstädten.

So sah die Landkarte Mitteleuropas vor der Gründung Italiens und des Deutschen Reiches aus, aber während sich diese Landflecken in mächtige Staaten zusammenschlossen, zerfiel das türkische Gebiet in immer mehr einzelne Länder.

Im Osten sah es so aus: Der russische Kaiser oder Zar war in dem gewaltigen Land nicht beliebt. Du mußt bedenken, daß damals viele russische Städter und Bürger in Frankreich oder Deutschland an den Universitäten studiert hatten und ganz moderne, neuzeitlich denkende Menschen waren. Das Russische Reich und seine Beamten waren aber eigentlich noch ganz mittelalterlich. Denk dir, daß dort erst 1861 die Leibeigenschaft der Bauern, zumindest dem Namen nach, aufgehoben wurde und daß damit 23 Millionen russischen Bauern erst ein menschenwürdiges Dasein versprochen wurde! Versprechen und Halten ist zweierlei. Im ganzen herrschte man in Rußland mit der Lederpeitsche, die man Knute nennt. Wenn irgend jemand ein freies Wort zu sagen wagte, auch wenn es noch so harmlos war, wurde er mindestens nach Sibirien in die Verbannung geschickt. Die Folge war, daß die neuzeitlich geschulten Studenten und Bürger den Zaren furchtbar haßten und daß er in ständiger Furcht vor Mördern leben mußte. Es wurde auch wirklich beinahe jeder Zar schließlich umgebracht, so sehr er sich auch bewachen ließ.

Es schien unmöglich, daß neben dem riesigen Rußland und dem mächtigen, kriegsgewohnten Frankreich noch jemand in Europa etwas zu sagen haben sollte. Spanien war ganz machtlos geworden, seit sich seine Kolonien in Südamerika im Jahre 1810 von ihm zu lösen begannen. Die Türkei hieß in den Zeitungen gewöhnlich der »kranke Mann«, denn ihre Besitzungen in Europa waren nicht mehr zu halten. Die einzelnen christlichen Völker, die sie einst beherrscht hatte, erkämpften sich unter der begeisterten Mithilfe Europas allmählich die Freiheit. Zuerst die Griechen, später auch die Bulgaren, Rumänen, Albaner. Um den Rest der europäischen Türkei, um Konstantinopel, stritten sich die Russen, Franzosen und Österreicher, und das war das Glück der Türken, denn ein Staat gönnte dem anderen diese fette Beute nicht. Darum blieb es türkisch.

Um die italienischen Herrschaftsgebiete kämpften damals (wie seit Jahrhunderten) Frankreich und Österreich. Aber die Zeiten waren anders geworden. Auch die Italiener waren einander durch Eisenbahnen nahegebracht worden, auch sie wurden, ebenso wie die deutschen Städte, sich bewußt, daß sie nicht nur Florentiner oder Genuesen, Venezianer oder Neapolitaner waren, sondern eben alle Italiener. Und daß sie selbst über ihr

Schicksal entscheiden wollten. Damals war ein kleiner Staat im Norden Italiens der einzige, der frei und selbständig war. Er lag am Fuß des Gebirges, über das einst Hannibal in die Ebene hinabgestiegen war. Weil sie am Fuß des Berges liegt, heißt die Gegend Piemont, das heißt eben »Fuß des Berges«. Piemont also und die Insel Sardinien bildeten zusammen ein kleines, aber kräftiges Königreich unter dem König Viktor Emanuel, der einen besonders klugen, geschmeidigen Minister, Camillo Cavour, hatte, der genau wußte, was er wollte. Er wollte das, wonach sich alle Italiener schon lange sehnten und wofür viele Menschen während und nach der Revolution von 1848 in kühnen, aber regellosen, abenteuerlichen Kämpfen ihr Blut vergossen hatten: Er wollte ein einiges italienisches Reich. Cavour war selbst kein Kämpfer. Er glaubte nicht an die Kraft der geheimen Verschwörungen und der tollkühnen Überfälle, mit denen damals der mutige Phantast Garibaldi und seine jungen Mitkämpfer dem Land die Freiheit erkämpfen wollten. Cavour suchte einen anderen, wirksameren Weg und fand ihn auch.

Es gelang ihm, den ehrgeizigen Kaiser der Franzosen, Napoleon III., zu überreden, daß er sich für die Freiheit und Einheit Italiens einsetzen müsse. Napoleon III. konnte daraus ja nur Vorteile und keine Nachteile haben. Wenn er sich für die Freiheit dieses Landes einsetzte, das nicht ihm gehörte, so schädigte er damit höchstens Österreich, das in Italien Besitzungen hatte, und das war ihm nicht unangenehm. Aber als Bringer der Freiheit machte er sich gleichzeitig zum Helden eines großen europäischen Volkes, und das war ihm angenehm. Den geschickten Verhandlungen Cavours, des Ministers von Piemont und Sardinien, und den kühnen begeisterten Kämpferfahrten des wilden Freiheitskämpfers Garibaldi gelang es wirklich unter großen Opfern, das Ziel der Italiener zu erreichen. In den zwei Kriegen mit Österreich 1859 und 1866 waren zwar die österreichischen Heere oft siegreich, aber schließlich mußte Kaiser Franz Josef, durch die Macht Napoleons III. gezwungen, seine Besitzungen in Italien, die Gegenden von Mailand und von Venedig, abgeben. In anderen Ländern fanden große Volksabstimmungen statt, die alle das Ergebnis hatten, daß die ganze Bevölkerung zu Italien wollte. So dankten die verschiedenen Herzöge ab. 1866 war Italien geeinigt. Nur eines fehlte noch, die Hauptstadt Rom, die ja dem Papst gehörte und die Napoleon III. den Italienern nicht überliefern wollte, um sich mit dem Papst nicht zu überwerfen. Er schützte die Stadt durch französische Truppen und wehrte verschiedene Angriffe von Garibaldis Freiwilligen ab.

Österreich hätte vielleicht 1866 seinen hartnäckigen Kampf gegen die Italiener nicht schließlich doch verloren, wenn es nicht Cavour in seiner Klugheit verstanden hätte, ihm auch im Norden einen Gegner in den Nacken zu setzen, dem es um ganz ähnliche Dinge ging. Das war Preußen, dessen Minister damals Bismarck war.

Bismarck, ein adeliger norddeutscher Grundbesitzer von ganz ungewöhnlicher Willenskraft, Verstandesklarheit, Unbeirrbarkeit und Ausdauer, der sein Ziel immer im Auge behielt und der seine Meinung und Überzeugung auch dem König Wilhelm I. von Preußen ruhig zu sagen wagte, hatte von allem Anfang an nur einen Wunsch: Preußen mächtig zu machen und mit Hilfe dieses Landes aus dem verwickelten Flickwerk des Deutschen Bundes ein großes, einiges Deutsches Reich zu schaffen. Nichts schien ihm dazu so notwendig und wichtig wie ein starkes, mächtiges Heer. Er hat ja das berühmte Wort gesprochen, daß die großen Fragen der Geschichte nicht durch Beschlüsse, sondern durch Eisen und Blut entschieden werden. Ob das immer gilt, weiß ich nicht. Aber in seinem Fall hat die Geschichte ihm recht gegeben. Als ihm die Abgeordneten des preußischen Volkes im Jahre 1862 nicht die große Summe aus den Steuern des Volkes bewilligen wollten, die er für ein solches Heer brauchte, redete er dem König zu, nun gegen die Verfassung und gegen den Willen der gewählten Abgeordneten zu regieren. Der König fürchtete das Schicksal König Karls I. von England, der sein Versprechen nicht gehalten hatte, und das Schicksal Ludwigs XVI. von Frankreich. Er sagte zu Bismarck, während sie zusammen in der Eisenbahn fuhren: »Ich sehe ganz genau voraus, wie das alles enden wird. Da vor dem Opernplatz, unter meinem Fenster, wird man Ihnen den Kopf abschlagen und etwas später mir.« Bismarck antwortete nur: »Und dann?« – »Ja, dann sind wir tot«, erwiderte der König. »Ja«, sagte Bismarck, »dann sind wir tot, aber können wir anständiger umkommen?« Und wirklich setzte er es gegen den Willen des Volkes durch, daß ein großes, mächtiges Heer mit vielen Gewehren und Kanonen ausgerüstet wurde, das sich bald darauf auch in einem Krieg gegen Dänemark bewährte.

Mit diesem ausgezeichnet bewaffneten und geschulten Heer zog er nun 1866 nach dem Willen Cavours und nach seinen eigenen Plänen gegen Österreich, das die Italiener gleichzeitig im Süden angriffen. Er wollte den Kaiser aus dem Deutschen Bund hinausdrängen, damit Preußen dort das mächtigste Land sei und sich an die Spitze Deutschlands stellen könne. Wirklich schlug er die Österreicher in Böhmen bei dem Ort Königgrätz in einer blutigen Schlacht, und Kaiser Franz Josef mußte nachgeben. Österreich trat aus dem Deutschen Bund aus. Sonst verlangte Bismarck nichts nach seinem Sieg; das ärgerte zwar die Generäle und Offiziere der preußischen Armee gewaltig, aber Bismarck ließ sich nicht beirren. Er wollte sich die Österreicher nicht ganz zu Feinden machen. Heimlich schloß er aber mit allen deutschen Staaten Verträge, daß sie Preußen in jedem Krieg unterstützen sollten. Davon wußte niemand etwas.

Nun war aber Napoleon III. in Frankreich unruhig geworden, daß sich da jenseits des Rheins, in Preußen, eine Militärmacht entwickelte. Der Kaiser der Franzosen, der gerade 1867 einen ganz überflüssigen Krieg in Mexiko verloren hatte, fürchtete sich vor diesem gut gerüsteten Nachbarn. Die Franzosen hatten es seit jeher nicht gerne, wenn die Deutschen zu mächtig wurden.

Napoleon III. ließ im Jahre 1870 König Wilhelm von Preußen, der gerade zur Kur im Badeort Ems weilte, durch seinen Gesandten mit den merkwürdigsten Forderungen belästigen. Er sollte für sich und seine Familie schriftlich auf Machtansprüche verzichten, die er gar nicht erhoben hatte. Da zwang Bismarck – ohne den Willen des Königs – Napoleon III. zu einer Kriegserklärung. Wirklich nahmen, gegen alles Erwarten der Franzosen, alle deutschen Staaten an dem Krieg teil, und es zeigte sich bald, daß die deutschen Truppen besser ausgerüstet und besser geführt waren als die französischen.

Die Deutschen marschierten schnell auf Paris, nahmen bei dem Ort Sedan einen großen französischen Heeresteil, bei dem sich auch Napoleon III. aufhielt, gefangen und belagerten die gut befestigte Stadt Paris monatelang. Durch die Niederlage Frankreichs mußten zunächst die französischen Truppen, die den Papst in Rom beschützt hatten, aus Rom abziehen, und der König von Italien hielt dort seinen Einzug. So verwickelt waren die Zusammenhänge damals. Noch während der Belagerung, während der preußische König in Versailles wohnte, überredete Bismarck die verschiedenen deutschen Könige und Fürsten dazu, dem König von Preußen den Titel eines Deutschen Kaisers anzubieten. Jetzt wirst du dich wundern, was da geschah: König Wilhelm wollte lieber »Kaiser von Deutschland« als »Deutscher Kaiser« heißen, und fast wäre die ganze Sache darüber auseinandergegangen. Endlich wurde doch im großen Spiegelsaal von Versailles feierlich das Deutsche Kaiserreich gegründet. Damals war der neu ausgerufene Kaiser Wilhelm I. so verärgert, daß er nicht den Titel bekam, den er sich gewünscht hatte, daß er auffällig und absichtlich in Gegenwart aller Leute an Bismarck vorbeiging und dem Gründer des Deutschen Reiches nicht die Hand gab. Trotzdem hat ihm Bismarck weiter gedient und gut gedient.

In Paris war während der Belagerung eine furchtbar blutige Arbeiterrevolution ausgebrochen, die später noch furchtbarer und blutiger unterdrückt wurde. Es kamen damals mehr Menschen um als während der ganzen großen Französischen Revolution. Dadurch war Frankreich für eine Zeit machtlos und mußte Frieden schließen. Es mußte ein ganzes Stück Land (Elsaß und Lothringen) an Deutschland abtreten und eine große Summe Geldes zahlen. Dafür setzten aber die Franzosen Kaiser Napoleon III. ab, der das Land so schlecht geführt hatte, und gründeten eine Republik. Sie hatten von nun an genug von Kaisern und Königen.

Bismarck war nun der erste Minister oder Kanzler des geeinten Deutschen Reiches und herrschte dort mit all seiner Überlegenheit. Er war ein großer Gegner jeder sozialistischen Bestrebung, wie sie Marx gelehrt hatte, er wußte aber, daß es damals den Arbeitern wirklich entsetzlich schlecht ging. So verfocht er die Meinung, daß man die Verbreitung der Marxschen Lehren nur dadurch bekämpfen könne, daß man die größte Not der Arbeiter lindere und ihnen so die Lust nehme, den ganzen Staat umzuwälzen. Darum schuf er Einrichtungen, um kranke oder verunglückte Arbeiter, die früher hilflos umkommen mußten, zu unterstützen, und sorgte überhaupt dafür, daß das ärgste Elend gemildert wurde. Allerdings mußten die Arbeiter damals noch zwölf Stunden am Tag arbeiten. Auch am Sonntag.

Fürst Bismarck mit seinen buschigen Augenbrauen und seinem festen, entschlossenen Gesicht war bald einer der bekanntesten Männer Europas und wurde auch von seinen Feinden als großer Staatsmann anerkannt. Als die Völker Europas beginnen wollten, die klein gewordene Welt unter sich aufzuteilen, da kamen sie 1878 in Berlin zusammen, und Bismarck leitete ihre Beratungen. Erst der nächste deutsche Kaiser, Kaiser Wilhelm II., der über viele Dinge anders dachte als sein Kanzler, konnte sich auf die Dauer nicht mit ihm vertragen und entließ ihn. Bimarck lebte noch einige Jahre als alter Mann auf dem Gut seiner Väter und warnte von dort aus die neuen Leiter der deutschen Regierung vor Unbedachtsamkeiten.

39 Um die Verteilung der Erde

Jetzt kommen wir bald in die Zeit, in der meine Eltern jung waren. Die konnten mir Genaueres erzählen. Wie in immer mehr Häusern zuerst das Gas, dann das elektrische Licht, dann das Telephon eingeführt wurde, wie in den Städten elektrische Straßenbahnen und dann auch schon Autos auftauchten, wie die Arbeitervorstädte ungeheuer wuchsen und Fabriken mit gewaltigen Maschinen Tausende Arbeiter beschäftigten, also die Arbeit leisteten, zu der in früheren Zeiten vielleicht Hunderttausende Handwerker notwendig gewesen wären.

Was geschah nun mit all den Stoffen, Schuhen, Konserven oder, sagen wir: Kochtöpfen, die in diesen gewaltigen Fabriken täglich in ganzen Waggonladungen erzeugt wurden? Zum Teil konnte man sie natürlich im Land verkaufen. Die Leute, die Arbeit hatten, konnten sich bald viel mehr Anzüge oder Schuhe leisten als ein Handwerker früherer Tage. Es war ja alles unvergleichlich billiger, dafür auch lange nicht so haltbar. So waren die Leute gezwungen, oft neue Sachen zu kaufen. Immerhin war ihr Lohn natürlich nicht hoch genug, daß sie alles hätten kaufen können, was da von den neuen Riesenmaschinen erzeugt wurde. Blieben aber diese Waggonladungen von Tuch oder Leder liegen und wurden nicht verkauft, dann hatte es keinen Sinn, wenn die Fabrik täglich neue herstellte. Sie mußte schließen. Wenn sie schloß, waren die Arbeiter arbeitslos, konnten sich gar nichts mehr kaufen, und dann blieb immer mehr liegen. Einen solchen Zustand nennt man Wirtschaftskrise. Um sie zu vermeiden, war es für alle Länder wichtig, daß möglichst alle Waren, die die vielen Fabriken erzeugten, auch verkauft werden konnten. Und wenn das nicht im eigenen Lande ging, mußte es eben im Ausland versucht werden. Nicht in Europa. Da standen ja fast überall Fabriken. Man mußte in Länder gehen, die selbst keine hatten, wo es noch Menschen ohne Kleider und Schuhe gab.

Also zum Beispiel nach Afrika. So begann plötzlich ein richtiger Wettlauf aller Völker nach den wilden Gegenden, und die wildesten waren ihnen gerade am meisten recht. Man brauchte sie nicht nur, um dort seine Waren verkaufen zu können, man brauchte sie auch, weil es dort oft so viele Dinge gab, die im eigenen Land fehlten, wie Baumwolle für die Tuchfabrikanten oder Petroleum für die Benzinerzeugung. Je mehr solcher »Rohstoffe« aber aus den Kolonien nach Europa gebracht werden konnten, desto mehr konnten die Fabriken wieder erzeugen und desto eifriger suchten sie wieder nach Gegenden, in denen man ihre massenhaften Erzeugnisse noch kaufen wollte. Wer im eigenen Land keine Arbeit mehr fand, der konnte jetzt in diese fremden Landstriche auswandern. Kurz, es wurde wirklich für die europäischen Völker wichtig, Kolonien zu besitzen. Um den Willen der Neger kümmerte man sich dabei gar nicht. Du kannst dir denken, daß sie manchmal schrecklich schlecht behandelt wurden, wenn sie es sich einfallen ließen, mit Pfeil und Bogen auf die einmarschierenden Truppen zu schießen.

Bei dieser Verteilung der Erde waren die Engländer natürlich am besten dran. Sie hatten ja schon seit einigen hundert Jahren Besitzungen in Indien, Australien und Nordamerika und auch Kolonien in Afrika, wo sie vor allem großen Einfluß in Ägypten besaßen. Auch die Franzosen hatten sich früher nach eigenen Besitzungen umgesehen. So gehörte ihnen ein großer Teil Hinterindiens und manche Teile Afrikas, von denen allerdings die Wüste Sahara eher groß als begehrenswert war. Die Russen hatten keine Kolonien jenseits der Meere, aber ein eigenes riesiges Reich und noch wenige Fabriken. Sie wollten sich quer über ganz Asien ausbreiten bis zum jenseitigen Meer, um von dort aus Handel zu treiben. Aber dort standen plötzlich die guten Schüler der Europäer, die Japaner, und sagten: Halt! In einem furchtbaren Krieg zwischen Rußland und Japan, der im Jahre 1905 ausbrach, verlor das gewaltige Zarenreich gegen das kleine, neue Japan und mußte sich ein Stück zurückziehen. Die

Japaner aber bauten nun selbst immer neue Fabriken und wollten selbst fremde Länder, um dorthin zu verkaufen und um die vielen Menschen, die es auf ihrem kleinen Inselreich gab, irgendwo unterzubringen.

Als letzte kamen natürlich die neuen Staaten bei der Verteilung an die Reihe: Italien und Deutschland. Die hatten in ihrer Zersplitterung vorher keine Gelegenheit gehabt, Landgebiete jenseits der Meere zu erobern. Nun wollten sie nachholen, was sie durch Jahrhunderte versäumt hatten. Italien bekam nach vielen Kämpfen einige schmale Streifen Land in Afrika. Deutschland war mächtiger und hatte mehr Fabriken. Es wollte mehr. Tatsächlich gelang es Bismarck auch, einige größere Länderstrecken hauptsächlich in Afrika und Inseln im Stillen Ozean für Deutschland zu erwerben.

Nun liegt es aber im Wesen der ganzen Sache, daß kein Land da je genug haben kann. Je mehr Kolonien, desto mehr Fabriken baut es, und je mehr Fabriken es baut, je besser sie werden, je mehr sie erzeugen können, desto mehr Kolonien würde es wieder brauchen. Das ist nicht Machtgier oder Herrschsucht. Es würde sie wirklich brauchen. Nun war aber die Welt schon verteilt. Um sich neue Kolonien zu verschaffen oder auch nur, um sich die alten nicht von mächtigeren Nachbarn wegnehmen zu lassen, mußte man kämpfen oder wenigstens drohen, daß man kämpfen wolle. So rüstete jeder Staat gewaltige Armeen und Flotten auf und sagte jeden Augenblick: »Traut euch, mich anzugreifen!« Die anderen Länder, die jahrhundertelang mächtig gewesen waren, hielten das für ihr gutes Recht. Aber daß nun das neue Deutsche Reich mit seinen ausgezeichneten Fabriken bei diesem Spiel mitspielte, eine große Kriegsflotte baute und versuchte, in Asien und Afrika immer mehr Einfluß zu bekommen, das nahm man ihm furchtbar übel. Man erwartete schon lange einen schrecklichen Zusammenstoß, und deswegen stellten die Staaten immer größere Heere auf und bauten immer größere Panzerschiffe.

Schließlich brach aber der Krieg nicht dort aus, wo man es durch all die Jahre erwartet hatte, also wegen irgendeines Streitfalles in Afrika oder Asien, sondern wegen eines Landes, das als einziges großes Reich in Europa überhaupt keine Kolonien besaß: Österreich. Österreich, das uralte Kaiserreich mit seinem Völkergemisch, hatte keinen Ehrgeiz, sich Länder in fernen Weltteilen zu erobern. Aber Menschen, die die Waren seiner Fabriken kauften, brauchte es auch. So versuchte es, wie seit den Türkenkriegen, immer neue Länder im Osten zu erwerben, die sich vor kurzem von der Türkei losgelöst hatten und die selbst noch keine Fabriken besaßen. Die neu befreiten kleinen Völkerschaften des Ostens aber, die Serben zum Beispiel, fürchteten sich vor dem großen Kaiserreich und wollten nicht zulassen, daß es sich noch weiter ausbreitete. Als der österreichische Thronfolger im Frühjahr 1914 in ein solches neu erworbenes Gebiet, nach Bosnien, reiste, wurde er dort in der Hauptstadt Sarajevo von einem Serben ermordet.

Österreichische Heerführer und Politiker meinten damals, der Krieg mit Serbien sei früher oder später unvermeidlich, man solle Serbien gleich zur Rache für den furchtbaren Mord demütigen. Rußland mischte sich ein, da es fürchtete, Österreich könnte zu nahe heranrücken, Deutschland, das mit Österreich verbündet war, stellte sich auf Österreichs Seite und nun, da Deutschland in den Krieg zog, brachen all die alten Feindschaften auf. Die Deutschen wollten ihren gefährlichsten Gegner, Frankreich, gleich vernichten und zogen mit ihren Heeren durch das friedliche Belgien gegen Paris. England fürchtete einen Sieg der Deutschen, der Deutschland zum mächtigsten Land gemacht hätte, und griff nun auch ein. Bald stand die ganze Welt gegen Deutschland und Österreich im Felde. Diese beiden Länder lagen nun in der Mitte zwischen den Heeren der »Entente« (das heißt, ihrer verbündeten Feinde, denn Entente heißt »Bündnis«). Darum sprach man von ihnen als den »Mittelmächten«.

Nicht mehr Mann gegen Mann, Maschine gegen Maschine kämpfte im Ersten Weltkrieg den schauerlichen Vernichtungskampf.

Die riesigen Heere Rußlands rückten heran, wurden aber nach einigen Monaten zum Stehen gebracht. Einen ähnlichen Krieg hat es auf der Welt noch nie gegeben. Millionen und Millionen Menschen marschierten gegeneinander. Auch Neger und Inder mußten mitkämpfen. Die deutschen Heere wurden kurz vor Paris, am Fluß Marne, aufgehalten, und nun kam es nur noch selten zu richtigen Schlachten im alten Sinn, sondern die Riesenheere verschanzten sich, gruben sich in die Erde ein und lagerten auf endlosen Strecken einander gegenüber. Man schoß dann plötzlich tagelang aus Tausenden Kanonen auf die Schützengräben der Feinde und stürmte dann durch Stacheldrahtverhaue und aufgewühlte Schanzen durch das verbrannte, verwüstete Land, das mit Toten übersät war. 1915 erklärte auch Italien Österreich den Krieg, obwohl es ursprünglich mit ihm verbündet gewesen war. Nun kämpfte man im Gletschereis der Tiroler Berge, und die berühmten Kriegstaten von Hannibals Alpenübergang sind Kinderspiele gegen das, was damals die einfachen Soldaten an Mut und Ausdauer leisten mußten.

Man kämpfte mit Flugzeugen in der Luft, man warf Bomben auf friedliche Städte, man versenkte friedliche Schiffe und kämpfte zur See und auch unter Wasser, wie es einst Leonardo da Vinci vorausgesehen hatte. Man erfand zu allen furchtbaren

Waffen, die täglich Tausende mordeten oder zu Krüppeln verstümmelten, eine neue und die allerentsetzlichste: Man vergiftete die Luft durch giftige Gase. Wer sie einatmete, starb unter grauenhaften Schmerzen. Diese Gase ließ man entweder durch den Wind gegen die feindlichen Soldaten wehen, oder man verschoß Gasgranaten, die bei der Explosion ihr Gift verströmten. Man baute Panzerwagen, Tanks, die langsam und sicher über Gräben und Mauern fuhren und alles niederwalzten und zerquetschten.

In Deutschland und Österreich herrschte eine entsetzliche Not. Längst gab es nicht genug zu essen, keine Kleider, keine Kohlen, kein Licht. Die Frauen mußten sich stundenlang in der Kälte anstellen für ein Stückchen Brot oder einige halbverfaulte Kartoffeln. Einmal konnten die Mittelmächte Hoffnung schöpfen. In Rußland war 1917 eine Revolution ausgebrochen. Der Zar hatte abgedankt, aber die bürgerliche Regierung, die nun kam, wollte den Krieg weiterführen. Doch das Volk wollte nicht mehr. So kam es zu einem zweiten, großen Umsturz, bei dem die Arbeiter der Fabrikstädte unter ihrem Führer Lenin die Macht gewannen. Sie verteilten das Ackerland unter die Bauern, nahmen den Reichen und Adeligen ihren Besitz weg und versuchten, das Reich nun nach den Grundsätzen des Karl Marx zu regieren. Das Ausland mischte sich ein. Und in den furchtbaren Kämpfen, die nun ausbrachen, kamen weitere Millionen Menschen um. Die Nachfolger Lenins regieren noch heute in Rußland.

Es nützte aber nicht viel, daß die Deutschen von der Ostfront einige Truppen zurücknehmen konnten, denn gleichzeitig kamen im Westen frische, unverbrauchte Soldaten gegen Deutschland ins Gefecht. Es waren die Amerikaner, die sich nun auch einmischten. Trotzdem hielten sich die Deutschen und Österreicher noch mehr als ein Jahr gegen die riesige Übermacht und hätten in einem letzten verzweifelten Aufraffen ihrer ganzen Kraft im Westen beinahe gesiegt. Schließlich waren sie erschöpft. Als nun im Jahre 1918 der Präsident von Amerika, Wilson, verkündete, er wolle einen gerechten Frieden, nach dem jedes Volk selbst bestimmen solle, was mit ihm zu geschehen habe, gaben manche Truppen aus den Heeren der Mittelmächte den Kampf auf. So waren sie gezwungen, einen Waffenstillstand zu schließen. Die überlebenden Männer kehrten von der Front heim zu ihren hungernden Familien.

Nun kam es in diesen erschöpften Ländern zur Revolution. Der Kaiser von Deutschland und der Kaiser von Österreich dankten ab, die einzelnen Völkerschaften des österreichischen Kaisertums, die Tschechen und Slowaken, die Ungarn, die Polen, die Südslawen, machten sich selbständig und gründeten eigene Staaten. Als nun die Abgesandten der Deutschen, Österreicher und Ungarn nach Paris kamen, um dort in den alten Königsschlössern Versailles, St. Germain und Trianon über den Frieden, wie ihn Wilson verkündet hatte, zu verhandeln, erfuhren sie, sie hätten da nichts zu verhandeln. Deutschland sei überhaupt schuld am Krieg, und so müsse es bestraft werden. Man nahm Deutschland nicht nur alle Kolonien und die Landstriche weg, die es 1870 von Frankreich erobert hatte, man zwang es nicht nur, ganz unvorstellbar hohe Summen jährlich an die Sieger zu zahlen, man zwang es sogar, feierlich zu unterschreiben, daß es allein am Kriege schuld sei. Den Österreichern und den Ungarn ging es nicht besser. So wurden Wilsons Versprechungen gehalten (siehe jedoch meine Erklärung im Nachwort, S. 331).

Im Krieg waren elf Millionen Menschen umgekommen und ganze weite Gegenden in einer Weise verwüstet worden, wie man das nie gekannt hat. Nun herrschten schreckliches Elend und Verzweiflung auf der Welt.

Die Menschen hatten es sehr weit gebracht in ihrer Beherrschung der Natur. Du kannst jetzt einen Apparat in deinem Zimmer aufstellen und dich mit einem Australier auf der anderen Seite der Erde über die gescheitesten oder dümmsten Dinge unterhalten. Du kannst im Radio Musik aus einem Londoner Hotel hören oder einen Vortrag über das Gänsemästen aus Portugal.

Man baut Riesenhäuser, höher als die Pyramiden oder als die Peterskirche in Rom, man baut Riesenflugzeuge, von denen jedes imstande ist, mehr Menschen zu vernichten als die große Armada Philipps II. von Spanien. Man hat Mittel gegen die furchtbarsten Krankheiten gefunden, und man weiß die wunderbarsten Sachen. Man hat für alle möglichen Naturerscheinungen Formeln gefunden, die so geheimnisvoll und so merkwürdig sind, daß nur ganz wenige Menschen sie verstehen. Aber sie sind richtig: Die Sterne bewegen sich genau, wie diese Formeln es voraussagen. Täglich weiß man ein kleines Stückchen mehr über die Natur und auch über den Menschen selbst. Aber die Not ist noch immer ungeheuer. Viele, viele Millionen Menschen können keine Arbeit finden auf unserer Erde und jährlich verhungern viele Millionen. Alle hoffen wir auf eine bessere Zukunft, sie *muß* doch kommen!

Stell dir den Strom der Zeit vor, den wir jetzt hoch im Flugzeug entlanggeflogen sind. Ganz hinten im Dunst ahnst du vielleicht noch die Berghöhlen der Mammutjäger und die Steppen, auf denen das erste Getreide wuchs. Die fernen Punkte dort sind die Pyramiden und der Turm zu Babel. In diesem Tiefland trieben einmal die Juden ihre Herden. Über dieses Meer fuhren die Phönizier. Was dort glänzt wie ein weißer Stern zwischen den Meeren, das ist die Akropolis, das Wahrzeichen griechischer Kunst. Und dort auf der anderen Seite der Welt erstreckt sich der dunkle Wald mit den indischen Büßern, in dem Buddha die Erleuchtung empfing. Weiter vorne sind die Grenzwälle der Chinesen und jenseits die rauchenden Trümmer von Karthago. In diesen großen Steintrichtern ließen die Römer Christen von wilden Tieren zerreißen. Die geballten Wolken dort über dem Land, das ist das Gewitter der Völkerwanderung, in diesen Wäl-

Was siehst du hier am Strom der Zeit? Manches wirst du erkennen. Nah am Horizont die große Pyramide von Ägypten, die vor fast 5000 Jahren gebaut wurde, dann den Turm zu Babel, die Akropolis von Athen, die chinesische Mauer, einen römischen Triumphbogen, eine Ritterburg, eine Kanone, Wien, von den Türken belagert, das Schloß Friedrichs des Großen in Potsdam, die erste Eisenbahn und moderne Wolkenkratzer.

dern am Fluß haben die ersten Mönche Germanen bekehrt und unterrichtet. Dort von der Wüste aus eroberten die Araber die Welt, hier herrschte Karl der Große. Auf diesem Hügel steht noch die Burg, in der sich der Kampf zwischen Papst und Kaiser um die Herrschaft über die Welt entschied. Ritterburgen sehen wir und, näher zu uns, Städte mit herrlichen Domen, da ist Florenz und da die neue Peterskirche, um die es zum Kampf mit Luther gekommen ist. Die Stadt Mexiko geht in Flammen auf, die Armada scheitert an Englands Küsten; der Qualm, der dort lastet, ist der Rauch brennender Dörfer und Scheiterhaufen aus der Zeit des Dreißigjährigen Krieges, das prachtvolle Schloß in dem großen Park da ist das Versailles Ludwigs XIV. Hier steht das Lager der Türken vor Wien und näher noch die einfachen Schlösser Friedrichs des Großen und Maria Theresias. Ganz ferne hören wir auf den Straßen von Paris das Geschrei nach Freiheit, Gleichheit und Brüderlichkeit, und schon sehen wir drüben Moskau brennen und das winterliche Land, in dem die große Armee des letzten Eroberers zugrunde ging. Ganz nah von uns rauchen die Fabrikschlote und pfeifen die Eisenbahnen. Der Sommerpalast von Peking liegt in Trümmern, und aus japanischen Häfen fahren Kriegsschiffe mit der Flagge der aufgehenden Sonne. Hier donnern noch die Geschütze des Weltkrieges. Giftgas streicht über das Land. Hier, aus der geöffneten Kuppel der Sternwarte lenkt ein Riesenfernrohr den Blick des Forschers nach unvorstellbar fernen Sternenwelten hin. Aber unter uns und vor uns ist noch Nebel, undurchdringlicher Nebel. Wir wissen nur, daß der Fluß weiter fließt, unendlich weiter, einem unbekannten Meer zu.

Aber sinken wir eilig mit dem Flugzeug hinunter zu dem Strom. Wenn wir ganz nahe sind, merken wir, er ist ein richtiger Strom, und seine Wellen rauschen wie die Wellen des Meeres. Es geht ein kräftiger Wind, die Wogen tragen weiße Schaumkronen. Sieh sie dir nur gut an, diese Millionen schimmernder, weißer Wasserbläschen, die da mit jeder Welle entstehen und vergehen. Immer neue steigen auf und verschwinden im gleichmäßigen Takt des Wogenganges. Einen Augenblick nur trägt sie der Wellenkamm, dann sinken sie unter und sind nicht mehr. Siehst du, jeder von uns ist nicht mehr als solch ein schillerndes Etwas, ein winziges Tröpfchen auf den Wogen der Zeit, die da unten vorbeitreiben in die ungewisse, nebelhafte Zukunft hinaus. Wir tauchen auf, sehen uns um, und ehe wir es bemerkt haben, sind wir wieder verschwunden. Man sieht uns gar nicht im großen Strom der Zeit. Es kommen immer Neue und Neue. Und was wir unser Schicksal nennen, das ist nichts als unser Kampf im Gedränge der Tröpfchen im einmaligen Auf und Ab der Woge. Aber diesen Augenblick wollen wir nutzen: Es ist der Mühe wert.

Nachwort nach 50 Jahren: Was ich inzwischen erlebt und gelernt habe

Das Bücherschreiben ist eine recht merkwürdige Sache: Man will zu den Lesern und Leserinnen möglichst unmittelbar sprechen, und in diesem Buch habe ich sie darum sogar mit Du angeredet. Trotzdem weiß man natürlich nichts von ihnen und hofft nur, daß sie von der ersten Seite an »mitgehen« werden und wollen. Dabei wissen sie ihrerseits ebensowenig, wer das ist, der sie mit dem Zauberwort »Es war einmal« eingefangen hat, und müssen das auch gar nicht wissen.

Es kommt ja nicht darauf an, ob das ein Mann war oder eine Frau, ob alt oder jung, dick oder dünn. Und so ist es für mich jetzt ein ungewöhnliches Gefühl, zugeben zu müssen, daß es bei diesem Nachwort doch anders ist. Hier kommt es vielleicht darauf an, daß ich 25 Jahre alt war, als ich dieses Buch geschrieben habe, und jetzt 50 Jahre älter bin – und auch ein wenig dicker.

Ich war verwundert und erfreut, als mein Verleger diese alte Weltgeschichte für Kinder lesen wollte, die längst im Handel nicht mehr aufzufinden war, und als er sich dann sogar entschloß, sie wieder herauszugeben. Denn die Leser und Leserinnen, an die ich mich damals wandte, sind ja auch längst keine Kinder mehr, und die Jungen, die es jetzt in die Hand bekommen, kennen eine ganz andere Welt als die, die meine ersten Leser waren. Damals gab es zum Beispiel noch kein Fernsehen und natürlich schon gar keine Raumfahrt, keine Computer und keine Atomkraft. Noch dazu hatte ich die Geschichte hier mit dem Ende des Ersten Weltkrieges abgeschlossen, also um 1918, als ich selbst erst neun Jahre alt war. Seitdem ist ja unendlich viel geschehen, was ich nun selbst miterlebt habe.

Selbstverständlich habe ich mich zuerst gefragt, was denn das Allerwichtigste davon sei, also worin sich die Welt am meisten verändert hat; ich glaube, daß man von diesem entscheidendsten Ereignis selten oder nie in der Zeitung liest: Ich denke daran, daß es heute so viel, viel mehr Menschen auf der Welt gibt als in meiner Jugend. Zur Zeit, als ich dieses Buch schrieb, gab es etwas mehr als 2000 Millionen Menschen auf unserem Erdball. Vor zwei Jahren waren es schon mehr als das Doppelte. Das sagt oder liest sich so leicht, aber man muß sich nur vorstellen, wie einem zumute gewesen wäre, wenn damals plötzlich weitere 2000 Millionen Menschen von irgendwoher aufgetaucht wären. Überhaupt kann man ja mit so großen Zahlen nicht viel anfangen, man kann sie sogar kaum anschaulich machen. Erinnern wir uns aber daran, daß der Umfang der Erde am Äquator ziemlich genau 40 Millionen Meter mißt. Wenn Leute irgendwo vor einem Schalter Schlange stehen, so stehen vielleicht zwei von ihnen per Meter. Das heißt, daß eine Schlange von 80 Millionen geduldigen Wartern schon um den ganzen Erdkreis gehen würde. Schon damals also hätte sich die Schlange ungefähr 22mal um die Erde gewunden, aber heute würden unsere 4500 Millionen Mitmenschen schon eine Schlange bilden, die mehr als 50mal um die Erde reicht!

Und weil es so viele Menschen gibt, Männer und Frauen, alte und junge, gesunde und kranke, satte und hungrige, müßte es ja eigentlich auch noch mehr Geschichte geben, denn jeder Mensch ist ja schließlich gleich wichtig, und was er erlebt, ist auch Geschichte. Freilich wäre es nie möglich gewesen, von diesem Standpunkt aus Geschichte zu schreiben, denn man käme ja selbst mit der Geschichte eines Tages nie zu Rande. So hat man sich angewöhnt, nur das Geschichte zu nennen, was mehr als nur Einzelne betrifft und das Leben ganzer Gemeinschaften, Völker oder Erdteile beeinflußt oder in Mitleidenschaft gezogen hat. Das gilt natürlich für die Geschichte der Erfindungen, ob wir nun an das Feuer denken oder an die Töpferei, das Schießpulver oder das Fliegen, und leider auch für die Geschichte der Eroberungen und Revolutionen, die in den Geschichtsbüchern eine so große Rolle spielen, denn bei solchen Ereignissen geht es ja oft um das Leben von Hunderttausenden.

Auch darin hat sich die Welt sehr geändert, denn vor kurzem wußte man auf einem Erdteil oft kaum, was auf einem anderen vorging, aber heute hört die Mehrheit der vielen Menschen davon, wenn irgendwo etwas »Welterschütterndes« geschieht. Und während die Einwohner des alten Mexiko bestimmt nichts davon wußten, daß Jerusalem zerstört wurde, und man in China wahrscheinlich nichts von den schrecklichen Folgen des Dreißigjährigen Kriegs gehört hatte, war das schon zur Zeit des Ersten Weltkriegs anders. Man nennt ihn ja eben einen »Weltkrieg«, weil so viele Staaten und Völker in diese Kämpfe hineingezogen wurden.

Ich habe leider noch einen Zweiten Weltkrieg erleben müssen, der noch weiter um sich gegriffen hat, und auch viele andere Kriege, die immer neue Opfer gekostet haben und noch kosten. Aber es war mir nicht möglich, diese Ereignisse nun einfach dem Vorigen anzufügen und ohne viel Aufhebens mit der Erzählung fortzufahren. Dazu habe ich mich in der langen Zwischenzeit zu sehr verändert. Zufällig kann ich das sogar mit einer Stelle aus diesem Buch veranschaulichen. Es ist dort nämlich am Anfang des 26. Kapitels davon die Rede, wie einem manchmal zumute ist, wenn man in den eigenen Schulheften aus früheren Klassen blättert und sich oft wundert, daß man inzwischen ganz anders geworden ist. Man wundert sich – so steht es da – »über die Fehler und auch über die guten Sachen«. Ich konnte es mir natürlich nicht träumen lassen, als ich diese Worte hinschrieb, daß mir gerade das einmal mit diesem Buch so ergehen würde, und doch ist das nicht besonders merkwürdig, denn was man erlebt und mitmacht, geht ja nicht spurlos an einem vorüber. Kurz nachdem ich dieses Buch in Wien geschrieben und veröffentlicht hatte, bin ich nach London übergesiedelt, wo mich die Weltgeschichte auch festhielt, so daß ich nun schon viel mehr Jahre in England verlebt habe als in Österreich. Aber gerade weil ich tatsächlich dadurch »ganz anders« geworden bin, konnte ich mich auch nicht in die Erzählung eindrängen, die ich damals geschrieben habe. Nur wenn es sich herausgestellt hat, daß die Forscher inzwischen das alte Geschichtsbild etwas korrigiert haben, mußte ich davon natürlich Kenntnis nehmen. Das hat mich sogar dazu bewogen, gleich im 2. Kapitel einen kurzen Abschnitt einzufügen, um von den neuen Methoden zu erzählen, die es möglich machen, das Alter vorgeschichtlicher Funde zu errechnen, und im letzten Kapitel auf dieses Nachwort zu verweisen. Aber wenn ich das zu oft getan hätte, so wäre ja der Zusammenhang der Erzählung zerstört worden. So habe ich fast nur noch Jahreszahlen aus der frühesten Zeit korrigiert, wo neue Funde oder neue Berechnungen das notwendig gemacht haben. Bei Jahreszahlen kommt es ja darauf an, daß sie zeigen, was früher, später oder ungefähr gleichzeitig geschehen ist, und obwohl ich gut begreifen kann, daß sie einem im Geschichtsunterricht lästig sind, so kann man eben ohne ein solches Gerüst nicht auskommen.

Etwas ganz anderes war es für mich, wenn ich beim Wieder-Lesen zu einer Stelle kam, wo ich heute anderer Meinung bin. Die ließ sich nicht so leicht korrigieren, ohne vielleicht das ganze Kapitel zu ruinieren, weil ich eben nicht mehr aus meiner heutigen Haut heraus kann. Darum habe ich solche Meinungsänderungen für dieses Nachwort aufgespart, denn sie sind auch schon ein Stückchen Geschichte dieser letzten 50 Jahre. Ich möchte dabei beim Ende anfangen. Da ich nun so lange in England gelebt habe, bin ich nicht mehr so sicher, daß mein letztes Kapitel »Um die Verteilung der Erde« ganz so unparteiisch ausgefallen ist, wie ich das gewiß wollte. Besonders was ich da abschließend von der Rolle des amerikanischen Präsidenten Wilson schrieb (S. 323), hat sich nicht ganz so abgespielt, wie ich es damals glaubte. Ich stellte die Sache so dar, als hätte Wilson den Deutschen und den Österreichern Versprechungen gemacht, die dann nicht gehalten wurden. Ich glaubte fest, mich richtig zu erinnern, denn ich war ja damals schon am Leben, und ich schrieb später nur auf, was man eben allgemein glaubte. Ich hätte es aber nachprüfen sollen, denn das soll besonders ein Geschichtsschreiber in jedem Fall tun. Kurz gesagt, stimmt es schon, daß Präsident Wilson Anfang 1918 ein Friedensangebot machte, aber der springende Punkt ist, daß Deutschland, Österreich und ihre Verbündeten damals noch hofften, den Krieg gewinnen zu können, und darum seinen Appell ignorierten. Erst als sie den Krieg nach weiteren zehn Monaten unter furchtbaren Opfern verloren hatten, wollten sie sich auf das Angebot berufen, und da war es eben zu spät.

Wie wesentlich und bedauerlich mein Fehler war, läßt sich leicht zeigen. Denn obwohl ich das damals nicht ahnte, machte es die allgemeine Überzeugung unter den besiegten Völkern, sie seien durch einen Schwindel ins Elend gestürzt worden, ehrgeizigen Hetzern besonders leicht, die Enttäuschung in Wut und Rachedurst zu verwandeln. Ich nenne diese Hetzer gar nicht gerne beim Namen, aber schließlich weiß ja wohl jeder, daß ich dabei vor allem an Adolf Hitler denke. Hitler war im Weltkrieg Soldat gewesen, und auch er blieb überzeugt, daß die deutsche Armee ohne diesen vermeintlichen Betrug nie besiegt worden wäre. Nicht nur Wilson selbst, die ganze Propaganda der Feinde habe schließlich die Deutschen und die Österreicher in der Heimat dazu bewogen, die Frontsoldaten im Stich zu lassen. Worauf es nun ankam, so glaubte Hitler, war, die andern noch an Propagandakünsten zu übertreffen. Er war ein mitreißender Volksredner, und die Massen strömten ihm zu. Er wußte vor allem, daß nichts wirksamer sei, die Menschen aufzuputschen, als wenn man ihnen einen Sündenbock vorführt, der an ihrem Elend schuld sei, und diesen Sündenbock fand er in den Juden.

Das Schicksal dieses uralten Volkes ist ja auch mehrfach in diesem Buch erwähnt; es ist von ihrer freiwilligen Absonderung die Rede (S. 46), von ihrer Heimatlosigkeit nach der Zerstörung von Jerusalem (S. 125) und auch von Judenverfolgungen im Mittelalter (S. 198). Aber obwohl ich selbst aus einer jüdischen

Familie stamme, war es mir nie in den Sinn gekommen, daß sich diese Schrecken in meiner Zeit wiederholen könnten.

Hier muß ich offenkundig einen weiteren Irrtum erwähnen, den ich in diese Geschichte einfließen ließ, und der vielleicht gar nicht zu meiner Schande gereicht. Es steht nämlich im 33. Kapitel zu lesen, daß die »wirklich neue Zeit« erst anfing, als die Gedanken der Menschen sich von der Brutalität früherer Zeiten abwandten und die Ideen und Ideale der sogenannten Aufklärung im 18. Jahrhundert so allgemein wurden, daß man sie von da an für selbstverständlich hielt. Als ich das schrieb, schien es mir wirklich undenkbar, daß man sich je wieder erniedrigen könnte, Andersgläubige zu verfolgen, Geständnisse auf der Folter zu erpressen oder gar die Menschenrechte zu leugnen. Aber was mir damals undenkbar vorkam, ist eben doch geschehen. So ein trauriger Rückschritt scheint kaum verständlich zu sein, und doch ist er vielleicht für junge Menschen nicht schwerer zu verstehen als für Erwachsene. Sie brauchen dazu nur in der Schule ihre Augen offen zu halten; Schulkinder sind ja schließlich oft unduldsam, sie lachen zum Beispiel ihre Lehrer aus, nur weil sie irgendein unmodernes Kleidungsstück tragen, das der Klasse komisch vorkommt, und wenn sie dann den Respekt verlieren, ist bald der Teufel los. Und wenn gar ein Mitschüler sich ein wenig von den andern unterscheidet, ob es nun durch die Haut- oder Haarfarbe ist oder durch seine Art zu sprechen oder zu essen, wird er leicht zum Opfer; er wird bis aufs Blut gequält und muß es sich gefallen lassen. Dabei sind gewiß nicht alle in der Klasse besonders grausam oder unbarmherzig, aber niemand will gern ein Spaßverderber sein, und so machen die meisten mehr oder weniger mit und johlen, weil die andern johlen, bis sie sich beinahe selbst nicht mehr erkennen.

Leider benehmen sich auch erwachsenere Menschen nicht besser. Besonders wenn sie keine andere Beschäftigung haben und es ihnen schlecht geht – oder auch wenn sie nur glauben, daß es ihnen schlecht geht –, schließen sie sich mit ihren wirklichen oder vermeintlichen Leidensgenossen zusammen, ziehen im Gleichschritt durch die Straßen und wiederholen im Sprechchor die unsinnigsten Schlagworte, wobei sie sich noch dazu sehr großartig vorkommen. Ich habe selbst die Anhänger Hitlers in ihren Braunhemden die jüdischen Studenten der Wiener Universität überfallen sehen, und als ich dieses Buch schrieb, war Hitler schon in Deutschland an der Regierung. Es schien nur mehr eine Frage der Zeit, daß auch die Regierung in Österreich der Übermacht zum Opfer fallen würde, und so war es natürlich ein Glück für mich, daß ich gerade damals nach England eingeladen wurde, bevor Hitlers Truppen im März 1938 in Österreich einmarschierten und auch bei uns, wie in Deutschland, jeder in Gefahr war, der nicht statt »Guten Tag« oder »Grüß Gott« »Heil Hitler« sagen wollte.

Es stellt sich nämlich in einer solchen Lage nur zu bald heraus, daß es für die Anhänger einer derartigen Bewegung nur ein Verbrechen geben kann: das der Treulosigkeit gegenüber ihrem sogenannten Führer, und nur eine Tugend: den unbedingten Gehorsam. Jeder Befehl, der den Sieg näherbringen könnte, muß befolgt werden, auch wenn er die Gebote der Menschlichkeit mißachtet. Gewiß hat es früher in der Geschichte Ähnliches gegeben, und von manchem habe ich in diesem Buch geschrieben, etwa von den ersten Anhängern Mohammeds (S. 152). Auch den Jesuiten hat man nachgesagt, es gehe ihnen der Gehorsam über alles. Den Sieg der Kommunisten in Rußland unter Lenin habe ich ebenfalls kurz erwähnt, und auch die überzeugten Kommunisten wollten nie an eine Duldung ihrer Gegner denken. Ihre Rücksichtslosigkeit in der Verfolgung ihrer Ziele kannte keine Grenzen, und Millionen sind ihnen zum Opfer gefallen.

In denselben Jahren nach dem Ersten Weltkrieg verschwand auch die Duldsamkeit in Deutschland, Italien und Japan zusehends aus dem Leben. Dort erzählten die Politiker ihren Landsleuten vor allem, sie seien bei der »Verteilung der Erde« zu kurz gekommen, denn eigentlich hätten sie das Recht, über andere Völker zu herrschen. Sie erinnerten die Italiener daran, daß sie schließlich von den alten Römern abstammten, die Japaner an ihre kriegerischen Adeligen und die Deutschen an die alten Germanen, an Karl den Großen oder Friedrich den Großen. Die Menschen seien eben nicht alle gleich viel wert, und so wie es Hunderassen gibt, die sich besser zur Jagd eignen als andere, so seien sie die besten Menschenrassen, die sich zum Herrschen eigneten.

Ich kenne einen alten weisen buddhistischen Mönch, der einmal seinen Landsleuten in einer Rede gesagt hat, er möchte gerne wissen, warum sich alle Leute einig sind, daß es lächerlich und peinlich ist, wenn irgend jemand von sich selbst sagt, »ich bin der gescheiteste, der stärkste, der mutigste und der begabteste Mensch auf der Welt«, aber wenn er statt »ich« »wir« sagt und sagt, daß »wir« die gescheitesten, stärksten, mutigsten und begabtesten Menschen auf der Welt seien, so applaudiert man ihm mit Begeisterung in seinem Vaterland und nennt ihn einen Patrioten. Dabei hat das mit Patriotismus gar nichts zu tun. Man kann natürlich an seiner Heimat hängen, ohne zu behaupten, daß überall sonst nur minderwertiges Gesindel wohnt. Aber je mehr Leute auf diesen Unsinn hereinfielen, desto größer wurde die Gefahr für den Frieden.

Als nun auch noch eine schwere Wirtschaftskrise eine gewaltige Anzahl Menschen in Deutschland zur Arbeitslosigkeit verurteilt hatte, schien der einfachste Ausweg ein Krieg zu sein, in dem die Arbeitslosen zu Soldaten oder Rüstungsarbeitern wurden und durch den die verhaßten Verträge von Versailles und St. Germain aus der Welt geschafft werden würden. Die demokratischen Länder im Westen, also Frankreich, England und Amerika – so bildete man sich ein –, seien längst zu friedliebend und verweichlicht und würden sich gar nicht verteidigen wollen. Es ist wahr, daß dort niemand einen Krieg wollte und daß man alles tat, um Hitler keinen Vorwand zu geben, die Welt ins

Unglück zu stürzen. Aber leider läßt sich immer ein Vorwand finden, denn sogenannte »Zwischenfälle« kann man ja auch arrangieren, und so marschierte die deutsche Armee am 1. September 1939 in Polen ein. Ich war damals schon in England und habe erlebt, wie tieftraurig, aber auch wie entschlossen die Menschen waren, die damals wieder in den Krieg ziehen mußten. Niemand sang damals frohe Kriegslieder, niemand hoffte auf Kriegsruhm. Man tat nur seine Pflicht, weil mit dem Wahnsinn aufgeräumt werden mußte.

Es wurde damals meine Aufgabe, dem deutschen Rundfunk zuzuhören und seine Sendungen ins Englische zu übersetzen, damit man wußte, was dem deutschen Hörer erzählt oder verschwiegen wurde. So habe ich merkwürdigerweise die sechs Jahre dieses schrecklichen Krieges, von 1939 bis 1945, sozusagen von beiden Seiten miterlebt – wenn auch in sehr verschiedener Weise. Zu Hause sah ich die Entschlossenheit, aber auch die Not, das Bangen um die Männer an der Front, die Folgen der Luftangriffe und die Sorgen über die Wechselfälle des Krieges. Im deutschen Rundfunk hörte ich zunächst nur Triumphgeschrei und wüstes Geschimpfe. Hitler glaubte an die Macht der Propaganda, und sein Glaube schien bestätigt, solange die Erfolge der ersten zwei Kriegsjahre die kühnsten Erwartungen übertrafen. Polen, Dänemark und Norwegen, Holland und Belgien, Frankreich, weite Teile von Rußland und der Balkan wurden überrannt, und nur die kleine Insel England am Rande von Europa leistete noch Widerstand; das konnte ja auch nicht mehr lange dauern, denn der deutsche Rundfunk verkündete immer wieder unter Trompetengeschmetter, wie viele Schiffe, die den Engländern Lebensmittel und Waffen hätten zuführen sollen, von den U-Booten versenkt worden seien.

Aber nachdem im Dezember 1941 die Japaner ohne Kriegserklärung die amerikanische Flotte im Hafen angriffen und beinahe vernichteten und nun Hitler seinerseits Amerika den Krieg erklärte, als im Herbst 1942 die deutschen Truppen in Nordafrika zurückgeworfen und im Januar 1943 vor Stalingrad von den Russen geschlagen wurden und als die Luftwaffe sich als machtlos erwies, die furchtbaren Bombenangriffe auf deutsche Städte zu verhindern, zeigte es sich, daß man bloß mit Worten und Trompeten nicht siegen kann. Als Winston Churchill in England zur Zeit seiner fast aussichtslosen Lage die Regierung übernahm, sagte er: »Ich verspreche nichts als Blut, Schweiß und Tränen.« Und gerade darum haben wir ihm auch geglaubt, wenn er uns einen Hoffnungsschimmer zeigte. Wie viele deutsche Hörer später den Ausreden und Versprechungen auch nur Beachtung schenkten, die ich tagaus, tagein im deutschen Rundfunk hörte, weiß ich nicht. Die Älteren unter ihnen erinnerten sich wohl an den Ersten Weltkrieg, in dem das böse Schlagwort umging: »Wir siegen uns zu Tode«, und auch an das Schicksal Napoleons, das ihn in Rußland ereilte.

Und so ist es wirklich gekommen. So verzweifelt die deutschen Soldaten auch Widerstand leisteten, gelang es den Engländern und Amerikanern doch, im Sommer 1944 in der französischen Normandie zu landen und gegen Deutschland vorzudringen. Gleichzeitig verfolgten die Russen die geschwächte deutsche Armee und erreichten schließlich im April 1945 Berlin, wo sich Hitler das Leben nahm. Von einem Friedensvertrag war diesmal nicht mehr die Rede. Die Sieger hielten Deutschland weiterhin besetzt, nur dem befreiten Österreich gelang es im Jahre 1955, diesem Zustand ein Ende zu setzen. Auch heute, 40 Jahre nach Kriegsende, verläuft eine streng bewachte Grenze mitten durch Deutschland, zwischen dem Einflußbereich des kommunistischen Rußland und dem der westlichen Demokratien. Dazu hatten die sechs furchtbaren Kriegsjahre mit all ihren Opfern schließlich geführt.

Ein Freund, der dieses Buch gerne gelesen hat, hat mich seinerzeit kritisiert, weil ich nicht überall der Versuchung widerstand, militärische Erfolge zu verherrlichen. Besonders mein Kapitel über Napoleon (S. 277–291) gefiel ihm wenig, weil mich der phantastische Aufstieg des »kleinen Korporals« zum Herrscher von Europa doch dazu verführt hatte, seine Kriegstaten in leuchtenden Farben darzustellen. Wenn das richtig ist, tut es mir leid, jedenfalls habe ich aber doch Napoleons Bekenntnis Metternich gegenüber eingeflochten, in dem er sagte: »Ein Mann wie ich pfeift auf das Leben von einer Million Menschen« (S. 288).

Auch die Anstifter des Zweiten Weltkrieges hätten diese grausige Bemerkung machen können, und an die Zahl ihrer Opfer möchte man lieber gar nicht denken. In diesem traurigen Zusammenhang muß und darf ich hier auf den vorhergehenden Text (S. 222) verweisen. Dort heißt es von den spanischen Eroberern von Mexiko, daß sie anfingen, »dort und in anderen Gegenden Amerikas das alte kultivierte Volk der Indianer in der scheußlichsten Weise auszurotten. Dieses Kapitel in der Geschichte der Menschheit ist so entsetzlich und so beschämend für uns Europäer« – so schrieb ich dort –, »daß ich lieber davon schweige« ...

Ich hätte noch lieber von der größten Untat geschwiegen, die in den letzten 50 Jahren verbrochen wurde, denn schließlich wendet sich dieses Buch ja an junge Leser, denen man gerne das Ärgste ersparen will. Aber auch Kinder wachsen einmal heran, und so müssen auch sie aus der Geschichte lernen, wie leicht die Hetze und die Unduldsamkeit Menschen in Unmenschen verwandeln können. Es wurden nämlich in den letzten Jahren des Weltkrieges die jüdischen Bewohner aller Länder von Europa, die die deutsche Armee besetzt hielt – Millionen von Männern, Frauen und Kindern –, aus ihrer Heimat vertrieben, meist nach Osten transportiert und dort ermordet. Davon freilich erzählte der deutsche Rundfunk seinen Hörern nichts, und wie viele andere wollte auch ich es zunächst kaum glauben, als bei Kriegsende (1945) diese unfaßbaren Tatsachen bekannt wurden. Leider gibt es aber unzählige Beweise dafür, daß dieses ungeheuerliche Verbrechen wirklich verübt wurde, und obwohl es nun schon so viele Jahre zurückliegt, liegt unendlich viel daran, daß es nicht vergessen und vertuscht wird.

In dem Völkergemisch unserer kleinen Erde wird es immer wichtiger werden, daß wir uns zur Duldsamkeit und gegenseitigen Schonung erziehen, schon darum, weil wir einander durch die Technik und die neuen Verkehrsmittel immer näher auf den Leib gerückt sind. Auch das habe ich selbst miterlebt: Wenn ich an einem Flugplatz bin, wo der Lautsprecher hintereinander einen Flug nach Delhi, New York, Hongkong oder Sydney ansagt, und die wimmelnden Menschenmengen sehe, die sich zum Abflug bereit machen, muß ich oft an meine Jugend zurückdenken. Damals hat man auf jemanden gezeigt und gesagt: »Der war in Amerika«, oder gar »der war in Indien«. Natürlich hat sich die Welt seit damals überhaupt verwandelt. Die Völkerschaften ganzer Erdteile, die vor dem Krieg noch zum britischen Weltreich gehört haben, sind inzwischen meist selbständig geworden, aber leider noch nicht verträglicher, und das ist um so beunruhigender, als ein weiterer Weltkrieg das Ende der Weltgeschichte sein könnte.

Ich spreche da natürlich von der Erfindung der Atombombe. Zufällig war ich kurz vor Kriegsausbruch mit einem jungen Physiker zusammengekommen, der von einem Artikel sprach, den der große dänische Naturwissenschaftler Niels Bohr veröffentlicht hatte. Er sprach dort von der theoretischen Möglichkeit, eine »Uranbombe« zu konstruieren, die an Zerstörungskraft jeden bekannten Explosivstoff weit übertreffen würde. Wir waren uns damals einig, man müsse hoffen, daß eine solche unvergleichliche Waffe zunächst höchstens über einer unbewohnten Insel abgeworfen werden sollte, um Feind und Freund zu beweisen, daß alle bisherigen Vorstellungen von Kampf und Krieg nun hinfällig waren. Obwohl viele von den Wissenschaftlern, die während des Krieges verbissen an der Verwirklichung dieser Waffe arbeiteten, gewiß dieselbe Hoffnung hegten, ist sie nicht in Erfüllung gegangen. Die japanischen Städte Hiroshima und Nagasaki wurden im August 1945 die ersten Opfer einer solchen unvorstellbaren Katastrophe, und Japan gab sich tatsächlich geschlagen.

Es war uns allen klar, daß mit dieser Erfindung ein ganz neuer Abschnitt in der Weltgeschichte begonnen hatte, denn die Entdeckung der Atomenergie läßt sich beinahe mit der des Feuermachens vergleichen. Auch das Feuer kann wärmen und zerstören, aber seine Zerstörungen sind nichts gegen die heute noch vervielfältigte Vernichtungskraft der Atomwaffen. Man muß hoffen, daß diese Entwicklung es unmöglich gemacht hat, sie wirklich wieder gegen Menschen zu verwenden, aber wir wissen alle, daß die zwei größten Mächte, die Amerikaner mit ihren Verbündeten im Westen und die Russen mit ihren im Osten, einander gegenüberliegen und mit dem Undenkbaren drohen, wobei beiden klar ist, daß auch sie selbst einen solchen Kampf nicht überleben würden. Das ist wohl ein schwacher Trost, aber doch ein Trost, denn schließlich ist uns seit 1945 ein Weltkrieg erspart geblieben, trotz der grausamen Kämpfe, die auch weiterhin an vielen Stellen der Erde ausgebrochen sind.

Natürlich hat diese gänzlich neue Situation in der Menschheitsgeschichte viele Menschen dazu geführt, die Errungenschaften der Wissenschaften als solche zu verdammen, da sie uns an den Rand dieses Abgrunds geführt haben. Und doch sollten sie nicht vergessen, daß es auch die Wissenschaften und die Technik waren, die es den betroffenen Ländern ermöglicht haben, die Verwüstungen des Weltkrieges wenigstens zum Teil wieder wettzumachen, so daß das normale Leben früher beginnen konnte, als man zu hoffen gewagt hatte.

Auch hier will ich zum Schluß noch eine kleine Korrektur an meinem Buch anbringen und ein Versäumnis nachholen, das mir am Herzen liegt. Mein Kapitel über Mensch und Maschine (S. 291–299) ist vielleicht nicht falsch, aber doch etwas einseitig. Es ist zwar durchaus wahr, daß die Ablösung des Handwerks durch die Fabrikarbeit viel Elend mit sich gebracht hat, aber ich hätte auch erwähnen sollen, daß es ohne die neuen Techniken der Massenerzeugung nicht möglich gewesen wäre, die immer mehr zunehmende Bevölkerung überhaupt zu ernähren, zu kleiden und zu behausen. Daß immer mehr Kinder zur Welt kamen und immer weniger kurz nachher starben, lag zum großen Teil an dem wissenschaftlichen Fortschritt der Medizin, die zum Beispiel auf Wasserleitungen und Kanalisation bestand. Gewiß, die wachsende Industrialisierung von Europa, Amerika und auch von Japan hat uns um viel Schönes gebracht, und doch dürfen wir darüber nicht vergessen, wieviel Segen – ja, Segen – sie bewirkt hat.

Ich erinnere mich noch gut daran, was man in meiner Jugend gemeint hat, wenn man von den »armen Leuten« sprach. Nicht nur die Notleidenden, die Bettler und Obdachlosen, sahen anders aus als die bürgerlichen Bewohner der Großstädte, auch die Arbeiter und Arbeiterinnen waren von weitem an ihrer Kleidung zu erkennen; die Frauen hatten höchstens ein Kopftuch, um sich vor der Kälte zu schützen, und kein Arbeiter hätte je ein weißes Hemd getragen, weil es zu schnell den Schmutz zeigte. Ja, man sprach damals von einem »arme Leut' Geruch«, denn die Mehrzahl der Stadtbewohner wohnte in schlecht gelüfteten Wohnungen mit höchstens einer Wasserleitung im Treppenhaus. Dafür gehörte damals zu einem bürgerlichen Haushalt (und nicht nur bei reichen Leuten) gewöhnlich eine Köchin, ein Stubenmädchen und oft auch ein Kinderfräulein. Zwar lebten sie dort oft sicher besser, als wenn sie zu Hause geblieben wären, aber es kann doch nicht angenehm gewesen sein, zum Beispiel nur einmal in der Woche »Ausgang« zu haben und überhaupt zu den »Dienstboten« gerechnet zu werden. Gerade zur Zeit meiner Jugend fing man an, sich darüber Gedanken zu machen, und nach dem Ersten Weltkrieg nannte das Gesetz sie schon »Hausgehilfinnen«. Aber noch als ich als Student nach Berlin kam, stand dort am Straßeneingang der Häuser oft »Aufgang nur für Herrschaften«, was mir damals schon peinlich war. Dienstleute und Lieferanten mußten die Hintertreppe benutzen und durften auch dann nicht im Aufzug fahren, wenn sie schwer zu tragen hatten.

Das ist ja doch nun vorüber wie ein schlechter Traum. Gewiß gibt es leider noch immer Elend und Elendsquartiere in den Städten von Europa und Amerika, aber die meisten Fabrikarbeiter, ja sogar die meisten Arbeitslosen leben heute besser, als manche Ritter im Mittelalter auf ihren Burgen gelebt haben mögen. Sie essen besser, sie sind vor allem gesünder und leben in der Regel auch länger, als das noch vor einiger Zeit der Fall war. Die Menschen haben ja seit je von einem »goldenen Zeitalter« geträumt, aber nun, da ein solches goldenes Zeitalter für so viele beinahe verwirklicht ist, will es niemand wahrhaben.

Ich schloß damals das Kapitel über den Ersten Weltkrieg mit den Worten: »Alle hoffen wir auf eine bessere Zukunft, sie *muß* doch kommen«. Ist sie also wirklich gekommen? Noch längst nicht für all die vielen Menschen, die unsere Erde bevölkern. Unter den stets anwachsenden Menschenmengen in Asien, Afrika und Südamerika herrscht noch dieselbe Not, die auch in unseren Ländern vor gar nicht so langer Zeit als selbstverständlich hingenommen wurde. Da ist nicht so leicht Abhilfe zu schaffen, besonders weil auch dort, wie immer, mit dem Elend die Unduldsamkeit Hand in Hand geht. Aber mit der verbesserten Nachrichtenübermittlung hat sich auch das Gewissen der reicheren Nationen ein wenig bemerkbar gemacht. Wenn ein Erdbeben, eine Sturzflut oder eine Trockenheit in weiter Ferne viele Opfer fordert, so stellen doch Tausende in den wohlhabenden Gegenden ihre Mittel und ihre Kräfte zur Verfügung, um Hilfe zu schaffen. Auch das gab es früher nicht. Es ist doch ein Beweis dafür, daß wir das Recht haben, auch weiter auf jene bessere Zukunft zu hoffen, von der ich vor 50 Jahren mit solcher Sehnsucht schrieb.

E. H. Gombrich

Lebenslauf und Veröffentlichungen Ernst H. Gombrichs

Ernst Hans Josef Gombrich wurde am 30. März 1909 in Wien geboren. Er besuchte das humanistische Gymnasium der Theresianischen Akademie in Wien und studierte 1928–33 Kunstgeschichte und klassische Archäologie an der Wiener Universität, wo Julius von Schlosser, Emanuel Loewy und Hans Tietze zu seinen Lehrern gehörten. Seine erste Publikation galt einer frühmittelalterlichen Elfenbeinpyxis. Er promovierte mit einer Dissertation über Giulio Romano als Architekt, die gleichfalls veröffentlicht wurde. Nach Absolvierung des Studiums hatte er Gelegenheit, mit Ernst Kris, dem Kustos an der Sammlung für Kunstgewerbe am Kunsthistorischen Museum in Wien, zusammenzuarbeiten, der, als Mitglied des Kreises um Sigmund Freud, ihn im Zusammenhang mit einer gemeinsamen Studie über die Geschichte und Theorie der Karikatur in die Probleme der Kunstpsychologie einführte.

Da für ihn in Österreich keinerlei Aussicht auf eine Anstellung bestand, ging er Anfang 1936 nach England, wo ihm Fritz Saxl, der Direktor der soeben dort angelangten Kulturwissenschaftlichen Bibliothek Warburg aus Hamburg den Auftrag erteilte, am Nachlaß des Gründers, Aby Warburg, zu arbeiten.

Nach Ausbruch des Krieges arbeitete er im Abhördienst (Monitoring Service) der British Broadcasting Corporation, wo er sechs Jahre lang deutsche Sendungen abhörte und ins Englische übersetzte. Nach Kriegsende kehrte er an das Warburg Institute zurück, das inzwischen der Universität London einverleibt worden war, und hat dort auch bis zu seiner Pensionierung im Herbst 1976 gewirkt, und zwar zunächst als Stipendiat und schließlich während der letzten 17 Jahre (1959–76) als Direktor und Professor of the History of the Classical Tradition. Gleichzeitig bekleidete er aber auch eine ganze Reihe von Gastprofessuren, u. a. die Slade Professorship in Oxford (1950–53) und in Cambridge (1961–63). Er unterrichtete auch an der Slade School of Art an der Londoner Universität und ein Semester in Harvard (1959). Mehrere Amerika-Reisen brachten ihn in Kontakt mit einer Reihe dortiger Universitäten, vor allem der Cornell University und der University of Washington, Seattle.

Nach seinem Studium schrieb er, noch in Wien, die hier vorliegende Weltgeschichte für Kinder, die in fünf Sprachen übersetzt wurde. Sie führte zu dem Auftrag, eine Kunstgeschichte zu schreiben: *The Story of Art* (1950, dt. *Geschichte der Kunst,* Köln 1953, Stuttgart 1977) ist inzwischen durch 14 Auflagen und beinahe zwei Millionen Exemplare verbreitet worden und in 18 Sprachen übersetzt. Seine wissenschaftlichen Arbeiten gingen zunächst im Einklang mit der Tradition der Bibliothek Warburg von Problemen der Renaissance-Ikonographie aus *(Botticelli's Mythologies),* die Einladung, in Washington die »Mellon Lectures« zu halten (1956), führten ihn zurück auf Fragen der Kunstpsychologie (*Art and Illusion,* 1960, dt. *Kunst und Illusion,* Köln 1967, Stuttgart 1978; Übersetzungen in weitere neun Sprachen). Seine Aufsätze zur Kunst der Renaissance sind in drei Bänden gesammelt (*Norm and Form,* 1966; *Symbolic Images,* 1972; *The Heritage of Apelles,* 1976). Ein Band über kunsthistorische Fragen führt den Titel *Meditations on a Hobby Horse* (1963, dt. *Meditationen über ein Steckenpferd,* 1973, 1978). Von seinen weiteren Veröffentlichungen sind in deutscher Sprache erschienen: *Kunst, Wahrnehmung und Wirklichkeit* (1977); *Aby Warburg, eine intellektuelle Biographie* (1981); *Ornament und Kunst* (1982); *Die Krise der Kulturgeschichte* (1983); *Kunst und Auge* (1984); *Norm und Form* (1985). – Bei DuMont ist von ihm erschienen: *Kunst und Fortschritt* (1978; DuMont Taschenbücher, Bd. 70).

Er ist Mitglied mehrerer wissenschaftlicher Akademien und Gesellschaften und 13facher Ehrendoktor. Er wurde 1972 in den Ritterstand erhoben. Im Jahre 1975 wurde ihm das Ehrenkreuz für Wissenschaft und Kunst 1. Kl. vom österreichischen Bundespräsidenten verliehen; 1977 wurde er in den Orden Pour le Mérite gewählt; 1984 erhielt er das österreichische Ehrenzeichen für Wissenschaft und Kunst. Im Jahre 1975 erhielt er den Praemium Erasmianum und 1977 den Hegel-Preis der Stadt Stuttgart. Sir Ernst Gombrich verstarb 2001 im Alter von 92 Jahren in London.

DUMONT

SCHNELLKURSE
EINE AUSWAHL

Die mit informativen Abbildungen ausgestatteten Kapitel schildern wesentliche historische Entwicklungen und Ereignisse, Gesellschaft und Staat sowie tägliches Leben.

Von Christoph Höcker. 192 Seiten mit 250 farbigen und einfarbigen Abbildungen (DUMONT Taschenbücher, Band 510)

Dieser Schnellkurs beschreibt zunächst das Leben und die ursprüngliche Lehre des Buddha und schildert dann die Entwicklung der buddhistischen Hauptrichtungen.

Von Frank Rainer Scheck. 192 Seiten mit 250 farbigen und einfarbigen Abbildungen (DUMONT Taschenbücher, Band 516)

Unterhaltsam und leicht verständlich werden die wichtigsten Architekturepochen und -stile von den ägyptischen Pyramiden bis zur ›Neuen Mitte‹ Berlins vorgestellt.

Von Christoph Höcker. 192 Seiten mit 200 farbigen und einfarbigen Abbildungen (DUMONT Taschenbücher, Band 517)

Weitere Informationen über die DuMont Schnellkurse erhalten Sie bei Ihrem Buchhändler oder beim DuMont Literatur und Kunst Verlag • Postfach 10 10 45 • 50450 Köln

DUMONT

Schnellkurse
Eine Auswahl

Die historische Entwicklung von der Offenbarung des Korans über die Kalifenreiche bis hin zur aktuellen Situation wird in diesem Band nachgezeichnet.

Von Walter M. Weiss. 192 Seiten mit 250 farbigen und einfarbigen Abbildungen (DUMONT Taschenbücher, Band 518)

Eine in chronolgische Abschnitte geliederte, übersichtliche und leicht verständliche Zusammenschau jener Epoche

Von Boris von Brauchitsch. 192 Seiten mit 250 farbigen und einfarbigen Abbildungen (DUMONT Taschenbücher, Band 519)

Europa 1600-1789: Gesamtschau einer faszinierenden Epoche. Herrscher ohne Schranken, kunstsinnige Päpste, machtverliebte Kirchenfürsten und ein unaufhaltsam aufsteigendes Bürgertum.

Von Volker Zähme. 192 Seiten mit 170 farbigen und einfarbigen Abbildungen (DUMONT Taschenbücher, Band 521)

Weitere Informationen über die DuMont Schnellkurse erhalten Sie bei Ihrem Buchhändler oder beim DuMont Literatur und Kunst Verlag • Postfach 10 10 45 • 50450 Köln